U0941321

铁路科技图书出版基金资助出版

# 西南铁路工程地质研究与实践

卿三惠　主编

中国铁道出版社
2009年·北京

## 内 容 简 介

紧密结合我国西南地区铁路建设实践，系统论述了西南地区区域地震地质环境、地质灾害分布规律、形成机理及防灾减灾对策；分析了西南地区崩塌、滑坡、泥石流、岩溶、地面塌陷、隧道涌水、有害气体、采空区、岩爆与大变形等不良地质现象及膨胀土(岩)、红黏土、软土、盐岩等特殊岩土的工程地质问题及其对工程的危害；总结了西南铁路工程地质五十多年来山区铁路选线技术、工程地质勘察与测试技术、地质综合勘探技术、地质灾害防治技术等的应用研究与实践的成就与经验，并对21世纪铁路工程地质技术的发展趋势提出了展望；最后还介绍了西南地区穿越“地质博物馆”的宝成铁路、成昆铁路、南昆铁路、滇藏铁路、玉蒙铁路的工程地质勘察成果实例。

**图书在版编目(CIP)数据**

西南铁路工程地质研究与实践/卿三惠主编. —北京：中国铁道出版社，2009.2

ISBN 978-7-113-09518-5

Ⅰ.西… Ⅱ.卿… Ⅲ.铁路工程-工程地质-西南地区 Ⅳ.U212.22

中国版本图书馆CIP数据核字(2008)第198689号

**书　　名**：西南铁路工程地质研究与实践

**作　　者**：卿三惠　主编

---

**责任编辑**：江新锡　曹艳芳

**电　　话**：010-51873018　　**电子信箱**：jxinxi@sohu.com

**封面设计**：薛小卉

**责任校对**：张玉华

**责任印制**：李　佳

---

**出版发行**：中国铁道出版社(100054，北京市宣武区右安门西街8号)

**网　　址**：http://www.tdpress.com

**印　　刷**：北京佳信达欣艺术印刷有限公司

**版　　次**：2009年2月第1版　2009年2月第1次印刷

**开　　本**：850mm×1 168mm　1/32　印张：7.75　字数：197千字

**印　　数**：0001～1500册

**书　　号**：ISBN 978-7-113-09518-5/TU·990

**定　　价**：38.00元

---

# 主要作者简介

卿三惠，1956年2月生，贵州省息烽县人。1982年1月毕业于西南交通大学工程地质专业，获工学学士学位；2007年6月毕业于成都理工大学地质工程专业，获工学博士学位。1988年晋升工程师；1993年晋升高级工程师；2002年晋升教授级高工，是国家首批注册的岩土工程师。1982年1月参加工作以来，在中铁二院工程集团有限责任公司（原铁道第二勘察设计院）从事工程勘察设计25年（其间1998年8月～2006年7月任院副总工程师8年），2006年8月任中铁二局（原铁道部第二工程局）总工程师。历经西南地区南防、南昆、内昆、水柏、株六、黔桂、黎湛、遂渝、达成、玉蒙、滇藏等新（改）建铁路及成渝、广环、广株、广韶等高速公路的前期研究、勘察设计、配合施工及科研试验的锻炼，积累了丰富的工程实践经验。

在工程勘察设计与施工技术研究中，先后获国家、省（部）、总公司级优秀勘察奖6项，优秀设计奖2项，科技进步奖7项。“水柏铁路北盘江大桥工程地质勘察”获铁道部优秀勘察一等奖和国家银奖，“南防铁路小董河特大桥工程地质勘察”、“遂渝铁路龙凤隧道地质综合勘探”分获铁道部、四川省优秀勘察二等奖，“重庆枢纽无砟轨道试验段工程地质勘察”、“南昆铁路南那段龙床地裂区工程地质勘察”分获中铁工程总公司优秀勘察一、三等奖，“贵州茅台酒厂改扩建800 t/年厂区工程地质勘察”获贵州省优秀勘察三等奖，“水柏铁路选线设计”及“遂渝铁路路基工程设计”分获中铁工程总公司优秀设计一等奖，“时速350 km高速铁路CRTSⅡ型板式无砟轨道施工技术及关键设备研究”获四川省科技进步一等奖，“红层软岩地区建造时速200 km客货共线铁路路基关键技术研究”、“超浅埋地铁大断面长距离水平冻结施工技术研究”、“城市地下互通立交隧道群施工技术研究”及“高压富水地层超深埋特长隧道施工技术研究”分获四川省科技进步三等奖，“特殊环境修建复杂洞室群地铁车站整体洞桩法施工关键技术研究”、“大断面单拱单柱双层地铁车站浅埋暗挖施工技术研究”分获中铁工程总公司科学技术二、三等奖，为推进铁路勘察设计与施工技术进步做出了积极的贡献。在国内公开出版的科技刊物上发表论文30余篇，对山区道路工程地质选线、工程地质及水文地质勘察、软弱地基处理、滑坡或边坡工程治理、复杂地质隧道灾害防治等技术问题进行了有益的探索和研究。2001年获“全国铁路火车头奖章”，2005年被授予“四川省学术和技术带头人”和“四川省工程勘察大师”荣誉称号。

# 序

我国西南地区位于青藏高原东部，因受印度洋板块与欧亚板块碰撞挤压的影响，深大活动断裂发育，新构造运动强烈，地震频繁震级高，地壳升降幅度大，山高坡陡，谷深流急，岩体破碎。又因该区雨量丰富，致使生态环境脆弱，成为我国发生强烈地震及崩塌、滑坡、泥石流灾害的重灾区。西南铁路建设中遇到的主要工程地质问题是高烈度地震、活动断裂和广泛发育的不良地质现象以及特殊岩土等问题，给铁路选线、地质勘察、工程设计、施工、运营带来了大量的疑难课题。

我国西南地区铁路工程地质事业始于20世纪50年代，通过半个多世纪的发展，铁路工程地质工作经历了从无到有，从定性描述发展到定性与定量相结合，从忽视宏观地质条件的单纯岩土观念发展到重视区域地质和环境地质的综合选线观念，从与自然条件对抗的“征服”观念发展到“顺其自然、和谐发展”的适应观念，从局限于狭窄的线形和静止的比较观念发展到宏观相互作用和动态比较的发展观念等过程。特别是改革开放30年来，随着我国铁路建设的突飞猛进，面临着众多的工程地质问题，极大地推动了铁路工程地质理论和技术的不断发展和创新，广大地质工作者足迹遍及西南地区，风餐露宿，历尽千辛万苦，在铁路工程地质勘察、岩土工程治理、地质灾害防治等方面取得了巨大成绩，为西南铁路建设作出了不可磨灭的贡献，我们也为有这些辛勤耕耘的地质工作者而高兴。

作者在参加西南铁路建设实践中，经历了数十条新(改)建铁路干线的勘察设计，积累了丰富的工程实践经验，并对各种工程地质问题进行了长期的探索与研究，主编了《西南铁路工程地质研究与实践》一书，实属难能可贵。

本书紧密结合我国西南地区铁路建设实践，系统论述了西南地区的区域地震地质环境、地质灾害分布规律、形成机理及防灾减灾对策；分析了西南地区崩塌、滑坡、泥石流、岩溶、地面塌陷、隧道涌水、有害气体、采空区、岩爆与大变形等不良地质现象及膨胀土（岩）、红黏土、软土、盐岩等特殊岩土的工程地质问题及其对工程的危害；总结了山区铁路选线技术、工程地质勘察与测试技术、地质综合勘探技术、地质灾害防治技术等应用研究与实践的新成果、新经验，并对21世纪铁路工程地质技术的发展趋势提出了展望，最后还介绍了西南地区穿越“地质博物馆”的宝成、成昆、南昆、滇藏等长大铁路干线的工程地质勘察成果实例。

本书是作者从事西南铁路工程地质研究与实践数十年的经验总结，全书贯穿了理论结合实践的学术思想，写作结构合理，逻辑性强，内容丰富，具有较高的工程地质理论及较强的实践性，对推进铁路工程地质的技术进步与发展有重要的学术价值及应用价值。相信该书的面世会受到广大工程地质工作者的欢迎。值此，对作者的辛勤劳动表示由衷的感谢。作者卿三惠同志请我作序，本人才疏学浅，人微言轻，自知难膺书序之选，但盛情难却，遂欣然提笔，是为序。恳祈同仁鉴谅并指正。

中国工程勘察大师 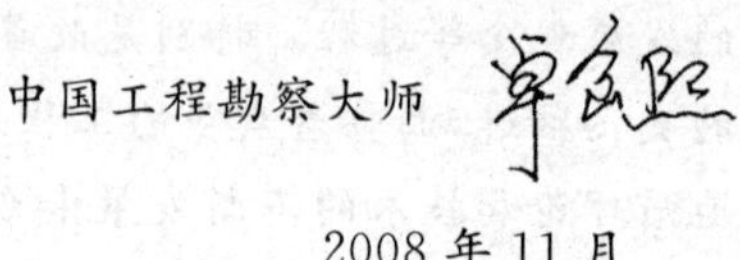

2008年11月

# 前　言

我国西南地区铁路工程地质工作始于20世纪50年代，通过半个多世纪的发展，形成了集工程地质水文地质勘察、岩土工程设计、施工地质、运营地质、教学与科研为一体的技术体系，建成了以中铁二院工程集团有限责任公司（原铁道第二勘察设计院）为主体的铁路工程地质勘察专业队伍。铁路工程地质工作经历了从无到有，从定性描述发展到定性与定量相结合，从忽视宏观地质条件的单纯岩土观念发展到重视区域地质和环境地质的综合选线观念，从与自然条件对抗的“征服”观念发展到“顺其自然、和谐发展”的适应观念，从局限于狭窄的线形和静止的比较观念，发展到宏观相互作用和动态比较的可持续发展观念等过程。广大工程地质工作者在铁路工程地质勘察、岩土工程设计、教学与科研等方面取得了巨大进步，为西南铁路建设作出了贡献。基于“回顾历史、肯定成绩、总结经验、指导未来”的初衷，在中国铁路科技图书出版基金委员会的资助下，作者通过辛勤的努力，终于完成了《西南铁路工程地质研究与实践》一书的编纂。希望通过本书的出版，全面总结半个多世纪来西南铁路工程地质工作的经验与教训，达到承前启后、继往开来、促进发展之目的。

本书第1章介绍我国西南地区铁路网布局及铁路建设概况；第2章论述西南地区自然地理、地层岩性、地质构造、新构造断裂与地震活动、水文地质特征等区域工程地质环境；第3章研究论述区域地震、地质灾害分布规律、形成机理及防灾减灾对策；第4章重点分析了西南地区常见的崩塌、滑坡、泥石流、岩溶、地面塌陷、隧道涌水、有害气体、采空区、岩爆与大变形等不良地质现象及膨胀土（岩）、红黏土、软土、盐岩等特殊岩土的工程地质问题及其对工程的危害；第5章总结了西南铁路工程地质五十多年来山区铁路选线技术、工程地质勘察与测试技术、地质综合勘探技术、地质灾害防治技术等的应用研究与实践的成就与经验，并对21世纪铁路工程地质技术的发展趋势提出了展望；第6章重点介绍了西南地区具有典型代表性的穿越"地质博物馆"的宝成铁路、成昆铁路、南昆铁路、滇藏铁路、玉蒙铁路的工程地质勘察成果实例。

本书由卿三惠主编。第1、2、3、4、5章由卿三惠编写；第6章第1节由张亨纲编写，第2节由严壁玉编写，第3节由唐民德编写，第4节由卿三惠、郑永泉编写，第5节由卿三惠、汪国信编写；最后由卿三惠负责统稿。在编写过程中，引用参考了大量的有关文献资料，在此向原作者表示感谢。

本书是作者从事西南铁路工程地质研究与实践的经验总结，具有较高的工程地质理论及较强的实践性，可供铁路、公路工程地质与地质工程工作者及大专院校师生学习和参考。鉴于编者水平有限，书中不足之处难免，敬请读者批评指正。

编　者

2008年8月 于成都

# 目　　录

# 第1章 西南铁路建设概况

## 1.1 地 理 位 置

我国西南地区包括云南省、贵州省、四川省、重庆市及西藏自治区，在西部大开发中还包括广西壮族自治区。6个省(市、自治区)的总面积257.06万$km^2$(占国土总面积960万$km^2$的26.8%)，其中山区占75.1%，丘陵占20.24%，平原、盆地及大谷地占4.66%。

## 1.2 西南铁路分布与规模

根据2007年《中国铁道年鉴》统计，至2006年底，中国铁路营业里程达77 084 km，居亚洲第一位。由“八纵”(京沪、京哈、沿海、京九、京广、大湛、包柳、兰昆)和“八横”(京兰(藏)、煤运北、煤运南、陆桥、宁西、沿江、沪昆(成)、西南出海)组成的铁路运输通道基本形成。一个横贯东西、沟通南北、干支结合的具有相当规模的铁路运输网络已经形成并逐步趋于完善。

西南及华南部分省区(包括四川、贵州、云南、广西、西藏、海南、重庆七省市自治区及广东部分地区)，区内经济不发达和贫困地区多，地形复杂和交通不便是制约该地区经济发展的重要因素。遂渝、渝怀铁路建成投产，极大加强了川渝地区与东南沿海等地区的经济联系。2006年7月1日，青藏铁路格拉段建成通车，结束了西藏无铁路的历史。至2006年末，本区铁路营业里程12 081 km，占全国铁路营业里程的15.7%，路网密度46.3 km/万$km^2$，远低于全国平均路网密度80 km/万$km^2$。

纵观中国铁路网分布，本区东部铁路网骨架虽已形成，但襄渝、焦柳、渝怀线间及湘桂线以南大片地区无铁路，西南的北口和广西壮族自治区尚无大能力对外运输通道，西南与西北交流及西南与东南亚交流缺少便捷通路。川西地区铁路仍为空白。黔桂扩能、永州—玉林(茂名)、宜昌—万州铁路仍在紧张施工；国际通道、西南西北通道，西南华南通道的贵广、南广铁路、南昆增二线、湘桂增二线以及相关地区开发性铁路、既有线扩能改造工程的前期工作仍在进行之中。

截止 2006 年底，西南及华南部分省区已建成通车的主要铁路通道有：

四川通道：成渝线、宝成线、达成线、达万线、遂渝线

重庆通道：襄渝线、阳安线、川黔线、渝怀线

贵州通道：黔桂线、湘黔线、贵昆线、水柏线

云南通道：昆河线、成昆线、南昆线、内昆线、广大线

广西通道：湘桂线、黎湛线、南防线、钦北线

青藏通道：青藏线(西宁—格尔木—拉萨)

粤海通道：湛海—琼州海峡轮渡—海口—三亚线

## 1.3 主要铁路通道概况

### 1.3.1 四川通道

(1) 成渝线

成渝线是新中国成立后兴建的第一条铁路。自四川省省会成都，向东南方向经资阳、内江至重庆直辖市，全长 505 km。早在 1903 年，清朝政府就有修建川汉铁路(汉口至成都)的打算，成渝铁路就是它的西段。四川人民为筹款修建这条铁路付出了沉重的代价，并在 1911 年的保路事件中流了鲜血。1937 年 6 月国民党政府开始修建重庆至内江段。但开工一个月后，抗日战争爆发，资金和材料日渐短缺，至 1941 年陷于停工。后来由于军事上的需要，1946 年 10 月又恢复施工，仍旧时修时停，工程终

于瘫痪。

中华人民共和国成立后，1950 年 6 月立即开工修建该线。当时清剿土匪的工作刚刚告一段落，人民解放军西南军区就抽调部队 3 万人担负施工主力，并先后动员 10 万民工参加筑路。全线于 1952 年 6 月竣工，1953 年 7 月正式交付运营。实现了四川人民近半个世纪来修筑这条铁路的强烈愿望，结束了四川没有铁路的历史，毛泽东、周恩来、朱德等党和国家领导人分别为通车典礼题词。20 世纪 80 年代，该线进行了电气化改造，1985 年 12 月成渝铁路电气化工程验收交接。

(2) 宝成线

北起陇海线上的陕西省宝鸡市，向南翻越秦岭，经陕南重镇阳平关至四川省省会成都与成渝线相连，全长 669 km。宝成铁路是第一条出川的铁路，是沟通西北与西南的第一条铁路干线。1952 年 7 月动工修建，1958 年元旦交付运营。1975 年 7 月宝成线完成电气化改造，成为中国第一条电气化铁路。1992 年底，宝成线南段(阳平关至成都)又进行了复线建设，2001 年建成通车。

宝成铁路是中华人民共和国成立后修建的第一条艰巨的山区铁路，线路标准为Ⅱ级，线路坡度高达 30‰。线路所经由山岳地区最多，占全线的 80%。地势险峻，山重水复，线路离宝鸡跨渭河后即进入陡峭的秦岭山区，沿清江河谷盘旋于群山之中，以三个马蹄形一个螺旋形的展线方式迂回爬高，线路重列三层，克服了航空距离 25 km、高差 817 m 的越岭高程，随后以 2 364 m 的隧道穿过秦岭垭口，进入嘉陵江流域，形成有名的“十八盘”，工程艰巨，为中国第一个五年计划时期新建铁路之最。

(3) 达成线

位于四川省境内，自襄渝线上的达州市达县站南边的三汇镇车站出岔向西，经南充、遂宁，在龙潭寺与成渝线接轨通至省会成都，全长 341 km。该线由铁道部和四川省合资修建，为国家Ⅰ级干线，正线为单线。1992 年开工，1996 年建成，2000 年 1 月 18 日通过国家正式验收。该线对缓解宝成线压力，分流成渝线运量，发展四川经济具有重要意义。该线目前正在进行扩能提速改造建设，预计 2009 年通车。

(4) 达万线

达万铁路是西部大开发通往长江三峡库区的重要配套工程之一。西起四川达州，东至重庆三峡库区重要港口城市万州，全长 158 km。该线由铁道部、重庆市、四川省合资修建，为国家Ⅰ级铁路，1998 年 4 月动工兴建，2002 年 10 月 23 日全线正式通车。达万铁路与襄渝、达成铁路和长江航运一起，构成四川和重庆水陆联运的综合运输网络，并是沿江铁路通道的重要组成部分，对于改善川渝地区的交通条件，促进四川、重庆、鄂西和陕南地区的经济发展具有重要意义。

(5) 遂渝线

遂渝线位于四川盆地中部～东南部，起于四川境内既有达成铁路遂宁站接轨，途经四川省遂宁市，重庆市潼南县、合川市、北碚区，至沙坪坝区接渝怀线井口站引入重庆枢纽，新建线路全长 144 km。该线是我国新建的第一条时速 200 km 客货共线的山区铁路，正线为单线，预留复线条件，是贯彻西部大开发战略、加强西部基础设施建设、实施铁路跨越式发展的标志性工程之一。2003 年开工建设，2005 年建成通车。

沿线线路两跨涪江、两跨嘉陵江，穿越华蓥山脉南麓，经过了川中丘陵、川东南低山两个地貌单元。合川以西为四川盆地典型的连绵红色丘陵地貌，构造影响轻微，岩层产状平缓，丘间槽谷广泛分布软土(厚 3～12 m)，深层天然气蕴藏量大。合川以东属川东台褶带，狭长条形低山山脉与丘陵沿区域构造线方向交替排列组成平行岭谷地貌，受构造影响，褶皱、断裂较发育，岩层产状多变；煤层瓦斯、小煤窑采空区、岩溶等不良地质发育。

全线重点桥梁有薛家坝涪江双线特大桥 1 039 m，主跨为(68＋128＋68) m；穿井坝涪江双线特大桥 1 026 m，主跨为(68＋128＋68) m；草街嘉陵江双线特大桥 810 m，主跨为(88＋160＋88) m；新北碚嘉陵江双线大桥，主跨为(88＋168＋96) m。四座桥均为预应力混凝土连续刚构桥梁。重点隧道有荆竹岭隧道(4 366 m),西山坪隧道(2 930 m),松林堡隧道(1 320 m),桐子岭隧道(2 433 m),龙凤隧道(5 271 m)。其中:桐子岭隧道岩溶发育,施工中遇到严重岩溶暗河涌水突泥灾害,增设泄水洞处理;荆竹岭隧道穿过岩溶暗河,也遇到涌水灾害;龙凤隧道遇到长 70 m 多的全断面岩溶洞穴充填物,采用旋喷桩加固软基,支护衬砌加强处理;西山坪隧道有瓦斯突出危险,按瓦斯隧道设计;松林堡隧道斜穿采空区,采取回填与压浆加固、衬砌加强处理。

### 1.3.2 重庆通道

(1) 襄渝线

自焦柳线上湖北省襄樊,向西经老河口至陕西省安康,然后向西南经四川省的达州至重庆直辖市,全长 899 km。该线开辟了西南地区与华中地区的又一钢铁通道。1968 年 4 月和 1969 年 3 月该线自东、西两端分别开工,1978 年 6 月全线交付运营。

襄渝线穿越武当山和大巴山脉,跨越汉江、嘉陵江两大水系,沿线峰峦重叠、水流湍急,工程艰巨,桥隧占正线长度的 46%,全线 90 个车站有 36 个设在桥上或隧道内,洞中有站,桥上有站,构成独特景观,桥隧密度创下当时中国铁路之最。该线建成不久,一些地段出现塌方和古滑坡复活,严重威胁运输安全。建设者在 20 处滑动的山体上打进 288 根钢筋混凝土抗滑桩,创造了制服大滑坡的奇迹。随着襄渝线建成,过去只有儿十户人家的十堰,现在成为了著名的汽车城。

1980 年 10 月,襄渝线襄樊至安康段电气化工程建成通车;1983 年 12 月,安康至达县段电气化工程建成通车,安康铁路分局成为全路第一个电气化铁路分局。1998 年底,达县至重庆东的电气化改造完成,襄渝线全线实现了电气化。当人们乘坐奔驰在襄渝线上的列车,在陕西省安康附近的石庙沟站,还可以看到对面一座轻盈腾空、飞跨汉江的铁路桥,位于安康水电站的专用线上,这就是中国第一座斜腿刚构铁路桥——安康汉江大桥。该桥主跨达

176 m，居当时世界同类桥梁之首。1983 年获国家优质工程金奖，1984 年获国家优秀设计奖，1985 年获国家科技进步一等奖。该线目前正在进行扩能提速改造工程建设，计划 2009 年建成通车。

(2) 阳安线

自宝成线阳平关站引出，沿汉水东行，经汉中盆地至陕南东部的安康，与襄渝线接轨，全长 357 km。1969 年 1 月开工，1972 年铺轨通车，1977 年 8 月交付运营。1973 年 11 月开始电气化施工，1977 年 6 月全线电气化开通，是中国第一条一次建成电气化铁路的新建铁路。该线沿汉江进入陕南的汉中盆地小平原，沿线土地肥沃，气候温和，是陕西省主要粮食产地之一，同时还有铁、锰、铜等矿藏。这条铁路的建成，不仅具有路网骨干作用，还对当地的工农业发展起到促进作用。

(3) 川黔线

川黔线是连接四川、贵州的一条大干线，是西南地区铁路网骨架的组成部分。北起重庆成渝铁路小南海出岔，在自沙沱作环形展线上升，再与成渝铁路立交，以 821 m 大桥跨长江至珞璜，经五岔，溯綦江至赶水，再溯松坎河进入贵州境内。过蒙渡后，因地势急剧上升，在马鞍山作环线立交展线，并以 4 270 m 长的凉风垭隧道穿过凉风垭分水岭，经桐梓以 2 147 m 长的娄山关隧道穿过娄山关分水岭，沿仁江河至遵义，跨乌江，经息烽至贵阳，全长 463 km。

该线重庆至小南海段与成渝线共轨，小南海至綦江由旧有綦江铁路改建而成，其余为新建。沿线地质条件复杂，原四川省（今重庆市）境内多泥质岩和砂岩，贵州省境内石灰岩岩溶现象普遍发育。1956 年开工，1965 年 7 月通车，10 月交付运营。1988 年 11 月开始电气化改造，1991 年 12 月电气化开通。

全线的重点工程有重庆白沙沱大桥（长江上游修建的第一座铁路大桥）、乌江大桥、娄山关隧道、凉风垭隧道、虾子河隧道等。其中虾子河隧道长 1 408 m，是中国穿越岩溶暗河较多的隧道，施工时发现洞内有一条暗河，时断时续地与隧道洞身相切或交会，筑路人员采用特殊的处理办法，最后形成洞内有河、河上筑拱，拱上架桥，桥上铺轨的奇观；娄山关隧道，洞顶分布较多的陷穴、漏斗、洼地等，每当地面连续降雨量达到 50～60 mm 时，洞内即发生涌水，后来在隧道内增建泄水洞，解决了涌水危害；凉风垭隧道（4 270 m），也遇到了较大的涌水灾害，是我国第一座采用平行导坑法施工的铁路隧道。

(4) 渝 怀 线

渝怀铁路西起重庆市，经长寿跨长江至涪陵，再沿乌江两岸逆流而上，经武隆至彭水。自彭水后经黔江，翻越乌江与沅水的分水岭过酉阳、秀山后进入贵州铜仁市，再沿沅水支流锦江两岸进入湖南省怀化市。全线正线建筑长度 625 km，运营长度 604 km。

该线是川渝地区铁路对外运输的东通道，是中央实施西部大开发十大重点工程之一，为国家Ⅰ级单线电气化铁路，预留增建第二线条件。全线有桥梁 372 座，总延长 75 km；隧道 190 座，总延长 241 km；新建车站 65 个。桥隧占线路长度的 50%，工程艰巨。2001 年开工建设，2006 年建成通车。

沿线地形起伏较大，相对高差 50～1 500 m。重庆—秀山段褶皱及断层发育，秀山—铜仁段线路横穿断层密集带。沿线不良地质现象多，工程地质条件极为复杂。主要不良地质现象有崩塌、危岩落石、岩堆、滑坡、错落、泥石流、岩溶、瓦斯与煤窑采空区、断层破碎带、岩爆与地温异常、软土、膨胀土（岩）、水库坍岸等。该线重庆段位于长江三峡库区上游，生态环境十分脆弱，环保尤显重要，设计和建设中予以特别关注，工程概算中用于环保的资金达 8.6 亿元，西方最发达的国家也未达到这个水平。

该线主要重点工程有：长寿长江特大桥，该桥为我国双线铁路最大跨度的连续钢桁梁桥，主桥为（144＋2×192＋144）m，两个主墩位于江中，施工水深达 38 m。圆梁山隧道，全长 11 070 m，属国内单线铁路第三长隧道，也是国内最长的喇叭口隧道，车站（两股道）伸入隧道 944 m，该隧道最大埋深 780 m，岩溶极其发育，涌水量达 20 万 $m^3/d$，是我国岩溶洞穴、高压涌水、突泥危害最为严重的隧道，隧道设计抗水压 4 MPa 的高密度钢筋混凝土衬砌，2005

年被收入中国企业新纪录。

### 1.3.3 贵州通道

(1) 黔桂线

自湘桂线上广西柳州,向西经金城江(今河池市),再折向北进入贵州省,经都匀、贵定至省会贵阳,全长 610 km。该线是抗日战争期间国民党政府迁都重庆后在西南建设的一条重要干线,1939 年 9 月开工,1944 年 9 月柳州至都匀附近的清泰坡段正式通车运营,但 11 月日军沿该线入侵,工程中断,已建成的铁路几乎全被破坏。该线建设中,因战时物质条件恶劣,沿线瘴气(亚热带潮湿地区流行的传染病)严重,再加日军侵犯掳掠,职工和家属死亡逾千人。1945 年日本帝国主义投降后,国民党政府进行修复,但至 1949 年,只修通柳州至金城江段。中华人民共和国成立后,1955 年 9 月开工修复金城江至都匀段,1958 年元旦交付运营。1956 年 6 月动工修复都匀至贵阳段,1959 年 3 月交付运营。自此,黔桂线全线建成,成为进入贵州的第一条铁路。该线目前正在进行扩能提速改建,计划 2009 年建成通车。

(2) 湘黔线

东起京广线上湖南省株洲田心站,西跨湘江,经湘西怀化,进入贵州省,在贵定与黔桂线接轨,通至省会贵阳,全长 905 km。1953 年动工兴建,东段湘潭至新化于 1962 年通车,西段新化至贵定 1959 年开工,中途一度停建,1970 年复工,湖南、贵州各族民工约 80 万人参加建设,1972 年接轨通车,1975 年 1 月全线交付运营。该线与浙赣线一起组成了长江以南贯通东西的交通大动脉,成为西南地区通往中南、华东的捷径。1984 年 11 月该线电气化工程开工,1998 年全线电气化工程建成开通,2001 年又建成了复线。

(3) 贵昆线

自川黔线终点贵阳西站,向西经六盘水进入云南省转向西南,经宣威、曲靖至昆明西站,全长 639 km,是贯通滇黔两省的重要铁路干线，并与湘黔线、浙赣线共同组成由西南边陲至东海之滨的东西大通道，1966 年 3 月接轨通车，1970 年 12 月正式交付运营。

该线贵阳至树舍（在六盘水以西、贵州省边界处）段原属滇黔铁路，树舍至昆明段原属内昆铁路，其中昆明至沾益原为 1 m 轨距的窄轨铁路。1958 年 8 月滇黔、内昆铁路开始采用标准轨距（1 435 mm）改建；1962 年铁道部决定滇黔、内昆铁路在树舍接轨，合称贵昆线。1990 年 7 月，该线电气化铁路全线开通，2001 年又建成了贵阳至六盘水段的复线，2007 年建成了沾益至昆明段复线，六盘水至沾益段复线正在建设之中，预计 2010 年建成通车。

贵昆铁路蜿蜒行进于云贵高原乌蒙山区，地势险峻，多悬崖陡壁；地质复杂，多溶洞暗河。有些地段岩层风化破碎，工程相当艰巨。关键工程有岩脚寨、梅花山、老虎嘴隧道及北盘江（又名可渡河）大桥等。岩脚寨隧道施工中曾发生严重的瓦斯爆炸伤亡事故；梅花山隧道发生大量涌水突泥灾害；老虎嘴隧道遇到一个大溶洞，顺线路长 30 m，宽约 15 m，向上看不到顶，向下深约 80 m，最后不得不在洞内局部改线绕行处理。位于云贵两省交界处的北盘江大桥，主跨 6 孔 80 m 钢板梁的钢塔架桥墩高 44 m，是中国当时铁路桥梁中最高的轻型钢架桥墩。

(4) 水柏线

六盘水至柏果铁路位于贵州省西部的六盘水市境内，线路呈南北走向，北端自贵昆铁路的六盘水站引出，行经六盘水市的钟山区、水城县、盘县特区，南端与盘西铁路柏果站接轨，正线建筑长度 115 km。水柏铁路北端与内昆线、贵昆线相连，南端通过盘西铁路与南昆线相通。1998 年开工，2002 年建成通车。

该线由铁道部和贵州合资修建，为国家Ⅰ级单线，限制坡度 12‰，加力坡 23.5‰，一次建成电气化的山区铁路。沿线穿行于云贵高原东部斜坡地带的崇山峻岭之中，群峰高耸，中部北盘江强烈下切，地形地质条件十分复杂，崩塌、滑坡、泥石流、岩溶、瓦斯等不良地质发育，既有交通极度困难，工程非常艰巨，桥隧比重占线路长度的63%，是当时我国桥隧比重最高的山区铁路。该线勘察设计中加强了地质选线工作，在航测、遥感判释以及大面积区域地质调绘基础上，进行了多走向的线路方案比选。分别研究了接轨方案与东、中、西三大走向方案，加力坡方案及穿越水箐高瓦斯隧道的低线方案与经玉舍的高线方案，控制性工程北盘江大桥桥位方案及高桥位与低桥位方案，松河长隧与短隧方案，营盘展线与鸡场展线方案等。经过认真综合比选论证，选择了最佳线路走向方案。特别在北盘江至松河越岭地段，在航空距离仅13.6 km的范围内，连续采用了三次螺旋展线的营盘方案，克服了574 m的高差，并避开了大量不良地质问题。被铁路专家誉为"营盘展线方案是选线技术与艺术有机结合的典范"。

该线地质勘察中大力开展地质综合勘探，并对重点控制工程北盘江大桥的岩溶地基及高陡岸坡岩体稳定性进行了专题研究与评价，效果良好，提高了山区铁路工程地质勘察的质量和水平。北盘江大桥主跨236 m（钢管混凝土拱），桥面至江底高273 m，创下5项世界纪录，是我国建成的第一座铁路钢管混凝土拱桥，位居世界第一。北盘江大桥采用了新的设计理论、新结构、新材料及新工艺，在结构稳定、焊接标准和工艺研究、节点疲劳试验及半拱铰接转体施工等方面取得了新的突破，提高了我国山区铁路的建设水平。

该线选线设计，2004年获中国铁路工程总公司优秀工程勘察一等奖。北盘江大桥工程的勘察与设计，2005年同时获国家优秀勘察银奖和优秀设计银奖。

### 1.3.4 云南通道

(1) 昆河线

在云南省境内，自省会昆明北站，向南至中越边境河口，为1 m轨距的窄轨铁路，全长468 km。该线的前身是由当时法国政府指定法国滇越铁路公司建筑并经营的滇越铁路。该路工程艰巨，1904年动工，1910年完成。线路所穿行的南溪河谷，天气酷热，疟疾、痢疾等亚热带潮湿地区的恶性传染病流行，劳工死亡率惊人。据该路基本建成时统计，平均每公里约死亡筑路工人400余人，当地流传"一根枕木一条命"之说。该线建成后与越南境内的老街经河内至海防的铁路相衔接，成为当时法国对中国进行侵略的工具，现在是我国与东南亚国家进行物资交流的重要通道。

(2) 成昆线

自四川省省会成都向南，经国家风景名胜区峨眉山、卫星发射基地西昌、钢铁工业基地攀枝花至云南省省会昆明，全长1 100 km。北与宝成、成渝线相接，南与贵昆、昆河线连通，是西南地区的铁路网骨架。该线曾于1958年、1960年、1961年三次动工兴建，三次停工，1964年9月恢复施工，又因"文化大革命"动乱影响，延误工期两年。在30万筑路大军的辛勤努力下，1970年7月建成通车，1971年1月正式交付运营。

成昆铁路沿线70%地段，山岳河谷交错，地势险峻，地质复杂，为国内外罕见。线路从成都平原南下，傍秀丽的峨眉山麓前行，溯汹涌的大渡河转牛日河而上，穿越连绵的大小凉山。这一带地势险峻、坡陡流急。从金口河到埃岱58 km的线路，就有隧道44 km，几乎成了地下铁道；从甘洛到喜德，要越过岷江与雅砻江的分水岭，在120 km的地段4次盘山展线，13次跨牛日河，修了66 km的隧道和10 km的桥梁，绕行了50 km，才爬上海拔约2 200 m的制高点；喜德往南行进入安宁河谷，8次跨越安宁河下至海拔1 000 m的金沙江河谷，再溯龙川江上行至海拔约1 900 m的滇中台地；金沙江河谷是地质上著名的深大断裂带，属基本烈度为7～9度的地震区，崩塌、落石、岩堆、滑坡、泥石流极其发育，被称为"复杂地质博物馆"。线路沿此河谷3次盘山展线，49次跨过龙川江，才爬上金沙江和元江的分水岭，然后南下广通，经滇池地区的丘陵和淤泥地带到达昆明。

全线有桥梁991座，总延长107 km；隧道427座，总延长345 km，其中长度在3 km以上的有9座，6 km以上的2座；全线桥隧总延长452 km，占线路长度的42%。由于地形地质条件极其复杂，全线122

个车站中有41个不得不设在桥梁上或隧道内。重点工程金沙江大桥，主跨192 m，创下当时中国铁路钢桁梁桥的跨度之最。沙木拉打隧道长6 379 m，是当时中国最长的铁路隧道。

成昆铁路工程浩大，举世瞩目。在地形地质环境如此复杂的条件下建成宏伟艰巨的工程，是中国铁路建设史上的壮举，1985年荣获国家颁发的科技进步特等奖。后被联合国宣布为"人类征服自然的三大杰作之一"，联合国总部至今仍摆放着我国政府赠送的"成昆铁路象牙雕塑"。

(3) 南昆线

东起广西壮族自治区首府南宁，向西北延伸，经百色、威舍，至云南省省会昆明，全长898 km，为Ⅰ级单线大能力电气化铁路，是祖国大西南的出海通道。1990年12月动工兴建，1997年12月建成通车。

该线从海拔80 m的南宁爬升到海拔1 910 m的昆明，其间有八次起伏。沿线广西百色至贵州、云南境内地形险峻，谷深坡陡、峡谷深切、水流湍急，工程地质、水文地质条件复杂，断裂发育、岩体破碎、岩性多变。地质灾害种类繁多，分布广泛，长度达600 km。主要工程地质问题有：崩塌、危岩落石、滑坡、泥石流、断裂破碎带、岩溶、水害、煤层瓦斯、膨胀岩(土)、软土、泥炭土及长达80 km的高烈度地震区等，被称为"工程地质展览馆"。

南昆铁路工程艰巨，全线有桥梁463座，总长72.3 km；隧道及明洞263座，总长195.4 km。其中重点工程较多，修建了当时长9 392 m的全国铁路最长的单线隧道——米花岭隧道和桥高183 m、墩高100 m的中国铁路第一高桥——清水河大桥。该线的八渡南盘江大桥，是我国首次采用V形支撑连续梁结构的铁路桥；喜旧溪大桥，是我国首次采用双柱式桥墩大跨度连续刚构桥；板其二号桥，是全国第一座铁路弯梁桥；家竹箐隧道，全长4 990 m，是国内各项瓦斯指标最高的铁路隧道，又集高地应力和大涌水于一身，被称为"天下第一险洞"。石头寨车站的预应力锚拉式桩板墙被誉为"世界第一高墙"，田林车站新型加筋挡土墙(单级最大墙高11 m)

被誉为铁路加筋挡土墙之最等。

南昆铁路是我国20世纪90年代铁路设计及筑路水平的代表作，在各主要技术领域取得了38项具有创新意义和经济价值的研究成果，其中3项成果处于国际领先水平，10项成果具有国际先进水平，16项成果属国内首创。全线综合技术水平整体上达到20世纪90年代国际先进水平。南昆线的成套先进技术，开创了世界上在地质灾害路段长达2/3的高原地区修建长大铁路干线的先河。2001年荣获国家科技进步一等奖。

(4) 内昆线(水富至梅花山段)

内昆铁路地处云、贵、川三省结合部，从成渝线上的内江车站接轨，一路南下，经四川省的自贡、宜宾、安边，越金沙江进入云南省水富县，再经盐津、大关、彝良、昭通、贵州的威宁县至贵昆线上梅花山站接轨，沿贵昆线经云南的宣威、曲靖至昆明，全长872 km。

内昆铁路是四川的又一条南通路，它的修建对于完善路网结构，缩短内地到出海口的运输距离，促进对外经贸发展，缓解云、贵、川三省运输的紧张状况，为黔煤入川，将区内丰富的资源转化为经济优势，促进沿线人民的脱贫致富，加强民族团结，巩固国防等有重要意义。

水富至梅花山段，长358 km，为国家Ⅰ级单线电气化铁路。1998年6月开工，2002年5月建成通车。沿线地势险峻，地质复杂，崩塌、落石、岩堆、滑坡、泥石流、顺层、岩溶、煤层瓦斯、山间与斜坡软土发育，被称为“地质百科全书”。

该线水富至梅花山段，北部穿行于峡谷之中，从四川盆地海拔295 m的金沙江畔攀升至云贵高原2 231 m的乌蒙山区(其中大关至昭通长77 km地段，高差达1 400 m)，南段穿行于乌蒙山区，跨越高山深谷。全线工程艰巨，有大中桥228座，总延长45.6 km;隧道128座，总延长145.2 km;桥隧比重占线路总长的53.3%;新设车站34个。勘察设计阶段，为绕避不良地质，在长400 km、宽120 km的范围内反复进行了多方案比选，共完成11 000 km的选线方案研究，并在重、难点工程设计中创造了一批科技含量高的经典范例。其中，花土坡特大桥长 701 m，主跨为(64＋104＋64) m，桥高 138 m，最高空心墩高 110 m，刷新了亚洲铁路高桥新纪录和我国铁路预应力混凝土连续梁桥最大跨度的新纪录；李子沟特大桥长1 032 m，主跨为(72＋3×128＋72)m，集超大群桩基础、超高墩群大跨、长联与新结构(刚构—连续组合梁，弧面变坡超高墩)等新技术于一体，桥高 117 m，最大墩高 107 m，为我国铁路建桥史上的创举；老煤洞特大桥长 768 m，创造了预应力混凝土箱形简支梁跨度 64 m 的世界新纪录；曾家坪 1 号隧道开创了在不良地质岩堆体内设计开挖大跨三线隧道的国内首例。李子沟特大桥 2004 年获国家优秀设计铜奖，曾家坪 1 号隧道 2003 年获铁道部优秀设计二等奖。

此外，邓家湾车站伸入隧道，设计为双线加单线隧道。新寨隧道长 4 400 m，地质构造复杂，穿越两套煤系地层，其中石碳系旧司段地层的煤与瓦斯有突出危险，并且漏斗、落水洞、暗河等岩溶现象发育；朱嘎隧道全长 5 200 m，穿越哈拉河向斜，两次穿越梁山组煤系地层，煤与瓦斯有突出危险，煤尘有爆炸危险。此两座隧道，均按瓦斯隧道设计。

(5) 广 大 线

在云南省境内，东起成昆线上的广通站，西至历史文化名城大理，全长 206 km。由铁道部和云南省合资修建，1999 年 5 月全线开通运营。

### 1.3.5 广 西 通 道

(1) 湘 桂 线

该线原是抗日战争时期国民政府为开辟大后方国际通道而修建的铁路。自京广线上湖南省的衡阳，向西南方向进入广西壮族自治区，经桂林、柳州、南宁，直至中越边境凭祥以南的镇南关(今凭祥市的友谊关)，全长 1 013 km。其中，衡阳至桂林段长 361 km，于 1937 年 9 月开工，1938 年 9 月建成通车，因抗战军运紧急，工程以当时中国建筑铁路从未有过的每天 1 km 的速度建成。该线桂林至柳州段，1938 年 8 月开工，1939 年 12 月完工。柳州至南宁段，于 1938 年 6 月开工，10 月日军侵入广州后，为防敌军溯西江而上，于 1939 年 1 月停工，7 月战局稍稳又复工，9 月再度停工。直到 1941 年 4 月日军撤离后，为运输来宾以西迁江煤矿的煤炭，才恢复柳州至来宾间线路的施工，同年 9 月完工。南宁至镇南关段，1938 年 4 月开工，同年 11 月因日军在广西钦州登陆入侵南宁而中止施工。

中华人民共和国成立后，1950 年 10 月开工兴建该线来宾至凭祥段，1951 年 11 月通车，1952 年 1 月交付运营。1979 年 11 月该线柳州至黎塘段的复线工程开工，1984 年 10 月交付运营。其中，1981 年建成的位于来宾附近的红水河二线桥是中国第一座铁路斜拉桥。该线自 1987 年后，又分期分段建成了电气化。

(2) 黎湛线

该线自湘桂线上南宁东北的黎塘，向东南方向，经玉林、河唇至湛江港，全长 318 km。1954 年 9 月动工兴建，1955 年 7 月建成通车，1956 年元旦交付运营。该线既是我国华南地区的出海通道，又是联系海南岛及南海的一条铁路干线，现已建成为复线。

(3) 南防线

该线是我国南方出海的又一通道。位于广西壮族自治区境内，自湘桂线上的南宁南站向南至南海北部湾的防城港，南宁至防城港长 183 km。1983 年开工，由铁道部和广西壮族自治区合资修建。1985 年全线铺通，1990 年 12 月交付运营。

(4) 钦北线

在广西壮族自治区境内，自南防线上的钦州，向东南至另一海滨城市北海，全长 108 km。该线为广西壮族自治区的地方铁路，也是南昆铁路的配套工程。1992 年开工，1995 年 5 月建成通车。

### 1.3.6 青藏通道

青藏铁路由青海省西宁市至西藏自治区首府拉萨市，全长 1 956 km。其中，西宁至格尔木段(简称西格段)长 814 km，1979 年铺通，1984 年投入运营。沿线海拔大部分在 3 000 m 以上，是当时中国建成的海拔最高的铁路。该线的关角隧道，海拔 3 690 m，比著名的东岳泰山还高出一倍多，是我国海拔最高的铁路隧道。线路经过柴达木盆地中部的察尔汗盐湖，筑路人员在 32 km 长的岩盐地段，成功的修建越过盐湖的铁路，荣获国家优质工程银质奖和科技进步二等奖。

青海格尔木～西藏拉萨段(简称格拉段)，自格尔木市起，沿青藏公路南行，经纳赤台、五道梁、沱沱河，翻越唐古拉山，再经安多、那曲、当雄、羊八井，进入拉萨市，全长 1 142 km(西藏境内 542 km)，其中新建 1 110 km，格尔木至南山口既有线改造 32 km，共设车站 34 个。

青藏铁路格拉段是世界上海拔最高、线路最长、通过多年冻土地段最长的高原铁路，翻越唐古拉山的铁路最高点海拔 5 072 m。全线经过海拔 4 000 m 以上地段 960 km，连续多年冻土区 550 km，另有部分岛状冻土、深季节冻土、沼泽湿地和斜坡湿地。重点工程风火山隧道全长 1 338 m，轨面海拔 4 905 m，是世界上海拔最高的铁路隧道，比秘鲁铁路的海拔最高点还高出 88 m。沿线地震、崩塌、滑坡、泥石流等地质灾害严重。每年有效施工期仅 6～7 个月。青藏铁路建设面临着多年冻土、高寒缺氧、生态脆弱“三大难题”的严峻挑战，技术难度很大，工程十分艰巨。2001 年开工，建设工期 6 年。施工组织设计由北向南、逐步推进，分段建设、分段铺轨。2001 年展开格尔木至望昆段施工，同时建设冻土工程试验段；2002～2003 年重点展开唐古拉山以北冻土工程施工，2002 年铺轨至望昆，2003 年铺轨通过风火山；2004 年重点展开唐古拉山以南工程施工，铺轨跨过通天河；2005 年底全线铺通；2006 年全线配套；2006 年 7 月 1 日全线建成通车。

### 1.3.7 粤海通道

粤海铁路通道位于祖国南部雷州半岛和海南岛。通道由湛海线、琼州海峡铁路轮渡、海南岛西环线三部分组成。湛海线自广东湛江起，经遂溪、雷州、徐闻达海安，长约 135km。琼州海峡铁路轮渡工程起自海安经炮台角，航渡达海南岛海口站，长约 24km。海南西环线起自海口站，经琼山、澄迈、临高、儋州、白沙、昌江、东方、乐东达三亚，全长 381km(其中新建海口至汉河段长 176km，既有的汉河至三亚段长 205km)。该线的琼州海峡铁路轮渡，海峡宽约 12.5 海里，受南海和太平弘台风影响，5～11 月为台风季节，尤其 9 月份最多，年平均大于等于十级台风的天数在 5d 以上，对铁路轮渡影响较大。琼州海峡铁路轮渡的建成，开创了我国铁路勘察设计、建造跨海轮渡铁路的新纪元，填补了国内空白，结束了中国无铁路轮渡的历史。

# 第2章 区域工程地质环境

## 2.1 地 势 地 貌

西南地区地势西高东低，山川秀丽、景象万千。山地、高原、丘陵、盆地均有分布。主要包括西藏高原、云贵高原、川西山地高原、四川盆地、渝东山地及广西盆地等。

西南地区从西到东的地貌可划分为三个台阶：

(1) 第 一 台 阶

西藏高原为第一台阶，高程以 4 000～5 000 m 为主。高原上有喜马拉雅山、冈底斯山、喀喇昆仑山、昆仑山、唐古拉山、念青唐古拉山等山脉。其中，喜马拉雅山脉的珠穆朗玛峰 8 848 m，冈仁波齐峰 8 638 m，希夏邦马峰 8 012 m；喀喇昆仑山脉的乔戈里峰 8 611 m，公格尔山 7 719 m，慕士塔格山 7 546 m。在昆仑山脉、唐古拉山脉和冈底斯山脉、念青唐古拉山脉之间，是一片广阔的高原。冈底斯山脉和喜马拉雅山脉之间为雅鲁藏布江流域的东西向干流。

(2) 第 二 台 阶

云贵高原、四川盆地周边及重庆地区属于第二台阶，高程以 1 000～2 000 m为主。高原西部周边高山也在 4 000～5 000 m 高程以上，主要有玉龙雪山 5 596 m、哈巴雪山 5 396 m、梅里雪山 6 740 m、碧罗雪山 4 553 m、老君山 4 247 m、点苍山 4 122 m、高黎贡山 4 900 m、白马雪山等。云贵高原自西向东高程降低，昆明一带高原盆地高程为 1 900～2 000 m，至贵阳一带盆地高程降为 900～1 000 m。四川西部山地高原有 4 500 m 高程以上的万年雪山，大雪山主峰贡嘎山高程 7 590 m，川西北岷山的最高峰雪宝顶 5 588 m。四川盆地四周有龙门山、邛崃山、大相岭、大巴山、大雪山、大凉山、沙鲁里山、雀儿山、华莹山、龙泉山及云贵高原上的大娄山，高程在 1 000～3 000 m，多为中山地貌地势。

(3) 第三台阶

广西盆地主要属于第三台阶，高程以 1 000 m 以下为主。盆地四周山地环绕，桂西及桂南有大明山、都阳山、高楼岭、十万大山、六万大山、勾漏山、大容山及罗阳山，桂北、桂东北有苗儿山、海洋山、九万大山和大瑶山，其中苗儿山和元宝山主峰高达 2 000 m 以上，其余多在 1 500 m 以下。广西盆地中郁江流域高程在 50～200 m，桂中平原等高程也在 200 m 以下。

## 2.2 气候特征

西南地区地势地貌上分属三个台阶，从西部高山至东部平原，高程相差 8 000 m 以上，导致这大片地区的气候条件具有立体性特征。

(1) 太阳辐射热

西藏地区可达 75.4～83.7 亿 J/m²，金沙江及昆明西北部地带为 58.6～62.8 亿 J/m²，成都地带为 33.5～37.7 亿 J/m²，贵阳地区为 37.7～41.9 亿 J/m²，其他多为 46.1～54.4 亿 J/m²。

(2) 年日照时数

西藏达 3 000～4 000 h，怒江为 1 600～2 000 h，金沙江及昆明西北一带为 2 400 h；成都地区为 1 000～1 200 h，广西多为 1 600～1 800 h，其他多为 2 000～2 200 h。

(3) 年平均气温

西藏地区以 4℃～8℃为多，藏南大峡谷有 10℃～26℃的变化；云南地区多为 12℃～22℃，成都平原为 16℃～18℃，贵州地区多为 16～18℃，广西地区多为 22℃左右。

(4) 年降雨量

西藏地区察隅年降雨量可达 1 000 mm，林芝地区约为

700 mm，拉萨为 400 mm，日喀则为 300 mm，定日为 200 mm 左右，藏北高原只有 50～200 mm；云南省在滇西南和元江红河谷地，年平均降雨量在 2 000mm 以上，滇中及滇北地区只有 500～600mm；贵州省年降雨量一般为 1 500mm；四川省在川西高原北部阿坝、若尔盖及理塘一带只有 600～900 mm，大部分地区在 1 000 mm 左右，金沙江、安宁河谷可达 800～1 200 mm；重庆市年降雨量为1 000～1 200 mm；广西壮族自治区年平均降雨量为1 100～2 800 mm，且东部多于西部。

西南地区地形东低西高，气候条件受地形地势制约，降雨量具东多、西少趋势。但是，由于云贵高原南部及广西南部，有来自南部的暖湿气流，滇南、桂南一带雨量较多。西藏高原受喜马拉雅山脉阻挡，暖湿气流主要沿雅鲁藏布江近南北向的大峡谷北上，在峡谷及周围由南往北，雨量由 5 000 ～ 6 000 mm，逐渐减少为 1 000 mm，进入东西向雅鲁藏布江，以及藏北高原只有 200～400 mm，有的只有 50 mm。南海暖湿气流北上受滇西、藏东南横断山脉及川西高山阻挡，折向东北及东部，在滇西、川西山区降水量可达 1 200～1 600 mm，而成都平原只有 1 000 mm 左右。

## 2.3 水系分布

西南地区主要水系为长江流域、珠江流域、西南国际诸河及藏北羌塘内陆河流域。广西地区主要属于珠江水系，桂南有小河流直接流入北部湾。

(1) 长 江 流 域

长江发源于青藏高原上的唐古拉山主峰各拉丹东，干流流经青海、西藏、云南、四川、贵州、重庆等 11 个省(市、自治区)，向东注入东海，全长 6 380 km，是亚洲及我国最长的河流，流域面积 180 万 $km^2$ 。

长江从源头到湖北的宜昌为上游，流经青藏高原、横断山脉、巫山山脉等，水流湍急，峡谷众多，落差很大，具有丰富的水力资源。流域上游包括的河流主要有金沙江、雅砻江、安宁河、大渡河、岷江、沱江、嘉陵江、涪江、渠江、青衣江、赤水河、乌江等，涉及青藏高原、四川省、云南省、贵州省的部分地区及重庆市的大部分地区。根据1956～1979年多年平均统计资料，长江上游年水资源量约为4 467亿$m^3$，占全国年水资源总量28 000亿$m^3$的15.95%，为长江全流域年水资源量10 000亿$m^3$的44.67%。

长江流域上游，由于印度洋板块相撞，使喜马拉雅山强烈上升，伴随着青藏高原的隆起，使高程相差在2 000～3 000 m以上的青藏高原与低一级云贵高原及其斜坡地带，以及云贵高原与低一级平原间高差达数百米甚至千米以上的斜坡地带，所发育的长江上游及其支流，具有较大的落差，蕴藏着丰富的水能资源。长江流域在宜宾以上落差达5 132 m，占全长江落差的95.2%，水能资源蕴藏量1.16亿kW，年发电量可达6 406亿kW·h。

(2) 珠 江 流 域

珠江流域位于我国南部，跨越滇、黔、桂、粤、湘、赣6省(自治区)。流域总面积45.37万$km^2$，其中在我国境内44.43万$km^2$，约占全国土地总面积的4.6%。珠江流域在云南的面积占13.6%，贵州占14.2%，广西占44.8%，湖南占1.2%，江西占0.9%。珠江水系干流全长2 214 km，列全国七大江河的第4位。平均年径流总量为3 360亿$m^3$，仅次于长江，居全国江河第2位。

西南地区地表水涉及珠江流域支流西江上游。珠江水系最大干流是西江，此外还有北江、东江及珠江三角洲网河。广州至虎河一段才是珠江。西江上游是红水河，红水河由南盘江和北盘江两支流于贵州蔗香(双江口)会合后而得名，蔗香至广西象州县三江口的红水河，全长659 km。三江口至桂平段称为黔江，干流长122 km。黔江在桂平县与郁江汇合后称为浔江，干流长172 km。浔江至梧州与桂江汇合，才成为西江。自双江口至梧州，广西境内的红水河—黔江—浔江干流长953 km。

珠江流域处于亚热带，气候温和，雨量充沛，土地肥沃，物产丰富。有众多的岩溶洞穴、地下河、奇峰、湖泊等自然景观，是北回归线上少有的一块绿洲。据水文观测资料(25 年)统计,珠江流域年水资源总量为 3 344 亿 $m^3$,约占全国年水资源总量的 12%。全流域年人均水资源量 4 400 $m^3$,亩均水量 4 800 $m^3$,均居全国七大江河之首,但水资源开发利用率仅为 13%,尚有很大的开发潜力。

珠江流域水量丰富,河流落差集中,是我国水能资源比较丰富的江河之一。珠江流域的南盘江和北盘江,其上游至下游的落差可达 1.5%~6%。全流域水能资源理论蕴藏量为 3 348.5 万 kW,年发电量 2 933 亿 kW·h。可开发的水能资源为 2 512 万 kW,年发电量 1 168 亿 kW·h,平均每平方水能蕴藏量达 75.7 万 kW。主要集中于干流西江中上游,即北盘江、南盘江、红水河和黔江,这些河段恰位于云贵高原进入广西丘陵的斜坡地带的落差较大,地质条件良好,适宜修建高坝大库,调蓄径流。下游丘陵平原宜于建造低坝引水,改善航运灌溉、养殖和城镇供水。

(3) 西南国际诸河

西南国际诸河,包括雅鲁藏布江和藏南的察隅曲、西巴露曲、明曲、森格藏布等河流,以及藏西的森格藏布江河、喀儿河、朗钦藏布河等。由云南出国境的河流主要有澜沧江、怒江、红河、伊洛瓦底江等国际诸河。此外,还有滇西南一些河流。

雅鲁藏布江为西藏第一大江,发源于喜马拉雅山西部山区,基本沿喜马拉雅山北麓和冈底斯山之间谷地由西向东径流,于林芝东北的德母下游大拐弯后,改由北向南流,形成大峡谷。雅鲁藏布江干流长 2 057 km,由西藏出境后称布拉马普特拉河,流经印度、孟加拉,注入孟加拉湾。

澜沧江发源于青海唐古拉山北麓,流经西藏入云南,国境内主干流长度近 2 000 km,自西双版纳后称湄公河,经缅甸、老挝、柬埔寨、越南,汇入南海。

怒江发源于西藏唐古拉山南麓,经云南境内至潞西,流入缅甸称萨尔温江,注入印度洋。

红河发源于云南省境内哀牢山,是流经中越的国际河流,全长 1 200 km,在中国境内长 692 km,于云南省玉溪地区元江县以上称元江，入红河州红河县后称红河。由河口出境入越南，由北部湾入海。

伊洛瓦底江由西藏入云南，在云南境内称独龙江，流入缅甸后，汇入伊洛瓦底江。

在藏西有流入巴基斯坦印度河的森格藏布河、喀儿河以及朗钦藏布河等，藏南有流入尼泊尔、不丹及印度的朋曲、西巴霞河、桑曲等河流。

西南国际诸河总的多年平均年水资源量为 5 853 亿 $m^3$，比长江上游流量还要多一些。雅鲁藏布江在中国境内全长 2 057 km，落差达 5 400 m，水能资源非常丰富，但主要分布于下游河段，林芝县以下至巴昔卡段，河道长 496 km，落差 2 700 m 以上，平均坡降达 5.5‰，中段至墨脱县的里冬桥之间大河湾，河段长度 213 km，落差 2 190 m，河湾两端直线距离约 39 km，如果这段河修建隧洞引水式电站，通过上游修建调节水库，再修建一长 39 km 的隧洞，获得 2 120～2 300 m的水头，其水能资源开发量是很大的，装机容量可达 3 800 万 kW，比目前长江三峡工程的装机容量要大 1 倍多。当然，开发这些水能资源目前还是有困难的。

西南其他国际河流，水能资源也是非常丰富的，例如澜沧江中国境内干流全长 2 000 km，落差 5 000 m，平均坡降 2.5‰。怒江国境内干流长 2 013 km，落差 4 840 m，平均坡降 2.4‰。

(4) 湖　泊

西藏、云南、贵州、四川、重庆的湖泊总面积 2 711 625 $hm^2$，其中西藏 2 578 859 $hm^2$，云南 101 348 $hm^2$，四川 28 322 $hm^2$，贵州 2 836 $hm^2$，重庆 260 $hm^2$。

西藏高原的湖泊，大多与冰川发育有密切关系，不少湖泊的上游常有冰川延伸到湖畔，湖泊水量的变化显著地受冰川消融规律支配。西藏自治区是我国湖泊最多的地区，全区约有大小湖泊 1 500多个，其中面积大于 1 $km^2$ 的湖泊有 612 个，大于 5 $km^2$ 的湖泊有 345 个，大于 50 $km^2$ 的湖泊有 104 个，大于 100 $km^2$ 的湖泊有 47 个，大于 500 $km^2$ 的湖泊有 7 个，大于 1 000 $km^2$ 的湖泊有 3 个(最大的纳木错湖面积达 1 920 $km^2$)，湖泊总面积近 2.6 亿 $km^2$，约占全国湖泊总面积的30%。西藏的湖泊分为外流湖和内陆湖两类，其中内陆湖占97.9%，在西藏内流水系中占有重要地位。藏北内陆湖区多数为咸水湖，但在东南侧，水质较淡，并间有少量淡水湖，如纳木错的矿化度仅1.7g/L左右。在区内西北侧，水质变咸，盐湖的比重增加，如以盛产食盐而著称的扎布依茶卡就分布在西侧的仲巴县境内。

云贵高原的湖泊，与地质构造断陷作用密切相关，主要有断陷成因和岩溶成因两种类型的湖泊。断陷型湖泊以滇东的滇池、杞麓湖、抚仙湖、星云湖、异龙湖及滇西的耳海、四川的邛海、川滇边界的泸沽湖等为代表，岩溶型湖泊以云南的个旧湖、贵州威宁的草海、四川的马湖等为代表。云贵高原的湖泊，大多为淡水湖，为重要的城市供水及农业生产灌溉水源的调蓄场所。云贵高原大于1 $km^2$的淡水湖泊有27个，其中大、中型湖泊有9个，总容量达290亿$m^3$以上。

西南地区各地湖泊是地表水的重要调蓄场所，也是一些地下水的排泄地。湖泊中蓄积的水资源是非常宝贵的，而且湖泊对水资源的调节调蓄，对防洪、抗旱以及生态环境，都有密切的关系。

## 2.4 地层岩性

西南地区处于欧亚板块的东南缘，与太平洋板块和印度板块相接，各地区地质环境差异较大，发展历史各不相同，区域地质各具特点。全区沉积类型多样，地层出露齐全，新生界、中生界、古生界、元古界、太古界的地层均有出露，其间多期岩浆活动强烈，岩浆岩分布广泛，规模巨大，既有岩浆侵入、又有岩浆喷出和爆发，演化历史漫长。变质作用类型齐全，变质程度各异，成矿条件优越，矿产资源丰富，是全国乃至全球具有重要地质特色的地区之一，也是全面研究地壳构造演化的重要地区之一。

我国岩浆活动划分为10个期，西南地区主要经历四堡期（川西北、滇西、龙门山—攀西、扬子区南缘）、加里东期（滇藏）、华力西期(藏北、藏东、三江地区较为强烈)、印支期(滇藏地区)、燕山期、喜马拉雅期。燕山期是最重要的岩浆活动期,西南广大地区均有分布。喜马拉雅期岩浆活动主要在滇藏地区表现尤为突出。现将西南地区各时代地层特征简要介绍。

(1) 太 古 界

主要分布于昆仑山、客喇昆仑山、阿尔金山及帕米尔高原西部。为一套变质岩系,主要为石英岩、片岩、片麻岩、角闪岩夹大理岩及混合岩等。

(2) 下—中元古界

主要分布于昆仑山、阿尔金山、喜马拉雅山和龙门山一带,主要为块状结晶石灰岩、石英岩、片麻岩、大理岩、板岩、千枚岩、硅质石灰岩夹碎石结核、变质石英砂岩、粉砂岩夹灰岩、白云岩及中—基性火山岩等,它们构成了青藏高原的基底岩系。

(3) 上元古界震旦系

主要分布于喜马拉雅、大巴山、滇中、川西等地。岩性主要为变质的砂岩、石英岩、石英砂岩、长石砂岩、白云岩、白云质灰岩、大理岩、硅质岩、千枚岩、板岩、片岩、页岩、玄武岩,局部夹砂岩、页岩、砾岩等。

(4) 上古生界寒武系

主要分布于昆仑山、喜马拉雅山、龙门山、北大巴山、川西、滇西、滇东、滇东南、黔北等地,岩性主要为一套变质的片岩、千枚岩、板岩、页岩、片麻岩、长石石英砂岩、石英变粒岩、灰岩、白云岩夹大理岩、钙质砂岩、钙质石英砂岩、粉砂岩及凝灰岩、流纹岩、火山岩等。

(5) 上古生界奥陶系

主要分布于西昆仑山北缘,喜马拉雅山及扬子陆块西南边缘的北大巴山、川西、川东、滇西、滇东南、贵州等地。岩性为绿泥石千枚岩、板岩、页岩、细粒石英砂岩、粉砂质泥岩、泥灰岩、灰岩、白云岩等。

(6) 上古生界志留系

主要分布于北喜马拉雅、北大巴山、川西、川东、滇西、滇东、滇东北、黔北等地，岩性主要为层状石灰岩、白云质灰岩、大理岩、砂岩、粉砂岩、板岩、片岩、千枚岩、凝灰岩、安山岩等。

(7) 下古生界泥盆系

主要分布于藏南、川西、川北、滇西、滇东等地。岩性主要为硅质岩、灰岩、白云质灰岩、白云岩、泥灰岩、板岩、千枚岩、砂岩、砂质页岩等。

(8) 下古生界石炭系

主要分布于聂拉木、保山、川西、滇东南、贵州等地。岩性主要为灰岩、硅质岩、白云质灰岩夹板岩、页岩、砂岩等。

(9) 下古生界二叠系

主要分布于聂拉木、保山、川西、滇东南、贵州一带。岩性主要为灰岩、砾岩、砂岩、页岩夹煤层等。

(10) 中生界三叠系

广泛分布于拉萨、怒江、川西、川南、滇东南、黔西南、广西等地，为金沙江和澜沧江分水岭山脉的主要地层。岩性主要为以泥岩、页岩、砂岩夹煤层，灰岩、白云质灰岩、白云岩及泥质灰岩夹页岩、粉砂岩、砂岩、凝灰岩夹页岩为主。在三江地区的石钟山组夹有煤线，红坡组含石膏。

(11) 中生界侏罗系

主要分布于岗巴、斑戈—洛隆、羌塘、四川盆地、滇中一带。岩性多为紫红色砂岩、粉砂岩、泥岩、粉砂岩夹泥岩及煤层、泥灰岩、砾岩等为主。

(12) 中生界白垩系

主要分布于岗巴、斑戈—洛隆、羌塘、四川盆地、滇中等地。岩性多为砂岩、砾岩、粉砂岩、泥岩、页岩、泥灰岩、石灰岩等为主，局部夹石膏。

(13) 新生界第三系

主要分布于岗巴、可可西里、滇西、滇东、川黔、广西等地，岩性主要为红色碎屑沉积为主，岩性有砾岩、砂岩、泥岩夹褐煤、砂质页岩、粉砂岩、砂岩及钙质(角)砾岩、泥灰岩等,局部夹有油页岩及石膏。

(14) 新生界第四系

各地广泛分布,主要为残积、坡积、崩积、冲积、洪积、湖积、冰碛等不同成因的各类土层,厚度变化较大。

## 2.5 地质构造与地震

### 2.5.1 大地构造分区

西南地区位于印度板块与欧亚板块相互碰撞汇聚接触带及其附近,地处印尼—滇缅弧形构造与川滇南北构造带复合部位。由于印度板块向欧亚板块的强烈推挤,致使青藏高原急剧抬升的同时,岩石圈物质向东及南东方向侧向挤出,由此而驱动该地区地壳物质以断块形变位移方式向东及南东强烈揳入,导致板块边界断裂发生强烈的水平剪切错动,形成错综复杂的地质构造格局。

西南地区地质构造复杂,活动带与稳定区并存,表现形式多样。主要断裂的分布,与中国大地构造格局一致,并往往构成主要构造单元的边界。根据各地质时代间存在的不整合接触、岩浆侵入关系,本区可划分为四堡期、晋宁期、燕山期、喜马拉雅期 4 个构造期。

根据西南及邻区地史演化过程中沉积组合、岩浆活动、变质作用和构造运动等时空发育的总体特征,西南地区大地构造可划分为喜马拉雅褶皱系、冈底斯—念青唐古拉褶皱系、青藏—滇西褶皱系和扬子地台 4 个地质构造区(图 2.1),各区与相邻区之间均以深、大断裂带为界。

(1) 喜马拉雅褶皱系构造区

根据本区地层、构造、岩浆活动等方面的地史发展特点,大致以错那—洛扎—定日—吉隆线断裂带为界,划分为北部的北喜马拉雅褶皱带,南部的高喜马拉雅断褶带,主中央断裂以南称低喜马拉雅推覆断褶带,主边界断裂以南称西瓦利克断拗带。

北喜马拉雅地区出露最老地层为前奥陶系,分布于拉轨岗日、康马一带,为本区的结晶基底,厚达 4 430 m,不整合于下石炭统或下二叠统之下。石炭系和下二叠统具准地台性质，缺失上二叠统。到三叠纪成为地槽型深水复理石沉积，厚度较大，尤其上三叠统厚达 1 400～9 570 m，并不整合于石炭—二叠系或中、下三叠统之上。侏罗—白垩系仍为深水复理石沉积。在雅鲁藏布一带，大部分缺失下侏罗统，主要出露上侏罗与下白垩统。第三系的海相层主要分布于岗巴、定日、仲巴等地。始新世中晚期由于喜马拉雅运动使海水向西南退却。

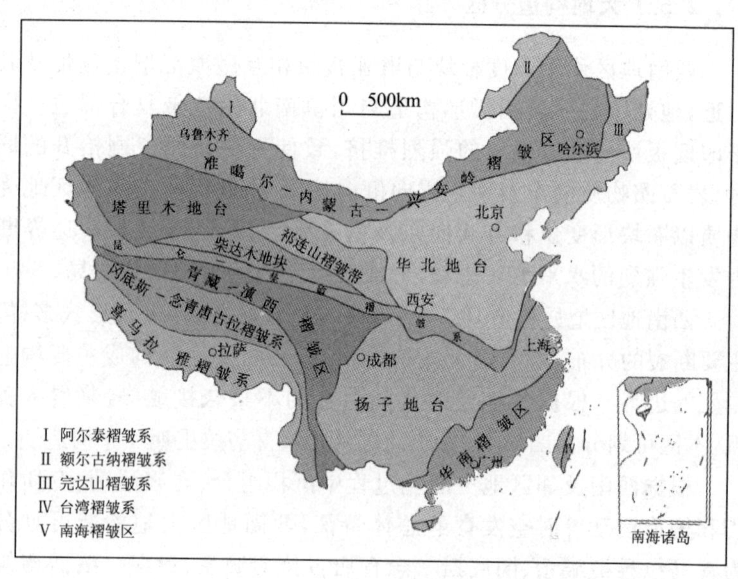


图 2.1 中国大地构造分区略图

高喜马拉雅带和低喜马拉雅带以前寒武系构成结晶基底，分布面积广。在高喜马拉雅北坡，从奥陶系至下第三系始新统为连续的海相地台型沉积。由于喜马拉雅运动的强烈活动，使本区以断块性质急剧上升，南北方向上所产生的强大挤压力，造成了低喜马拉雅大规模的推覆构造。

正是由于喜马拉雅的急剧上升，在主边界断裂以南的西瓦利克带相对产生了较快的下陷，沉积了巨厚的第三系，仅中新世—中更新世的西瓦利克群沉积厚度就达 6 000 m 以上，其上部主要为磨拉石建造。

本区的岩浆活动主要为喜马拉雅期酸性侵入岩，拉轨岗日、康马一带局部有加里东期酸性岩侵入。基性—超基性岩主要分布在印度河—雅鲁藏布江断裂带上，时代为燕山期至喜马拉雅期。

(2) 冈底斯—念青唐古拉褶皱系构造区

在念青唐古拉山及高黎贡山一带出露前寒武系或奥陶系结晶基底。古生代地层为浅海相碳酸盐岩地台型沉积。加里东运动升降差异性较大，早、中奥陶世以后，东部抬升，西部下降，造成中奥陶至下泥盆统缺失，上古生代大幅度沉降，沉降中心位于申扎一带。本区从中石炭统至下二叠统出现冷水型动物群，以中石炭统出现的冰碛含砾板岩为特征。中生界三叠系、侏罗系仅局部发育，大部分地区缺失上三叠统和下侏罗统。下白垩统由海陆交互相含煤层、碎屑岩及火山岩组成，上统局部过渡到陆相。下第三系局部见古新世—始新世的海相层，第三系陆相层见于山间断陷盆地中。

本区构造线主要为近东西向，断块发育。南缘出现燕山至喜马拉雅期中酸性侵入岩带。喜马拉雅期表现出运动由强减弱的特点，出现近南北向拉张断裂与老的断裂复合。本区的主要构造幕发生在燕山晚期至喜马拉雅早期。

本区以当雄断裂为界，划分为西部的冈底斯断褶带和东部的拉萨—波密断褶带。前者以白垩系及第四系沉积大面积分布为特征，并出现几条超基性岩带。后者有较多的古生界及中酸性侵入岩、变质岩出露。

(3) 青藏—滇西褶皱系构造区

本区以班公湖—丁青—怒江断裂为界，以南为冈底斯—念青唐古拉构造区。西部称喀喇昆仑—羌塘断褶带，东南部称唐古拉—三江断褶带。在喀喇昆仑山一带出露最老地层为前寒武系，下古生界总的面貌具冒地槽型建造特征，厚度超过 20 000 m。志留系不整合于寒武、奥陶系之上。上古生界泥盆系至二叠系是以海相过渡到以陆相为主。中生界三叠、侏罗系发育完整，以海相为主，白垩系灰岩与侏罗系呈不整合接触。第三系从海相过渡到陆相。在羌塘地区出露最老地层为中深变质的前泥盆系,泥盆系不整合其上。上古生界—中三叠统基本为连续的海陆交互相地台型沉积。但在下三叠统与上二叠统和中三叠统与下三叠统之间存在沉积间断。上白垩统至第三系过渡到陆相。白垩系和第三系与较老地层均呈不整合接触。这里岩浆活动微弱,但喜马拉雅期基性熔岩发育。古生物化石丰富,下石炭统下部—下二叠统下部基本属冈瓦纳分子。构造线呈近东西向,走向断层发育,褶皱平缓,被北东及北西向断裂切割。

三江断褶带出露最老地层为前奥陶系,缺失上奥陶统—下泥盆统,上泥盆统与较老地层呈不整合接触。上古生界从上石炭统出现火山岩,上二叠统晚期至上三叠统晚期为海陆交互相沉积。侏罗系以陆相为主,夹海相层。白垩系及第三系为陆相。在西北部缺失中、下三叠统及上、下侏罗统。在东部八宿一带早第三纪火山岩发育。本区自二叠纪以后地壳活动频繁。古生代古生物群面貌与扬子区相似。晚三叠世古植物为华夏型。中生代古生物群为特提斯型。构造线主要为北西至南北向,走向断裂发育,南部褶皱紧密。燕山—喜马拉雅期中酸性侵入岩呈带分布。沿主要断裂带古生代变质岩系有较多的出露。三江断褶带主要构造形成于印支期。

(4) 扬子地台区

本区北以山阳—桐城断裂与秦岭褶皱系相邻,西以龙门山—红河断裂带与青藏—滇西褶皱区分界,东侧以绍兴—江山断裂与华南褶皱系相接。该地台主要形成于晋宁运动时期,震旦系—中三叠统是典型盖层沉积,下三叠统—第三系为陆相红色沉积。第四系分布广泛,成因类型多,厚度变化大,尤以成都平原冲积物最为发育。除地台边缘有元古宙、古生代、和中生代的中酸性、镁铁质和超镁铁质岩类侵位外,地台内部还有过碱性岩类侵位。

### 2.5.2 新构造运动

新构造运动是地质历史发展过程中最近的一次强烈构造变动,一般指晚第三纪以来的构造运动。中国大陆新构造运动强烈,以地壳大幅度隆升、河谷深切、活动断裂多、地震频繁震级大等为主要特征。世界著名的我国青藏高原的新构造运动——喜马拉雅运动，是地质历史上的一件大事，对我国影响深远。大约 1.5 亿年前(有人说更远)，今天的长江三峡区是一个分水岭，长江当时向西流入地中海。大约 5 000 万年前，印度洋板块向北与欧亚板块碰撞，青藏高原隆起，中国境内出现了西高东低的地势，长江三峡失去了分水岭的作用，长江就改向东流入太平洋，长江在三峡地区长期深切河床，才形成了今日的岸陡谷深的险要情景。长江从西流入地中海到向东流入太平洋，这对西南乃至中国的区域稳定、地形地貌、气候、自然环境产生了极为深刻的影响，甚至起着控制作用。

喜马拉雅运动，是与人类关系最为密切的一次构造运动，主要表现为地壳强烈隆起，其次是纵横交错的活动断裂带、岩浆侵入、火山喷发、地震活动及崩塌、滑坡、泥石流等地质灾害。

西南地区是我国大陆现今地壳构造运动最为强烈的地区，以活动断裂规模大，分布密集，地震活动频繁，震级大，地震破裂带长，位错量大为主要特征。区域内活动断裂及深大断裂十分发育，主要属于特提斯—喜马拉雅断裂系及扬子地区南缘系，断裂带走向多呈北西—北北西弧形、北东向和近南北向断裂，主要分布于西藏、川西、云南的山前地带和山间盆地旁侧并沿一些大江大河展布；地质构造活动强烈，特别是活动性断裂的强烈活动，造成了西南地区显著的构造地貌形态，高山深谷较普遍；第四纪断层形迹和地震断层规模较大，地震活动强烈，与活动性断裂密切相关的第四纪岩浆活动在青藏南部和滇西均有发现。断裂新活动具有普遍性和活动强度的不均匀性、继承性和新生性，在时间上有间歇性的特点。其中许多断裂规模巨大，切割深，发展历史复杂。由于所处大地构造、新构造部位的不同，它们的活动方式、活动时间、活动强度具有明显差异。

### 2.5.3 新构造断裂分布

新构造时期，中国大陆西部上升形成高原，东部下降形成平原和海域，均同巨大的挤压、走滑和张性断裂运动相伴生。大陆内部和海域断裂运动非常强烈，它们在不同的构造力学环境下，形成区域性的不同力学性质的断裂运动系统，并且又统一组合成中国范围内规则的断裂运动图像。中国大陆和海域不同地区的断裂运动性质，随青藏高原的隆升运动、滨太平洋平原及海域的华夏裂谷运动下降机制应力状态及其方向的差异而有所区别。川、青、藏及西部地区，多表现为挤压类型的逆断层和逆平移（走滑）断层性质，东部地区主要表现为引张类型的正断层和正平移（走滑）断层性质。所以，新构造断裂（运动）是调整新构造时期构造应力作用而导致地壳活动平衡的新构造变形和新破裂（过程）。

中国新构造断裂（区）系的分布格局受板块运动性质制约，具有明显的规律性。根据新构造应力作用环境可以分为板块碰撞——青藏、西域挤压造山、隆起构造域和板块俯冲——华夏、滨太平洋弧型裂谷差异升降构造域。但是中国境内的断裂构造大部分又是在新构造期之前形成的先成断裂。它们所在的大地构造位置不同，地质演化历史不同，其先成构造格局也有以下区分：

(1) 古亚洲型断裂系统

以中国三大纬向构造带的断裂为主，形成年代久远，可以追溯到吕梁期，距今 25 亿年。

(2) 青藏弧型断裂系统

也称地中海型断裂系。雅鲁藏布江喜山期缝合带、班公湖—怒江燕山期缝合带，金沙江印支期缝合带，东昆仑海西期缝合带，祁连山加里东缝合带等。它们多形成于古生代以来的各有关构造期造山带。

(3) 华夏—滨太平洋弧型断裂系统

以中国东部及海域的北东向和北北东向断裂为主，多形成于中、新生代，但也有古老断裂被卷入的。

(4) 中国大陆中部断裂系统

以南北向断裂为主体，主要分布于中国 100°～105°经度带。新构造时期强烈的构造作用，调整和改造了上述先成断裂构造系统的活动性质，形成了 7 个新构造应力作用分区，11 个断裂（区）系和 48 条主要断裂（带）。新构造运动及其应力作用在形成新构造造山带、新构造裂谷带（海域）及其伴生断裂的同时，还形成了新生断裂带—北东向张裂构造系统，最终组合成应力协调分布的新构造断裂系统。

见图 2.2，西南及邻区可划分为喜马拉雅强烈挤压弧型断裂系及青藏—川滇弧型断裂系两大构造系统，主要由 17 条深大断裂带组成（表 2.1），其中新构造活动最强烈的断裂带有 7 条：

① 可可西里—金沙江—红河断裂带；

② 澜沧江断裂带；

③ 班公湖—东巧—怒江断裂带；

④ 雅鲁藏布江断裂带；

⑤ 鲜水河—安宁河—小江断裂带；

⑥ 松潘—甘孜—龙门山断裂带；

⑦ 丽江—安兴场断裂带。

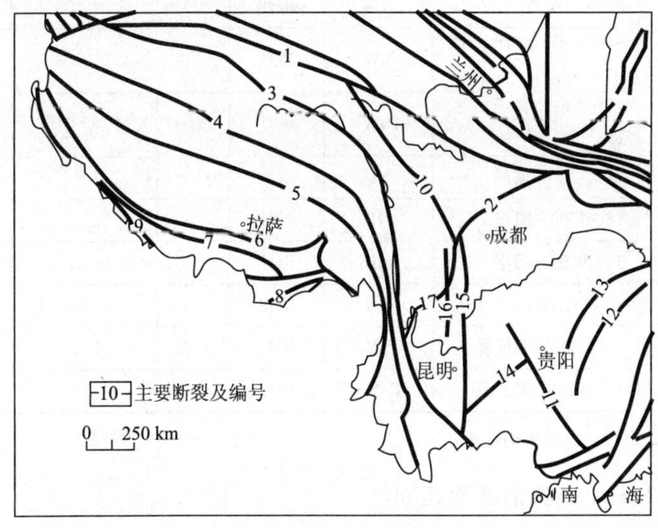


图 2.2　西南地区主要断裂略图

这些断裂规模大、切割深，晚第四纪以来活动强烈，断裂的水平位移大于垂直位移，水平位移量与垂直位移量之比大于6，水平位移速率多大于5mm/年，是大震发生的断裂构造带。

**表2.1 西南地区主要断裂简表**

| 体系 | 断裂名称 | 走向 | 性质 | 活动时代 | 水平活动速率(mm/年) | 最大震级 |
|---|---|---|---|---|---|---|
| 古亚洲 | 1.东昆仑—秦岭 | NWW | 压性 | | | |
| | *2.松潘—甘孜—龙门山 | NE | 压扭 | Q | 4 | 6.2 |
| 特提斯～喜马拉雅 | *3.可可西里—金沙江—红河 | NW-NWW | 扭扭压 | $Q_4$ | 10～11 | 7.6 |
| | *4.澜沧江 | SN-NW | 压扭性 | N-Q | 0.5 | |
| | *5.班公湖—东巧—怒江 | SN-NW | 压扭性 | N-$Q_4$ | 10～15 | 7.3 |
| | *6.雅鲁藏布江 | NWW | 压性 | N-$Q_4$ | 5 | 7 |
| | 7.洛扎—错那 | NWW | 压性 | | | |
| | 8.喜马拉雅 | NEE | 压性 | | | |
| | 9.西瓦里克 | NW | 压性 | | | |
| | *10.鲜水河(道孚—康定) | NW | 压性 | | | |
| | 11.马山—紫云—水城 | NW | 压性 | | | |
| 扬子地台南缘 | 12.三江—溆浦 | NE | 压性 | | | |
| | 13.慈利—凯里 | NE | 压性 | | | |
| | 14.弥勒—师宗 | NE | 压性 | | | |
| | *15.小江 | SN | 压扭 | $Q_4$ | 2.5～11.3 | 7.75 |
| | *16.安宁河断裂 | SN | 压性 | $Q_2$-$Q_4$ | 0.5 | 7.5 |
| | 17.丽江—安心场 | NE-NNE | 压性 | | | 7.0 |

注：*——强烈活动断裂。

### 2.5.4 新构造断裂运动

(1) 喜马拉雅强烈挤压弧型断裂系(断裂编号6～9)

沿雅鲁藏布江—印度河(境外)板块缝合线闭合，使冈瓦纳克拉通北缘同藏北地块会聚，并形成主幔逆冲断裂带，沿断裂带发育了典型的蛇绿岩套和混杂岩堆积。在拉萨东南桑日县章嘎等地，中生代角闪花岗岩和片麻状黑云母花岗岩分别向北冲到下更新统砾岩之上，砾石被压扁。

扎达地区第四纪地层倾角达15°～20°，构成喜马拉雅山北麓的主边界冲断层，总长度大于2 000 km，其东段的390 km位于不丹和缅甸之间的中国境内。断层走向北东东，断面北倾，倾角低缓。断面发育于晚第三纪陆缘碎屑堆积和山前磨拉石堆积的西瓦里克群下部(莫瑞建造，属上新统)。有变质作用，变质程度由南向北逐渐增强。

喜马拉雅山南麓的主边界断层以很小的角度向南逆冲，推覆距离多达20～30 km，中、下西瓦利克群强烈褶皱和冲断，山前凹陷带向南迁移到恒河谷地，并且堆积了巨厚的典型磨拉石。喜马拉雅主前锋断层发育于喜马拉雅山南麓的中国境外。主边界断层和主前锋断层形成的时间恰好为青藏高原隆起的起始时段和强烈隆起时段。

上述断裂表明雅鲁藏布江缝合带以南的喜马拉雅山，即喜马拉雅强烈挤压弧形断裂系，实质上是一条随时间推移而不断向南增生或扩展其范围的新生代造山带。在喜马拉雅山北坡的中国境内，发育了一系列被称为“山顶裂谷盆地”的近南北向的张性盆地，称喜马拉雅张裂系，是板块汇聚与南北向主压应力相配套的东西向引张机制下出现的断裂或断裂谷地。

(2) 青藏—川滇弧型断裂系(断裂编号1、3、4、5、10、15、16)

雅鲁藏布江以北的藏北和青藏川滇地区，被燕山期、印支期、海西期和加里东期断裂构造带或缝合带所分割。

东昆仑—秦岭断裂带(断裂编号1)：西与阿尔金断裂为界，东与西秦岭断裂连接，呈东西走向，约长900余公里。该断裂对其南北两侧早古生代地质演化和沉积环境及泥盆纪之前的中—酸性岩浆起到控制作用。断裂以北是以前寒武结晶基底为主，并且印支期和加里东期花岗岩也全部出露在断裂以北。沿断裂有蛇绿岩套出露，长达200余公里，是中国南北亚板块的分界线。新构造时期该断裂带在西大滩断裂两侧，下更新统羌塘组高差达1 600 m，断裂两侧近处同级夷平面高差达800～1 000 m，均是羌塘运动造成。中更新世以来该断裂西大滩段垂直运动速率减小，而水平位错突然增大，垭口地区西大滩断层沿断层左旋错移30 km，其水平位移量高达42.8 mm/年。昆仑山垭口断层全新世时其左旋位移速率达30～50 mm/年。

(3) 可可西里—金沙江—红河断裂带(断裂编号3)

西段沿可可西里南侧，主要为三叠纪复理石、火山岩建造，株罗系缺失，白垩系为陆相堆积，是印支构造变动区；中段沿金沙江河谷，是二叠—下三叠复理石、石炭—二叠火山岩建造及蛇绿岩、混杂岩组成，属海西构造变动区；南段自云南剑川—大理—红河并出境，沿带发育古生代地层并轻微变质，属加里东构造变动区。整条断裂带由南往北转向西，活动由老变新。这是一条加里东期开始活动，海西期出现拉张，印支期发生向西俯冲，燕山期趋于停止的俯冲带。喜马拉雅运动尤其在新构造时期，于早更新世晚期使金沙江—红河断裂带由挤压俯冲型转变为具有右旋错动的走滑断裂。新构造时期，该断裂继续右旋—逆走滑运动，并且在南涧以南的红河断裂带具典型的蠕滑性质。在南涧以北的红河断裂，剑川—大理、弥渡段为中更新世时起开始形成的典型拉张区，称红河走滑断裂尾端拉张区。在拉张区段里红河断裂为右旋—正走滑运动性质。于大理、洱源段，全新世垂直速率可达9 mm/年。在整条断裂带的西段，可可西里南，于新构造时期大量喷出第四纪碱性玄武岩。

(4) 澜沧江断裂(断裂编号4)

以北北西走向展布于沿澜沧江中下游方向。在昌都以西北，经空喀拉、甜水河、美日切湖方向东西向展布。该断裂最后强烈活动和动力变质时间在印支期和海西晚期。新构造时期该断裂对地貌控制不明显，沿断裂不发育第四纪盆地。但在鲁史、羊街—安乐段可见断裂右旋错断山脊、水系现象，最大错距1 400 m。断裂上覆沉积物估计为距今 3 万年的上更新统，没有错断痕迹。说明澜沧江断裂及其岩桥区逆断层仅有早、中更新世时段的活动痕迹及表现，之后断裂活动不明显了。

(5) 班公湖—东巧—怒江断裂带(断裂编号 5)

该断裂带的挤压推覆构造形成于中侏罗纪(燕山期)，由巨大规模的蛇绿岩复理石混杂岩带组成。自中徐罗世以来一直强烈活动，是南部藏北地块和北部羌塘地块的分界断裂带。该断裂带于东巧附近的第四纪地层中有高角度逆冲断层，在滇西地区现代怒江河谷和道街盆地是新构造时期怒江断裂带发生差异升降运动形成的断陷谷地和断陷盆地，形成时代在中更新世初。盆地内只发育中更新世及其以后的沉积，并且在上更新统中见到走向近于南北的小断层，正断性质。根据上新世末夷平面解体高度、河谷阶地高度，怒江断裂在滇西地区的垂直位移量，上新世末以来为 1 750 m，中更新世以来为 200 m，晚更新世以来为 100 m，全新世以来为 15 m。

(6) 鲜水河—安宁河—小江断裂(断裂编号 10、15、16)

起始于青海玉树，朝南东方向经四川甘孜、炉霍、康定、磨西转向南，往石棉、冕宁、西昌到云南巧家、东川以南方向展布。中、南段最早形成于晋宁期，全断裂全面贯通于印支构造变动期，它是藏北川滇断裂系统东侧的现代活动边界。新构造时期，北段鲜水河断裂走向北西 40°～65°，炉霍以西倾向北东，东南段倾向南西，倾角 60°～70°，断面平直，具左旋逆平移运动性质，促使水系左旋错移，在炉霍附近的水系同步扭曲 2 000 m，沿断裂带的水平位移导致挤压新隆起和引张新凹陷相间分布；中段安宁河断裂形成以张性断陷带为主，沿安宁河东岸发育了一条串珠状断陷盆地带，构成南北走向的地堑和地垒带和沿安宁河谷冕宁—西昌段第四纪断陷谷地，第四纪沉降幅度一般为 150～260 m，在西昌的第四纪断陷幅度达 1 500 m。该断裂带自西昌—巧家为则木河断裂，西昌大箐梁子自中更新世中期以来上升 1 000 m，上升速率为 2.1 mm/年；南段小江断裂南北走向，自东川往南分东、西两支，均具左旋逆平移性质。西支断裂于龙街子—尖山段和阳宗海—核桃村段，自中更新世晚期以来左旋水平位移量达100余米。

(7) 松潘—甘孜—龙门山断裂(断裂编号2)

青藏高原东界中段,被鲜水河断裂及东昆仑断裂所夹持的松潘—甘孜褶皱带向东滑移,形成新生代龙门山逆冲—推覆断裂带,并且自西向东由汉川—茂汶逆断裂、映秀—北川逆断裂、灌县—安县逆断裂和龙门山山前隐伏逆断裂4条北东—北北东走向的逆冲—推覆构造组成。逆冲—推覆构造带中含有一系列逆冲叠置岩片及飞来峰构造。该带西侧虽然出现由前震旦纪花岗岩、彭灌杂岩、康定杂岩等变质地质体,东侧也是晚元古代固结的扬子地质块体。龙门山断裂逆冲—推覆崛起及变质杂岩折返的主要时代为中新世,龙门山山前下更新统大邑砾石层与下伏上株罗系、白垩系、下第三系红色砂岩、泥岩、砾岩呈角度不整合,其间明显存在10cm左右古风化壳和基岩顶面1m左右强烈风化的富含铁、锰结核或褐铁矿的薄壳风化壳,表明老第三纪末到第四纪之前有一较长时间的沉积间断,大邑砾石层是龙门山前断裂形成和发展的相关沉积。

综上所述,展布于青藏—川滇弧形断裂系(断裂编号1、3、4、5、10、15、16)是几条时代由南向北依次变老的缝合带,分割着不同古地理环境和不同时期的构造变形区,并记录了自古生代开始不断向北漂移的几条狭长陆块会聚的地质历史。因此青藏高原是"多次碰撞、多次拼合"的地质体。此外,青藏高原及其边缘的这些断裂大多于早更新世晚期出现走滑分量,这些断裂的走滑运动促使青藏高原的狭长拼接陆块向东或东南方向滑动。这同新构造时期早、中更新世之间的构造应力场变化有关。高原东南缘陆块的挤出滑动致使主要断裂带自中更新世以来发生右旋滑移运动,形成"断裂尾端拉张"和"拉分盆地"。从宏观上看,滇西、滇中的断裂尾端拉张区断陷湖盆的形成应该起始于中更新世初期。滇西大理盆地同点苍山上花甸坝下更新统位差1 000m左右,丽江鹤庆盆地与亚六坝盆地下更新统位差700余米等,均是"引张区"中分割这些差异幅度的断裂带于中更新世以来大幅度垂直升降活动造成的。红河断裂的活动性有从断裂南、北两端逐渐向中间的大理地区变新和垂直差异运动幅度变大的趋势(李祥根等,1986),丽江—大理—弥渡段的拉张量为 5.59 km,右旋走滑量为 7.1 km。

### 2.5.5 区域地应力场特征

新构造运动的动力源是地应力(主要是构造应力),新构造运动又使地应力释放和积累,又使地应力的大小、方位、状态发生变化,二者是对立统一的关系。由于青藏高原的长期持续上升(目前每年隆升 2~20 mm),必然造成长江、怒江、澜沧江、雅鲁藏布江等河流的强烈下切,形成高陡岸坡及高地应力,并局部改变了区域地应力场,使西南地区的地应力场变得特别复杂。例如:

(1) 青藏高原的地应力呈 SN 挤压,形成许多 NWW 及 EW 向的褶皱构造带及倾向北的逆冲断层,南北坡度不对称。在这种地应力作用下,珠穆朗玛峰也在以每年几毫米的速度向 NE 方向作水平运动。

(2) 云南丽江地区(丽江盆地)位于喜马拉雅山湖形构造的转折部位,川滇南北断裂带(龙门山—锦屏山—玉龙雪山)的西南部,丽江地区的构造断裂以南北向为主,由西向东有澜沧江断裂、金沙江断裂等。在金沙江断裂以东发育有 N40E 向的丽江—小金河断裂和 N40W 方向的另一条断裂,正好构成大型 X 型共轭断裂网络,还有小规模的二、三级断裂,如玉龙雪山东麓断裂,把丽江地区划分为大大小小的断块,大小断裂方向不同,强度不同,地应力十分复杂。

(3) 岷江上游地处青藏高原东边缘的川北高原上,由于喜马拉雅断块(地块)向 NE 方向移动和楔入作用,使该地区复合断裂发育,地应力场也很复杂。该区域的主要断裂构造是 NNE 向的岷江上游—龙门山断裂褶皱带,近 EW 向的西秦岭褶皱向斜带,岷山近 SN 向的复背斜隆起带。岷山隆起带东、西两侧都是 SN 向的断裂带,西侧为岷江断裂带。西秦岭褶皱带影响到甘肃南部,龙门山断裂褶皱带延伸至陕西环境内,这个带由三条 NE 向展布的断裂组成。

(4) 川滇南北构造断裂带(龙门山—锦屏山—玉龙雪山)的地应力主压应力轴向呈 SSE 方向,沿该断裂带北纬 30°以南,四川的构造应力场比云南更为复杂，主要表现在断裂的东、西两侧地应力的方向明显不同。沿该断裂北纬30°以北，又以鲜水河断裂带为界，以东、以西的地应力方向表现出明显的转折。

### 2.5.6 地震活动概况

我国是一个多地震的国家，西南地区强震较多，绝大多数属于构造地震。地震活动是最新构造运动的表现，具有明显的地区性和成带性特点，例如川滇南北向断裂带是我国著名的强震活动带（称南北地震带），这是由（新）构造属性所决定的。根据《中国地震带图》，中国地震震中分布具有地区性和成带性的基本特征。中国及海域划分为7个地震区（$\mathrm{I}_1$——青藏高原地震区、$\mathrm{I}_2$——新疆—阿拉善地震区、$\mathrm{I}_3$——华北地震区、$\mathrm{I}_4$——华南地震区、$\mathrm{I}_5$——东北地震区、$\mathrm{I}_6$——台湾及东海地震区、$\mathrm{I}_7$——南中国海地震区）和32条地震带（即全新世以来有明显活动的断裂带），见图2.3。

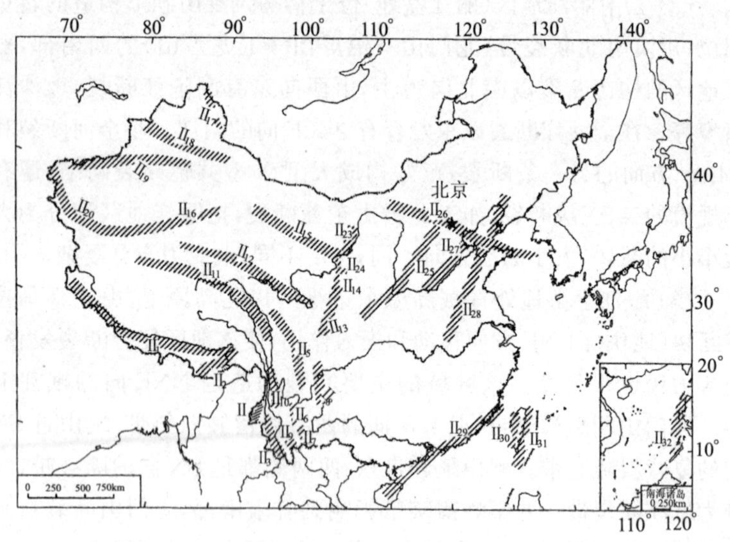


图2.3　中国地震带图

（图中，民勤带$\mathrm{II}_{21}$、河西带$\mathrm{II}_{22}$同祁连带$\mathrm{II}_{15}$重叠）

西南地区位于青藏高原地震区（$Ⅰ_1$），主要有 13 个地震带（图 2.3 中 $Ⅱ_1$～$Ⅱ_{13}$），其分布与新构造活动断裂带基本一致，是中国地震活动最强烈的地区。青藏高原地震区是地震频度很高、强度大的活动区，其西南边缘属喜马拉雅地震带，东缘属南北地震带。东南地震带的四川盆地及贵州高原是个少震的弱震区，很少发生 M≥5 级的地震。

根据历史地震资料统计，西南地区历史上发生 Ms≥6 级地震 190 次，其中 6～6.9 级地震 161 次、7～7.9 级地震 21 次、≥8 级地震 8 次（最大震级为西藏察隅地震 8.5 级）。各省区强震分布见表2.2。

**表 2.2　西南地区强震分布统计**

| 强震分级 | 地　区 | | | | 合计（次） |
|---|---|---|---|---|---|
| | 四川 | 云南 | 贵州 | 西藏 | |
| 6.0～6.9 | 33 | 71 | 0 | 57 | 161 |
| 7.0～7.9 | 9 | 7 | 0 | 5 | 21 |
| ≥8.0 | 2 | 1 | 0 | 5 | 8 |
| 合计（次） | 44 | 79 | 0 | 67 | 190 |

从表中看出，强震的发震频度各地有较大的差别。西藏、云南、川西现今断裂构造活动强烈，因而强震发生频度较高。

在漫长的地质历史中，西南地区 13 个主要地震带活动概况如下：

(1) 雅鲁藏布江地震带（$Ⅱ_1$）

位于雅鲁藏布江及其以南地区。自 1911 年起记载地震到 1973 年，发生 Ms≥4.75 级地震 48 次，其中 6～6.5 级地震 5 次、6.75～7 级地震 2 次、7.5 级地震 1 次（境外）。6 级以上地震平均 8 年左右就发生一次。在 1918 年以前是一个地震活跃期，1919～1974 年为地震相对平静期，间隔 55 年，1975 年后进入新的地震活跃期。

(2) 察偶—墨脱地震带（$Ⅱ_2$）

位于喜马拉雅山脉东端，雅鲁藏布江朝北东向拐弯的南迦巴瓦楔体地区。1929～1973 年发生 Ms≥4.75 级地震 112 次，其中 6～6.5 级地震 16 次、6.75～7 级地震 1 次、8.5 级地震(1950 年 8 月 15 日发生的西藏察隅地震)1 次。Ms≥6 级地震平均 4 年多发生一次(除察隅 8.5 级地震的强余震)。该地震带于用 1900 年前是地震活跃期，1950 年察隅 8.5 级地震以来一直处于地震活跃期内，两个地震活跃期间的平均间隔 50 年。

(3) 滇西南地震带($\text{Ⅱ}_3$)

在红河断裂以西，怒江断裂以东西南槽断山脉地区，1458 年到 1973 年 6 月记录到 Ms≥4.75 级以上地震 53 次，其中 6～6.75 级地震 11 次、7 级地震 3 次。本区地震历史记载虽早，但遗漏很多，上述地震大部分在 1920 年以后发生的。

(4) 腾冲地震带($\text{Ⅱ}_4$)

位于怒江断裂以西的横断山脉及盆地。自 1512 年到 1973 年 6 月记录到 Ms≥4.75 级以上地震 59 次(含境外)，其中 6～6.5 级地震 13 次。1939～1944 年为地震期，1944～1975 年间的 31 年为地震平静期，1976 年 5 月龙陵、潞西 7.3 级和 7.4 级两次强震又开始了新的地震活跃期。

(5) 鲜水河地震带($\text{Ⅱ}_5$)

在川西高原沿鲜水河断裂展布，西起炉霍以西东到康定，走向北西。1725 年到 1973 年记录到 Ms≥5 级以上地震 39 次，其中 5～5.9级地震 2 次、6～6.9 级地震 13 次、7～7.9 级地震 4 次。1725～1811 年和 1893 年到现今为两次地震活跃期，活跃期内最大地震震级为 7.5 级和 7.9 级。两次活跃期间的地震平静间隔为 82 年。

(6) 安宁河地震带($\text{Ⅱ}_6$)

北起石棉经冕宁、西昌，南到元谋呈南北向沿安宁河展布。自公元前 116 年到公元 1973 年记载了 Ms≥4.75 级以上地震 18 次，其中 7.25 级地震 2 次、6.75～7 级地震 3 次、6～6.5 级地震 3 次、5.5～5.75 级地震 2 次、4.75～5.25 级地震 8 次。地震活跃周期约 100 年左右。自 1850 年西昌 7.5 级地震到 1913 年冕宁 6 级地震，其间地震平静间隔为 63 年。

(7) 小江地震带($Ⅱ_7$)

北起巧家南经东川、嵩明、寻甸、宜良、开远到个旧，沿小江断裂展布。自 1500 年以来记录到 Ms≥4.75 级以上地震 36 次，其中 8 级地震 1 次、7.5 级地震 1 次、6.75～7 级地震 1 次、6～6.5 级地震 6 次、5.5～5.75 级地震 12 次、4.75～5.25 级地震 15 次。自 1600 年以来经历了 3 次地震活跃期：第一活跃期 1701～1733 年，最大震级为 7.5 级；第二活跃期 1833 年，最大震级为 8 级；第三活跃期 1927 至现在已 70 余年。其间 1621～1706 年、1734～1832 年和 1834～1926 年为地震平静期，地震平静间隔分别为 85 年、98 年和 92 年，平均间隔 90 年左右。

(8) 马边—昭通地震带($Ⅱ_8$)

位于四川马边、云南永善、大关一带。自 1900 年后记录了 Ms≥4.75级以上地震 42 次，其中 Ms≥6 级地震 7 次、5.5～5.75 级地震 17 次、4.75～5.25 级地震 18 次，南段昭通地区于 1974 年 5 月发生 7.1 级大关地震。

(9) 曲江地震带($Ⅱ_9$)

包括玉溪、通海、峨山、曲江、石屏、建水等地区。自 1446 年到 1973 年记录到 Ms≥4.75 级以上地震 49 次，其中 7.7 级地震(1970 年通海)1 次、6.75～7 级地震 1 次、6～6.5 级地震 14 次、5.5～5.75 级地震 10 次、4.75～5 级地震 23 次。1515～1610 年、1721～1857 年和 1887 年至今为三次地震活跃期，1611～1720 年和 1816～1886 年为两次地震平静期，间隔为 109 年和 70 年，平均间隔约 90 年。

(10) 中甸—大理地震带($Ⅱ_{10}$)

包括中甸、丽江、鹤庆、剑川、洱源、大理、弥渡、巍山、南涧地区。自公元 886 年到 1973 年记录到 Ms≥4.75 级以上地震 64 次，其中 6.75～7 级地震 2 次、6～6.5 级地震 14 次、5.5～5.75 级地震 21 次、4.75～5 级地震 27 次。有 1470～1522 年、1603～1751 年及 1839 年到现今三次地震活跃期，地震平静期平均间隔 80 年。

(11) 可可西里地震带($Ⅱ_{11}$)

1738 年发生玉树 6.5 级地震,1870 年 4 月 11 日发生巴塘 7.5 级地震。1915～1973 记录到 Ms≥4.75 级以上地震 91 次,其中 6～6.5级地震 15 次、7.5 级地震(1973 年嘎晕错)1 次。1870 年前和 1915 年至今是两个地震活跃期,地震平静间隔 45 年。

(12) 托索湖地震带($Ⅱ_{12}$)

自 1930～1973 年 6 月记录到 Ms≥5 级以上地震 24 次,其中 7～7.9 级地震 3 次、6～6.9 级地震 5 次、5～5.9 级地震 16 次。此地震带于 1737 年发生 7.5 级地震产生长达 180 km 的地震断层,2001 年 11 月 14 日于库赛湖发生 8.1 级地震形成≥350 km 以上地震断层。两次大震时间间隔 64 年。

(13) 松潘地震带($Ⅱ_{13}$)

包括松潘、平武、叠溪一线及其龙门山地区。1500～1973 年记录到 Ms≥4.75 级以上地震 37 次,其中 7.5 级地震 1 次、6～6.9 级地震 9 次、4.75～5.75 级地震 27 次。1597～1748 年及 1879 年至今为两个地震活跃期。地震平静期间隔为 1489～1596 年和 1749～1878 年,分别间隔 107 年和 129 年,平均间隔约 120 年。

## 2.6 水文地质特征

### 2.6.1 地下水类型

按地下水的赋存状态和含水岩层结构、构造的不同,西南和邻近地区的地下水可分为四种类型:松散沉积孔隙水、基岩裂隙孔隙水、碳酸盐类岩溶裂隙溶洞水和西藏高原多年冻土孔隙裂隙水。这些地下水类型的形成和分布受气候、水文、地形地貌、地层岩性、地质构造的控制。西南各省(市、自治区)地质条件不同,因此各地区的水文地质特征也不同。

(1) 松散沉积孔隙水

这类地下水主要分布于第四系山前堆积平原、河谷阶地、内陆盆地冲洪积平原等砂砾石层的孔隙中。如长江流域的成都平原、安宁河谷平原的松散沉积孔隙水较丰富，其他河谷平原及山间盆地也有零星分布。此外，云南大理、师宗等盆地，西藏雅鲁藏布江谷地的拉萨、察偶等地，四川龙门山、峨眉山的山前冲积扇及岷江、嘉陵江的大河滩一级阶地等，孔隙地下水资源都有较多开采。

(2) 基岩裂隙孔隙水

西南地区经历了多期强烈的地质构造运动，使岩层中的节理裂隙、褶皱、断层等较为发育，为含水岩组接受大气降水的补给和储存创造了良好的条件。这类地下水主要分布于碎屑沉积岩、岩浆岩、变质岩建造的工程地质岩组的构造裂隙中。除碎屑岩(如砂岩)中有孔隙水外，其余皆为裂隙水。按含水岩组类型及水动力学特征，其可分为三种类型:岩浆岩裂隙水、变质岩裂隙水、碎屑岩孔隙裂隙水。根据有关文献资料测算，在长江上游的云南、贵州、四川及重庆市的有关地区，不同时代的基岩裂隙水较丰富，地下水资源总量估计有488亿 $m^3$。这些基岩裂隙水在褶皱轴部及断裂带边侧，富水性较好，单井涌水量可达100～1 000 $m^3/d$，有的是承压自流。深部裂隙水有不少具有高矿化度，或具有较高温度。

(3) 岩溶裂隙溶洞水

这类地下水主要分布于坚硬层状的碳酸盐岩岩组、碳酸盐岩夹碎屑岩组及坚硬层状的碎屑岩夹碳酸盐岩岩组中。如云贵高原、金沙江石鼓—宜宾、乌江流域、重庆及川南地区、广西盆地等地的岩溶水大多赋存于上、下古生代碳酸盐岩中，且多以暗河管道型岩溶洞穴水为主。这些地区的岩溶水大多以泉水和暗河的形式出露而汇入地表河流中，由于各地所处的水文地质单元或地层结构、构造的不同，暗河或泉水的流量一般为0.5～1 $m^3/s$ 不等，汛期达5～10 $m^3/s$，大的暗河汛期流量可高达100～300 $m^3/s$。

西南地区的碳酸盐岩广布，岩溶洞穴、暗河发育，岩溶地下水资源很丰富。云南、贵州、四川和重庆等地，分布有岩溶暗河2 374条，连同广西共有2 809条暗河，枯水季节流量达394亿 $m^3$/年。

岩溶水的水化学类型主要为 $HCO_3$—Ca型和 $HCO_3$—Ca·mg型，矿化度较低，一般小于0.5～1 g/L，对混凝土一般无侵蚀性，仅局部有溶出型或分解型侵蚀。

(4) 多年冻土孔隙裂隙水

这类地下水主要分布于滇西、川西、西藏高原海拔4 000 m以上的高寒地区,冰雪融化是主要的补给来源,补给丰沛,径流条件好。水化学类型以重碳酸盐为主,但藏北高原各湖区水质较差,构成众多盐湖。多年冻土区多冰丘、冰锥,常给工程设施带来不利影响。

### 2.6.2 主要流域地下水概况

(1) 长江流域上游的地下水

主要有松散岩类孔隙水、碎屑岩类裂隙水及变质岩和岩浆岩裂隙水、碳酸盐类岩溶裂隙洞穴水。

1) 松散岩类孔隙水

在成都平原、安宁河谷平原有较多分布,其他河谷平原及山间盆地有零星分布。成都平原面积6 473 $km^2$,安宁河谷平原(包括西昌盆地在内)面积1 870 $km^2$。成都平原砂卵石层是最主要的含水层,一般厚10～20 m,局部厚40 m,水位埋深1～6 m,单井出水量大的达1 200～2 400 $m^3/d$。安宁河谷也是砂卵石层,厚15～70 m,水位埋深0.5～7 m,单井出水量可达100～1 000 $m^3/d$。

2) 碎屑岩(包括变质岩、火成岩)裂隙水

长江上游在云南、贵州、四川及重庆市的有关地区,天然裂隙水资源量均占地下水资源量的较大比重,长江上游不同年代的基岩裂隙水资源总量约有488亿 $m^3$。这些基岩裂隙水在褶皱轴部及断裂带边侧,富水性较好,单井涌水量可达100～1 000 $m^3/d$,有的是承压自流。深部裂隙水,有不少具有高矿化度,或具有较高的温度,已不属于淡水的地下水资源,而是属于热矿水类的矿产资源。

3) 岩溶裂隙洞穴水

长江上游广泛分布着碳酸盐岩,在云贵高原、金沙江石鼓—宜宾段、乌江流域、重庆地区及力喃地区,都有较丰富的岩溶裂隙洞

穴水。据不完全统计，长江上游岩溶基岩裂隙(洞穴)水的资源量约有503亿$m^3$，占云南、贵州、四川和重庆4个省(市)岩溶水资源总量1 024亿$m^3$的49.12%。岩溶水资源多以大泉及暗河出现，汇入地表河中。长江上游地下水资源总量通常为孔隙性地下水、裂隙性地下水和岩溶裂隙(洞穴)水的总和，约有1 705亿$m^3$/年。

(2) 珠江流域的地下水

主要有碳酸盐岩岩溶水，碎屑岩、花岗岩及变质岩的裂隙水，第四系松散沉积物的孔隙水，以碳酸盐岩的岩溶水为主。全区岩溶水资源总量为538亿$m^3$/年，占流域地下水资源总量的55%，占流域水资源总量的16%。

珠江流域碳酸盐岩分布广泛，出露面积173 463 $km^2$，约占流域总面积的39%。主要分布于南盘江、北盘江、红水河、柳江、郁江、桂江以及北江中游地区。

珠江流域岩溶水资源的赋存条件取决于地层岩性、构造形式和地貌特征，而富水条件则与断层、裂隙和岩溶发育程度有关。流域西部处于高原丘峰洼地，出露条块状下古生界石灰岩和白云岩，紧密褶皱及大型断裂发育，构造控水明显，地下水埋深达200 m以上。流域中部处于峰丛、峰林谷地，大面积分布泥盆系、石炭系、二叠系厚层状灰岩，岩溶强烈发育，地下水埋深50～100 m，多以地下河和大泉形式出露。沿南盘江、北盘江、红水河河谷地带分布有地下河流数百条。较大的地下河流有：云南六郎洞，集水面积2 900 $km^2$；广西地苏地下河流，面积1 000 $km^2$以上；贵州罗田大小井地下河流，长达65 km。流域东部为岩溶孤峰平原，出露石炭系、二叠系灰岩和隧石灰岩，地下水埋深5～30 m，地下河分布呈河网化或转化为地表水系。各区地下水资源主要与当地降水量、降水强度和入渗条件有关，以峰林谷地为主的岩溶区地下水资源模量显著高于其他岩溶区。

(3) 澜沧江及雅鲁藏布江流域的地下水

澜沧江流域的地下水量最丰富。在澜沧江将流入缅甸的河段，为西双版纳自然保护区所在地，包括云南景洪、渤海、勋腊县，面积 2 000 $km^2$。澜沧江流域除碎屑岩和火山岩之外，还有下三叠统的生物碎屑灰岩、瘤状灰岩及白云质灰岩等碳酸岩盐分布，岩溶水资源丰富，大的岩溶泉流量可达 358 L/s。

雅鲁藏布江流域内的地下水，主要赋存在河谷漫滩、阶地的砂卵石层中。冈底斯山和念青唐古拉山南麓还有较多变质岩裂隙水，也属于雅鲁藏布江流域，富水性中等。雅鲁藏布江谷地单井涌水量可达 2 000～3 000 $m^3$/d。

综上所述，西南各省（市、自治区）孔隙水包括河床、盆地及山坡松散的第四系土层以及风化层中孔隙性地下水；裂隙水包括砂页岩、火成岩及各种变质岩中裂隙性为主的地下水，也包括一定数量的这些基岩中的孔隙水；岩溶管道及岩溶洞穴中水流，也包括溶蚀裂隙及溶蚀孔隙中的地下水。

西南各省（市、自治区）的地下水资源中，天然孔隙性地下水相对较少，但是这类地下水大片分布地带，一般是农业主要耕地及城镇所在地，通常开发的程度较高。例如云南大理、师宗等盆地，西藏雅鲁藏布江谷地的拉萨、察偶等地，四川省的成都平原、龙门山的山前冲积扇和峨眉山的山前冲积扇，及岷江、嘉陵江的大河滩一级阶地等，孔隙地下水都有较多开采。分布面积广的裂隙性地下水虽然较大，但开采不易，只在四川盆地红层中裂隙地下水有些开采。岩溶地下水资源很丰富，在云南、贵州、四川、重庆以及广西等地都有开采。

西南地区由于青藏高原的强烈上升及云贵高原的隆起，在一、二级台阶及斜坡地带，蕴藏着丰富的水电能源。西南地区的地表水虽然丰富，但多奔流于深谷之中。高处平坦的地带，相对人均水量少，显得资源性不足。地下水资源埋藏在地下深处，开发也不易。特别是受强烈构造上升作用的影响，山高谷深，占 2/3 的山区地质生态环境较脆弱或非常脆弱，在地下水资源开发中，极易加剧及诱发地质环境问题，应引起高度重视，防患于未然。

# 第3章　区域环境地质灾害

## 3.1 新构造地震环境地质灾害

中国大陆西部的上升和东部的下降均同巨大的新构造活动断裂构造相伴生。中国大陆被一系列大小不等的新构造活动断裂切割成不同尺度的地质发育历史近似的块体，块体内部构造相对稳定，块体边界构造活动强烈，是高烈度地震带。据统计，中国大陆119次7级以上地震有104次发生在活动的地质块体边界带——新构造活动断裂带上。中国是世界上大陆地震活动最为频繁、强烈的国家。地震活动频度高、强度大、分布范围和影响面广。中国大陆面积约占全球陆地面积的1/15，但是20世纪有1/3陆上破坏性地震发生在中国。中国大陆平均每年发生5级以上地震20.8次，6级以上地震4.5次，7级以上地震0.7次。20世纪全球大陆7级以上强震中国占35%，全球3次8.5级以上强震有2次发生在中国，分别是1920年海原8.5级强震和1950年察隅8.5级强震。20世纪中国大陆破坏性地震(Ms>6)几乎遍布全国，除浙江和贵州两省以外均遭受过6级以上地震。

中国是世界上地震灾害最为严重的国家之一。20世纪以来全球因地震死亡的人数，中国占55%，全球3次造成死亡10万人以上的大地震有2次发生在中国，分别是1920年海原地震和1976年唐山地震。统计1949年以来，几乎每年都有人因地震而伤亡，50多年来因地震死亡人数达38万多人，受伤人数120多万人，与国内其他主要自然灾害相比，地震死亡人数可占7大自然灾害死亡人数的54%左右。

西南地区西藏、云南、四川西部受板块运动影响大，地震活动频繁，经济欠发达，人口较多，房屋和工程建筑抗震性能普遍较差，社会综合防震减灾能力较弱，地震灾害严重。据不完全统计，建国 50 多年来就发生 7 级以上地震 12 次(表 3.1)，受灾面积1 043 809 km²，死亡 90 440 人，伤残 431 278 人，倒塌房屋9 598 692间，直接经济损失 8 500 多亿元。例如：

1933 年 8 月 25 日，在四川岷江上游的较场坝—叠溪发生 7.5 级地震时，使叠溪古城瞬间为山崩土石所毁坏、掩埋，500 余人丧生。岷江两岸 10 余处村寨也随着山崩地滑变成废墟。地震使叠溪城离开东侧山边直向岷江陷落，向西南方向下滑 90 余米，陷落范围从叠溪到较场坝长约 2 km。叠溪城原有东、南、北三个城门，地震时北门向北摔入沟中，南门被乱石掩埋，只有东门至今还保留一部分。较场坝原有一条南北向街，震前通向叠溪，并且两镇同位于岷江东侧高阶地上，地震时两镇同时滑落于眠江，中间段陷落最深，再加上几十年来流水冲刷，所以现在从叠溪遗址到较场坝中间已为低洼的 1 000 m 左右长的乱石滩隔开。较场坝东边的田地中有由东向西呈阶梯状下掉的地裂缝，总落差约 20 多米。较场坝北边的蚕陵山断层破碎带在地震时出现一条东西走向的张裂缝，长 800 余米，宽 40～50m，深 20～30m。该裂缝产状：南倾，倾角 30°～40°，南盘下掉成为滑坡体。

岷江在叠溪附近河谷宽 15m 左右，岸坡陡峻，在地震时两岸有大量崩塌物坠入岷江，将河谷截为三段，形成大、小海子。震后一个多月，大海子回水约长 7 km，平均宽约 500 m，水最深处 94 m。小海子回水 4 km，平均宽 600 m，最深处 91 m。大、小海子之间有由塌方体组成的天然堆石坝，两海子水面高差达 60 m。溃决后水位降低，目前两海子水面高差约 30m。

**表 3.1　建国以来西南地区 7 级以上地震灾害统计**

| 序号 | 地震地点 | 发震时间 | 震级 | 地震烈度 | 受灾面积(km²) | 死亡(人) | 伤残(人) | 倒塌房屋(间) | 经济损失(亿元) |
|---|---|---|---|---|---|---|---|---|---|
| 1 | 四川叠溪 | 1933.08.25 | 7.5 | | | 500 | | | |
| 2 | 四川康定 | 1950.04.14 | 7.5 | 9 | 5 000 | 84 | 224 | 636 | |

续上表

| 序号 | 地震地点 | 发震时间 | 震级 | 地震烈度 | 受灾面积(km²) | 死亡(人) | 伤残(人) | 倒塌房屋(间) | 经济损失(亿元) |
|---|---|---|---|---|---|---|---|---|---|
| 3 | 西藏察隅 | 1950.08.15 | 8.5 | 11 | | | | | |
| 4 | 西藏当雄 | 1951.11.18 | 8.0 | 10 | | | | | |
| 5 | 云南通海 | 1970.01.25 | 7.7 | 10 | 1 777 | 15 621 | 26 783 | 338 456 | 3.0 |
| 6 | 四川炉霍 | 1973.02.06 | 7.9 | 10 | 6 000 | 2 199 | 2 743 | 47 100 | |
| 7 | 云南永善、大关 | 1974.05.11 | 7.1 | 9 | 2 300 | 1 641 | 1 600 | 66 000 | 0.9 |
| 8 | 云南龙陵 | 1976.05.29 | 7.6 | 9 | | 73 | 279 | 48 700 | 1.4 |
| 9 | 四川松潘、平武 | 1976.08.16 | 7.2 | 8 | 5 000 | 38 | 34 | 5 000 | |
| 10 | 云南澜沧—耿马 | 1988.11.06 | 7.6 | 9 | 91 732 | 748 | 7 751 | 2 242 800 | 20.5 |
| 11 | 云南丽江 | 1996.02.03 | 7.0 | 9 | 432 000 | 309 | 17 221 | 350 000 | 30.5 |
| 12 | 四川汶川 | 2008.05.12 | 8.0 | 11 | 500 000 | 69 227 | 374 643 | 6 500 000 | 8 451 |
| 合计 | | | | | 1 043 809 | 90 440 | 431 278 | 9 598 692 | 8 507.3 |

1996年2月3日19时14分，丽江地区发生的7.0级地震，造成了严重的损失。地震波及范围相当大，丽江、鹤庆、中甸、剑川、洱源等地建筑物遭受不同程度的破坏，丽江县城及附近地区约20%的房屋倒塌。本次地震受灾乡镇51个，受灾人口达107.5万，重灾民达30多万，伤亡17 221人(其中309人丧生，17 221人受伤)，房屋倒塌35万多间，损坏60.9万多间，粮食损失3 000多万公斤。电力、交通、通讯以及水利等设施也遭到了严重破坏。冲江河电站严重受损，停止供电。滇藏公路214线上的鲁南金沙江大桥桥面开裂，整体结构下沉。地震造成直接经济损失30多亿元。

2008年5月12日14时28分，四川汶川发生的8级地震，震源深度10～20 km，地震释放的巨大能量通过地震波广泛向外传播，影响范围之广，除黑龙江、吉林和西藏等局部地区外整个中国都有明显震感。地震造成汶川县映秀镇向东北方向一直延续至青川县一带长达300多公里的地表破裂，断层最大错距4 m。地面的地震裂缝、地震鼓包、隆起等破坏现象随处可见，最大隆起达到6m。断层穿过之处的山河为之改观，道路、桥梁、房屋等各类建筑物更是无坚不摧。这次地震发生余震3万多次，其中6级以上余震8次，5级以上余震39次。这次地震是新中国成立以来破坏性最强、波及范围最广的一次特大地震，最大烈度达11度，余震3万多次，涉及四川、甘肃、陕西、重庆等10个省市417个县（市、区）、4 667个乡（镇）、48 810个村庄。灾区总面积约50万$km^2$，其中极重灾区、重灾区面积13万$km^2$。地震造成650多万间房屋倒塌，2 300多万间房屋损坏，公路受损53 295km，铁路受损100多公里，供水管道受损482 756km，电信光缆损毁36 613km，商业网点受损138 960家，北川县城、汶川县映秀镇等部分城镇夷为平地；4 625万多人受灾，69 227人遇难，374 643人受伤，17 923人失踪。直接经济损失8 451亿元，举世罕见。

## 3.2 新构造山地环境地质灾害

由地质地貌环境、新构造、大气降水及地下水条件等因素的综合作用，包括人类对自然环境的破坏，使地形坡度带的地质体失衡而垮塌或搬运。危害人类社会的现象是山地环境地质灾害的主要部分。根据失衡地质体底界的地形坡度、地质块体破碎程度和失衡位移情况或水源润滑条件等，又可分为崩塌、滑坡、泥石流三种常见地质灾害。这里不讨论崩塌、滑坡、泥石流的作用过程，重点阐述它们的分布规律及其成因与新构造的关系。

### 3.2.1 地质灾害（崩塌、滑坡、泥石流）的分布规律

我国崩塌、滑坡、泥石流的分布具有明显的规律性，主要分布在中、西部地区，东部地区发育较弱。根据《中国崩塌、滑坡、泥石流地质灾害分区图，1993》（图3.1），按照地形坡度、活动构造、地震活动、地层岩性等特征及气候和人为因素影响，将中国大陆发生的崩塌、滑坡、泥石流地质灾害按其强烈程度划分为西、中、东三个区域——

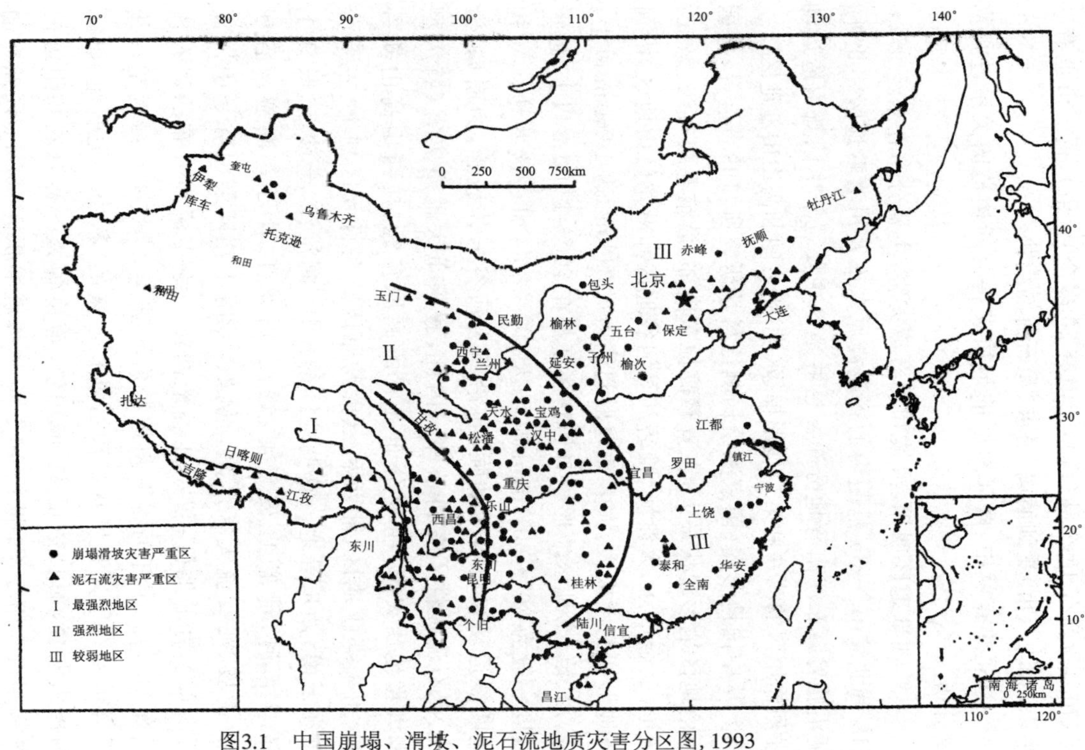


图3.1　中国崩塌、滑坡、泥石流地质灾害分区图，1993

西部最强烈地区(Ⅰ)、中部强烈地区(Ⅱ)、东部较弱地区(Ⅲ)。崩滑泥灾害主要分布在Ⅰ、Ⅱ区，Ⅲ区分布较少。西南各省、市、自治区主要位于(Ⅰ＋Ⅱ)区域，地质灾害频繁而强烈。根据有关资料，四川有 28 个县(市)，贵州有 13 个县(市)，云南有 20 多个县(市)，重庆市也有一半以上的县(市)受到崩塌、滑坡、泥石流的威胁。

这里重点就中、西部地区的地质灾害与新构造的关系进行简要分析。

中、西部地区崩塌、滑坡和泥石流灾害，主要分布在东经 95°～115°和北纬 10°～35°范围内的青藏高原东部及川滇黔地区。此外，还沿雅鲁藏布江南等地分布。这些地区主要位于中国新构造运动强烈作用区的第一和第二地形梯级(度)带之间和高山山麓地区。

从中国地形图(国家测绘局测绘科学研究所，1993)上看，中国西南地区地形起伏最大，在青藏高原东南部，沿雅鲁藏布江、怒江、澜沧江、金沙江、大渡河、雅砻江等河谷地区和沿龙门山地区，沿河谷地形切割度极大，大多数地形起伏为每 21 $km^2$ 达 1 200 m 以上。藏、川、滇、黔地区地形相对切割深度都在 500～1 000 m 以上，地形坡度一般为 30°～60°，部分地区达 70°～80°，加之这些地区新构造断裂运动和地震活动强烈，沿断裂河谷岩体破碎，为崩塌、滑坡、泥石流提供了有利条件。因此，我国重大地质灾害(特大型和大型地质灾害)主要分布在青藏高原东缘、横断山高山峡谷区、川东鄂西地区、湘西和云贵高原区。在行政区划上，主要分布在云南、四川等地。这些地区的怒江、澜沧江、金沙江、长江上游、大渡河、雅砻江、安宁河、岷江、白龙江、小江等断裂河谷崩塌、滑坡、泥石流灾害严重。例如，云南小江断裂河谷是中国泥石流最发育的地区，仅小江谷地两岸一级支流沟分布的泥石流就有 86 条。小江河谷东川地区岩石破碎，小坡头—绿毛堂一线断裂带岩石破碎程度犹如碎石堆积起来的“松山”，泥石流、洪积物极为发育，而且数量大、堆积快、速度惊人。赛海农场附近的蒋家沟口一带于 20 世纪 40～70 年代就堆积近 100 m，同期在葫芦田沟溯源侵蚀距离达200～300 m。

现列举一些由于自然地质作用所导致崩塌、滑坡、泥石流灾害的典型实例。

1965年11月22日，云南禄劝烂泥沟连续两次发生的巨大山体崩塌，总体土石方量达两亿多立方米，将老深多大队85户农民掩埋，443人丧生。

1967年夏季四川雅江县雅江深切峡谷区发生的唐右栋山崩，将6 800万$m^3$土石崩入雅江，形成高达175 m的天然堆石坝，堵江九昼夜。由于下游做好防范准备，溃坝后损失较小。

1981年四川全省汛期降水量大，且降水集中，使全省90余个县、区发生了大小滑坡数万处，使交通路线中断，破坏灌溉渠系、耕地，毁坏房屋7万余间，6万人失去家园。在暴雨期间还发生了1 000余处泥石流，其中最严重的是凉山地区大渡河畔的利子依达泥石流，该泥石流的流量达2 000 $m^3/s$以上，冲毁了沟口的铁路桥，造成机车和数节客车坠入大渡河的惨痛事故。

1982年7月18日，四川云阳地区连降暴雨，导致县城以东1km的长江左岸产生鸡扒子滑坡、滑塌土石方量为1 500万$m^3$，毁坏房舍1 730间，耕地516 925 $m^2$，使291户共1 353人无家可归。位于滑坡前缘的区卫生院、县冷冻厂等建筑物全部推落于滩地及江槽洪水中。此外，前缘塌滑土石方量约有180万$m^3$坠入长江河槽，使鸡扒子航段断面缩小，顿时形成险滩急流，流速增大至7.5 m/s，给水上船队航行带来极大困难，枯水期甚至有断航危险。后经地矿部和交通部协作进行勘探和整治，才保证了航运通畅。

1984年5月27日，以泥石流发育闻名中外的东川市，在因民沟暴发了泥石流，造成人民生命财产的严重损失。这次泥石流冲毁房屋44 374 $m^2$，农田2 137 735 $m^2$，毁坏各种管道26 700 m，使121人死亡，34人受伤。此外还冲走粮食68.5万kg，大小牲畜360头，经济损失达千万元。

1985年6月12日湖北省姊归县，长江左岸新滩镇发生了一起土石方量约2 000万$m^3$大型崩积物滑坡，将新滩镇全部摧毁，冲入长江河槽中的土石方量约200万$m^3$，使江面受堵约1/3。浪击高度达40余米，击毁木船64条，小型机动船13艘，船上人员有10人死亡。由于滑坡预报准确撤离措施及时得当，决定果断，使滑坡区内的457户居民无一人伤亡，这是国内外滑坡史上少有的事例。

2000年4月9日，西藏林芝地区波密县易贡藏布河木弄沟大滑坡，滑程约8 km，滑动高差3 330 m，形成长2 500 m、宽2 500 m、平均厚60 m、总面积5 $km^2$、体积2.8～3亿$m^3$的滑坡体，堵塞易贡藏布河形成34 $km^2$的“堰塞湖”，并冲毁了下游1座公路桥。

### 3.2.2 山地环境致灾因素

崩塌、滑坡、泥石流三大地质灾害，是山地环境边坡失稳的主要类型。它们的发生与地质地貌条件、新构造运动、地震活动、大气降水和人为活动等因素密切相关。

(1) 地形坡度条件

崩塌、滑坡是典型的山地边坡失稳地质灾害。因此山体地形坡度就成为崩、滑灾害的重要条件之一。上述地质灾害的分布及其规律是根据地形切割度而分成中、西、东部地区三大部分的。地形切割度大的地方，显然地形坡度大，边坡失稳率高。怒江、澜沧江、金沙江、雅碧江、大渡河等地区地形切割度大于1 000 m，山坡陡峻，一般坡度都在30°～60°以上或近于直立，因此这些地区是中国崩塌、滑坡地质灾害的高发区，位于第Ⅰ类和第Ⅱ类分区范围。

泥石流灾害是沟谷或坡面上土石与水的混合流动体灾害。沟谷的坡度对泥石流的运动速度、径流、堆积起制约作用。同样，在西南地区高山峡谷地貌部位，冲淤灾害严重，泥石流特别发育。

(2) 断裂活动与地震因素

在大多数情况下，崩塌、滑坡、泥石流地质灾害的发生同断裂活动(活断层)直接相关。没有胶结或胶结较差的断裂破碎带的宽度和长度，节理、裂隙的发育程度等都是控制崩塌、滑坡、泥石流地质灾害的重要因素。在具备了地形坡度条件和断裂破碎物源的地区(一般都在断裂河谷带)，地震活动是引发崩塌、滑坡、泥石流地质灾害的重要原因。

我国是一个地震活动较多的国家，自1964～1976年，10余年间，先后发生过邢台、海城、渤海、龙陵、松潘、唐山、宁河等强震和大震，绝大多数地震给人民生命财产造成巨大损失。1976年7月28日发生的唐山地震，震级为7.8级，这次大地震灾害严重，使唐山市区建筑物多数被毁坏，死伤人数达20多万。地震导致平原地区的砂土液化，发生喷沙冒水，地面塌陷及河岸斜坡场滑，影响面积达24 000 km$^2$，破坏了大量农田和交通干线。

此外，由于地震触发崩塌、滑坡、泥石流灾害也不乏史例。1966年2月5日发生的东川6级地震，触发大量崩塌、滑坡、泥石流，导致东川铁路新村～浪田坝约40 km遭受严重破坏。2008年5月12日发生在四川汶川的8级地震，引发大量崩塌、滑坡、泥石流、堰塞湖等次生地质灾害。根据有关部门调查统计，四川、甘肃和陕西等省地震区84个县（市、区）发现重大地质灾害点8 439处（其中滑坡4 372处，崩塌2 309处，泥石流515处，堰塞湖34处，其他地质灾害1 209处），严重威胁着地震灾区人民群众的生命财产安全，需要采取紧急转移安置的受灾群众达1 510多万人。地震引发如此多的次生地质灾害，主要是震级大、震源浅、活动断裂多，山高谷深等自然因素所致。整个汶川地震的巨大损失约有1/3不是地震直接造成的，而是由于滑坡、崩塌和泥石流造成的。

(3) 地层岩性及其产状因素

崩塌、滑坡的形成，均与软弱岩性（如泥岩、页岩、板岩、片岩或断裂构造中的糜棱岩、断层泥等）、顺坡倾斜的软弱结构面（岩层层面或断层、节理等构造面）产状有关，这些软弱岩性或顺坡倾斜的软弱结构面往往是崩塌、滑坡的剪出滑移带。

(4) 地下水因素

上述地层岩性及其产状因素，若再加上地下水的参与，更加速了崩、滑地质灾害和泥石流的发生。地下水在岩体或土体中有一个变幅活动带，含水层中水的增值（压）或减值（压）将有效地促进软弱结构面的活动，形成崩滑体。

(5) 大气降水因素

中国大陆的降雨有极其明显的时空规律性。夏天雨季时是崩塌、滑坡、泥石流灾害发生的高峰期。藏东、川西及滇北山地位于第一、二梯级地势过渡带,地形切割度大,又是地震活动强烈和频发地区,雨量也较丰富,一般年降雨量800~2 200mm,而且集中在7~8月份,通常日暴雨量为50~300mm。因此,这些地区的崩塌、滑坡、泥石流地质灾害最为强烈。例如,1982年7月四川万县地区的暴雨诱发了数万处崩塌、滑坡与泥石流,并诱发了西江和其他流域的洪水,引起18万多处崩塌、滑坡、泥石流,规模大的477处,死亡人数占洪灾死亡总人数的1/3。1994年4月30日重庆武隆县兴顺乡发生的鸡冠岭岩崩,崩塌岩体约500万$m^3$,将乌江堵塞断航8个月;2001年5月1日晚,武隆县城巷口镇发生山体滑坡,一座9层居民楼被摧毁掩埋,造成79人死亡;2004年7月,云南滇西地区怒江、宝山、德宏三个州市普降大到暴雨,4~5日和17~20日两次发生洪涝、群发泥石流灾害,因灾死亡48人,失踪85人,伤病497人,直接经济损失10.3亿元。

(6) 人为活动因素

铁路、公路、水利工程建设及矿山开采等,都会破坏山地环境的自然边坡而诱发崩塌、滑坡、泥石流地质灾害。不合理的开发矿产资源、水力资源和滥伐乱采森林资源等,也会破坏自然环境导致地势失衡,加剧或诱发山地地质灾害。随着经济建设的发展,现代人类活动对自然环境或地质条件的改造越来越突出,已成为一种改变自然环境的强大作用力。人为活动因素诱发的地质灾害所造成的损失是严重的,但近年来人类经济活动引发的地质灾害呈上升趋势。据有关权威部门报道:"近年来中国半数以上的各类地质灾害是由人类活动诱发的。这些活动主要是修路切坡、建筑切坡、兴修水利设施、过量开采地下水、矿山开采、坡地灌溉等。"关于这方面的例子举不胜举。例如:

1955年8月15日发生在陇海铁路的卧龙寺滑坡,将卧龙寺车站和路基向外推移了110余米,滑体土方量达数千万立方米。

由于滑坡迫使铁路改线1.5km,造成严重经济损失,震惊全国。

20世纪50年代宝成铁路建成通车后,沿线崩塌、滑坡灾害不断,为维护铁路运输畅通,投入了大量人力、物资和资金。

1966年夏季成昆铁路渡口支线的某车站发生滑动,路基毁坏,并将临江新建的五幢楼房推入江中。在陡峻的岩体斜坡地带,由于人为的工程开挖或矿体开采也常发生山崩事故。

1980年发生于成昆铁路的铁西滑坡是典型人为因素导致的地质灾害,该处在勘测设计文件中已指出"禁止在坡脚采石,防止引起老滑坡复活",而在运营中反而人为的在坡脚开辟料场大量采石,引起滑坡剧滑,严重摧毁铁路车站而中断行车。

1981年雨季,宝成铁路略阳—广元段产生病害工点86处,其中滑坡22处,占全部工点的25%。整治有病害需要改线的有4处,其中滑坡就占3处。

1980年6月3日,在湖北省宜昌盐池河发生最严重的山崩事故。由于开采磷矿引起的山崩,陡壁外侧岩体的下部回采区被挖空,导致岩体开裂变形。在暴雨的影响下,使高达160m、总方量达100万余立方米的半壁山体,形成高速滑坡而掩埋了沟谷底部所有矿区建筑物和住房,284人丧生。

1990年四川甘洛人工诱发的泥石流,1992年宝成铁路桑树梁大滑坡,1997年南昆铁路八渡车站巨型古滑坡复活,2000年5月12日株六复线大用车站顺层滑坡、6月6日内昆铁路引入六盘水枢纽曹家湾车站大滑坡等,都是人类工程活动诱发的地质灾害,造成了严重的损失。还有许多铁路、公路、矿山、水利、水电工程施工中都发生了大量的工程滑坡,损失惨重。

据不完全统计,西南地区近十多年来的铁路建设中,施工期间由于人为的雨季施工或施工方法不当等因素诱发的崩塌、滑坡、泥石流灾害造成的经济损失,大约占变更设计总投资的50%左右,有的甚至更多。

此外,西南一些地区由于不合理或过量开采地下水,已对城镇等产生危害。例如,贵州六盘水、贵阳市、安顺市及云南昆明市等,由于过量开发岩溶水，而诱发岩溶塌陷。近十多年来，云南、贵州、四川、重庆4省市发生了362处塌陷，多数是由于人工抽水、蓄水、地表水渗入、施工振动、工程荷载、地下工程排水以及污水废液排放引起的，对通过该地区的铁路、公路沿线也造成了一些危害。这些都说明人为工程活动诱发了地质灾害，将要付出沉重的代价，应引起高度重视。

## 3.3 防灾减灾对策探讨

综上所述，西南地区因受板块运动影响，地震频繁震级大，新构造活动强烈，地壳升降幅度大，山高谷深，斜坡岩体破碎，降雨量丰富，山地生态环境非常脆弱，是我国易发生崩塌、滑坡、泥石流等山地灾害的重灾区。自然地质作用和人类工程、经济活动均能改变固有的地质环境，导致地质灾害。这些灾害的形成条件和发展规律均受当地自然地理、地质条件所制约。通过对不同地区工程地质条件进行综合研究，人们可以根据不同地区动力地质作用的类型和特点，对在自然或人为因素影响下，地质环境可能变化的趋势和危害进行系统的监测和预报。自然地质作用或人类活动导致的崩塌、滑坡、泥石流灾害在发生前，一般都有一定的征兆，只要事先能掌握区域工程地质特征和环境地质规律等可能变化的趋势，就有可能及早制定防范措施或改变工程、经济活动布局，以期减轻或避免灾害。

近年来，我国正在一些国民经济重点布局地区开展区域工程地质调查，工作范围包括重要城市、大河流三角洲、海岸地带及矿产、水能资源、铁路、公路建设等近期规划开发区。掌握这些地区的岩、主体成因类型、分布及其工程地质性质，掌握动力地质作用的区域性特征，对国土整治或经济规划布局，合理利用和保护地质环境，有着重要的现实意义。

# 第4章　区域主要工程地质问题

西南地区的主要工程地质问题是广泛发育的崩塌、滑坡、泥石流、岩溶(喀斯特)与地面塌陷、有害气体、采空区、高地应力等不良地质现象和软土、膨胀土(岩)、红黏土、盐岩等特殊岩土问题,铁路、公路工程建设中常发生各种工程病害与地质灾害,对工程的建设投资及施工、运营安全影响较大。如成昆铁路全线计有大型滑坡183处,危岩500多处,崩塌300多处,泥石流沟249条,还有河岸冲刷、岩溶、盐岩及有害气体等复杂问题,给工程地质工作带来了大量的疑难课题。现就西南铁路建设中的主要工程地质问题概述如下。

## 4.1 斜坡工程地质问题

斜坡是自然山坡(含河、沟、水库岸坡等)和人工边坡的总称。斜坡变形是指斜坡在重力及其他因素(风化、水力、地震、人类活动等)作用下所发生的部分岩土体的位移。斜坡变形是山区特有的一种地质现象。斜坡的分类,按其物质组成分为三种类型:土质(黏性土、碎石土、黄土等)斜坡、岩石斜坡、岩土混合斜坡。按其成因分为两种类型:自然(剥蚀、堆积、侵蚀、滑塌)斜坡、人工斜坡。斜坡变形破坏的主要类型有两种:一是松动与蠕动变形;二是失稳破坏。崩塌、滑坡(或错落)、泥石流是边坡变形失稳破坏的主要山地地质灾害类型。它们的发生与地质地貌条件、新构造运动、大气降水和人为活动等因素密切相关,但都有各自的特点。

### 4.1.1 崩塌、滑坡、泥石流

(1) 崩　塌

崩塌是指陡峻斜坡上的岩土体,在重力作下突然向下倾倒、崩落、翻滚、跳跃，最后堆积于坡脚形成锥形岩堆体的一种动力地质现象，规模巨大的崩塌称为山崩，规模小的个别岩块崩落称为落石。其特点是发生急剧、突然，运动快速、猛烈，脱离母体的岩土体不沿固定的面(带)而自由运动，其垂直位移分量显著大于水平位移分量。崩塌的分类按其力学成因可分为五种类型：倾倒式崩塌、滑移式崩塌、鼓胀式崩塌、拉裂式崩塌、错断式崩塌。

崩塌常发生在地形坡度大于45°的高陡山麓斜坡或河谷陡岸地带，尤其是河流弯曲较大、山坡陡峭、多悬崖陡壁、新构造运动剧烈、深大张开卸荷裂隙较多的地段，是斜坡上的剪应力超过岩体的软弱结构面强度而崩落的结果。在地层岩性上，它多发生在软硬交互的砂页岩、中厚层及块状砂砾岩、石灰岩、片理发育的硅质片岩、片麻岩、混合岩及岩浆岩地段，尤其是处于挤压破碎带及严重风化地段，多有崩塌发生；在地质构造上，多发生在褶曲轴部、断层带、断层挤压破碎带、断层交汇带、节理密集带及不整合接触带；其动力来源多是地表水冲刷、潜蚀、淘空山坡下部支撑力减小，或岩土体中软弱结构面抗剪强度降低，或人为的边坡开挖、采空、爆破与地震等因素的作用。

(2) 滑　坡

滑坡是指斜坡上的岩土体，由于边界条件的改变及地下水活动、河流冲刷、人工切坡、地震等因素影响，在重力作用下沿一定的软弱面(带)，缓慢整体向下滑动的坡面变形现象。滑坡的特点是滑体在向下滑动过程中始终保持与下伏滑床接触，其水平位移分量一般大于垂直位移分量。铁路部门对滑坡的分类较复杂，主要有以下几种：

1) 按滑坡物质组成分：黏性土滑坡、膨胀土滑坡、黄土滑坡、堆积层滑坡、堆填土滑坡、破碎岩滑坡、岩层滑坡等；

2) 按形成原因分：自然滑坡、工程滑坡；

3) 按引起滑动的力学性质分：推移式滑坡、牵引式滑坡；

4) 按滑动面通过岩层情况分：同类土滑坡、顺层滑坡、切层滑坡；

5) 按发生时间分：古滑坡、新生滑坡；

6）按发生后的活动性分：活滑坡、死滑坡；

7）按滑体体积分：小型滑坡、中型滑坡、大型滑坡、巨型滑坡；

8）按滑体厚度分：浅层滑坡、中层滑坡、厚层滑坡、巨厚层滑坡。

滑坡形成的内在因素，主要受地层岩性和地质构造控制。西南地区的滑坡多分布在各种黏性土、软质岩（泥岩、页岩、千枚岩等）、软硬相间地层、构造破碎带或软弱结构面（断层面、节理面、岩层面、片理面、不整合面及断层泥、糜棱岩等）发育及降雨量多等地带。软质岩遇水易软化，抗剪强度降低，促使滑坡形成；构造断裂带往往为大规模堆积层滑坡提供物质来源；软弱结构面往往控制着滑动面的空间位置及滑坡范围，断层泥、糜棱岩往往组成滑动带和滑动面；构造裂隙水是各类滑坡形成发展的主要动力来源。

滑坡形成的外在因素，主要为河流冲刷、水库浪蚀、人工开挖边坡、坡体上加载、地下采空、地下水的浸湿、潜蚀和溶滤、地表水冲蚀和灌入、地震、爆破等。它们改变了斜坡的外形和应力状态，增大了下滑力或减小斜坡支撑力，从而引起滑坡。

(3) 泥 石 流

泥石流是山区的一种特殊洪流，它是在山区一些较陡峻的流域内，由于植被覆盖率低，坡面及沟槽内聚积有较丰富的松散物质，在强大的暴雨、急剧的融雪融冰或水库的溃决作用下，松散堆积物质失稳与汇流水体形成水和泥砂、石块混合而成的固、液混相流，具有较大的密度，在陡峻的沟槽上流动，速度快，惯性大。因此，它在运动过程中具有强大的动力，能携带巨石、大量泥沙、石块前进，可以冲毁沿途中的各种建筑物，如剪断桥墩桥台，冲毁墩台，推走或砸坏桥梁，冲走线路和种种遭遇的建筑物。

泥石流的发生和发展主要是地理环境、地质背景、气象因素和人类活动综合作用的结果，主要受地形地质环境、松散固体物质和雨量三大因素控制。典型的泥石流流域从上游到下游可划分为形成区、通过区和堆积区三个区段。形成区山坡坡度大，汇水快，冲刷、搬运作用强，山坡稳定性差，松散固体物质崩塌、滑坡等不良地质发育，供应泥石流的固体物质多。在沟谷出口外的开阔地带常堆积成泥石流洪积扇或冲积锥。泥石流的类型主要有泥流型、水石型和泥石型三种。

### 4.1.2 铁路沿线崩塌与滑坡的分布及其对铁路的危害

(1) 崩塌、滑坡的分布

西南地区几乎各条铁路线上都有不同程度的崩塌、滑坡地质灾害，主要分布在20世纪50～60年代及以前修建的昆河(米轨)、宝成、成昆、成渝、川黔、贵昆、湘黔、黔桂、湘渝等线，这些山区铁路沿线地形地质条件复杂，受当时勘察设计与施工技术水平的限制，一些线路走在河谷阶地、高陡岸坡或山麓斜坡上，采用了许多高路堤和高边坡路堑，同时支挡防护措施有限，导致崩塌、落石、滑坡的发生。例如，20世纪50年代初开始宝成铁路勘测时，人们对古滑坡认识不清，把部分车站设在古滑坡体上，开挖后引起古滑坡复活、新滑坡产生，给施工运营造成很多困难和灾害。

西南地区受崩塌、滑坡危害严重的主要干线有宝成、成昆、川黔、湘黔等线，尤以成昆线最为严重(线路经过大型滑坡183处，危岩500多处，崩塌、落石300多处)；较重的有湘渝、黔桂、昆河、贵昆、成渝线。20世纪90年代以来建成的达成、达万、广大、南昆、内昆、水柏、渝怀、株六及宝成复线与在建的遂渝、大丽、沾昆、内蒙、黄织及黔桂、达成、湘渝复线等山区铁路，也有不同程度的崩塌、落石及滑坡灾害。统计线路经过自然滑坡较多的几条铁路见表4.1。

**表4.1　西南几条山区铁路自然滑坡统计**

| 线别 | 线长(km) | 滑坡个数 | 线别 | 线路长度(km) | 滑坡个数 |
|---|---|---|---|---|---|
| 成昆 | 1 085 | 183 | 黔桂 | 607 | 32 |
| 宝成 | 669 | 102 | 昆河 | 469 | 24 |
| 川黔 | 463 | 91 | 贵昆 | 631 | 21 |
| 湘黔 | 953 | 80 | 成渝 | 504 | 21 |
| 湘渝 | 850 | 46 | 南昆 | 890 | 20 |

(2) 崩塌、滑坡对铁路的危害

崩塌、滑坡对铁路的危害，主要表现在以下几个方面：

1) 破坏线路和路基设施。缓慢位移的滑坡常造成线路路基、挡土墙变形及侧沟破坏。滑坡一旦突然形成，则路基被掩埋，或摧毁线路设备，悬空轨排，中断行车，造成严重的人民生命安全和财产损失。如1959年1月及1981年7月分别发生在宝成线K122、K216附近的滑坡，分别将30万$m^3$和4万$m^3$的土体推入嘉陵江中或掩埋轨道，中断行车20 d以上；1980年成昆线牛日河左岸谷坡上的铁西车站附近的大滑坡，将铁路线路严重摧毁；1992年宝成线马蹄湾附近曾发生三次大崩塌，前后中断运行30多天，给铁路运输造成重大经济损失，后被迫改线。据成都铁路局报道，2003年雨季，内昆线北段水富至昭通200多公里线路，共发生危岩崩塌、落石38次，路基塌方26次，中断行车236 h。

2) 危害站场。山区铁路要选择一段地势较平坦而能设置站场的地方不多，而那些峡谷中的宽谷台地又往往是古老滑坡发育的地方。如20世纪50年代宝成铁路开始勘测时，对古滑坡认识不清，把西坡、谈家庄、白水江等车站设在古滑坡体上，开挖后引起古滑坡复活、新滑坡产生，给施工运营造成很多困难和灾害。此外，贵昆线的大海哨、南昆线的八渡、达万线的万县等车站，均位于古老滑坡体上，由于施工扰动或不合理的弃土堆载，促使了古老滑坡复活，整治工程巨大。有一些车站还受到崩塌、落石的危害，如宝成线的观音山、军师庙、成昆线的尼日河线湾塘等车站。

3) 破坏轨道、桥梁、隧道和明洞。崩塌、滑坡对山区桥梁和隧道、明洞造成严重破坏。例如，贵昆线的桥舍桥、格里大桥、二甲桥，成昆线的会仙4号桥、玉田3线桥、耳足桥、铁西双线桥，湘黔线普舍安桥等的墩台基础均受到滑坡威胁，不得不采用改线、填塞或抗滑工程来保证桥梁的安全；贵昆线的二道岩、成昆线的白石岩2号、襄渝线的赵家塘等隧道，均因滑坡而发生错断和位移而侵入隧道净空，严重地威胁行车安全；宝成线1956年6月发生在罗妙真大崩塌，塌体达 6 万多方，将 38 m 长的钢筋混凝土拱盖板棚洞推出路基外 50 余米，只得以便线维持通车，直到 1968 年重建 65 m 棚洞恢复正线；1999 年 6 月贵昆线茨冲隧道进口外 K214 附近陡崖崩塌、落石 2 000 多立方米，最大石块体积达 120 $m^3$，造成中断行车事故；2003 年 8 月内昆线喇叭溪 3 号大桥、K180～182、K205～207、K203 等处，危岩崩塌、落石严重，最大体积达 300 多立方米，砸坏轨道、桥梁、接触网等设施，严重威胁行车安全。

4）造成行车事故与旅客伤亡。崩塌、落石灾害是山区铁路常见病害之一，这种病害在施工期间即有发生，运营期间是维修和行车人员最感棘手之事。据成都铁路局 1985 年的不完全统计，成昆线就有危岩与崩塌、落石约 500 处。造成行车事故的有：1974～1979 年成昆线分别在弯高滑坡段、K812 崩塌处，造成货物列车颠覆，中断行车 5.3 d；1981 年宝成线军师庙车站，在 200 m 山坡上一块体积为 1.85 $m^3$ 落石，正巧砸到停在车站上的 164 次旅客快车上，落石穿透车厢，砸死 1 人、伤 21 人；昆河线 K146 附近 1960、1964、1965 三年当客车和行人通过时，突遭山坡上的落石袭击、砸坏车厢、死 2 人和伤多人的事故。在全国铁路中以成昆、宝成、昆河、黔桂等线的落石灾害最为严重，据成都铁路局统计，每年因落石造成的事故有 10 多起。

### 4.1.3 铁路沿线泥石流的分布及其对铁路的危害

（1）泥石流的分布

中国山地面积约占国土面积的 2/3，有 32 000 多公里的山区铁路，沿线泥石流活动主要受灾害性暴雨和不良地质环境及复杂的社会环境的动态变化控制，其分布具有较明显的区域性特点。

泥石流活动是暴雨作用于地面后，地面上堆积的松散固体物质由于失稳而产生的泥沙集中搬运的一种形态。地面松散固体物质的形成、输移和堆积环境与地质构造、地段和人类活动有关。泥石流一般都是发育在新构造活跃地区，构造复合部、局部隆起区以及深大断裂破碎带上。地震和人类活动具有诱发和加剧活动的作用。在抬升区和隆起区内的地形有利于松散堆积物的起动输移。根据有关资料统计，中国大陆第一、二级阶梯和第二、三级阶梯地形的连接地带，山前断陷地带是泥石流的集中分布区，80%以上的泥石流沟分布在第二阶梯地形内，第一、三阶梯地形内的泥石流分布相对较少。

铁路沿线的泥石流主要分布在成昆线峨边至甘洛、金江至大湾子、镜铁山支线、东川支线、宝成线宝鸡至广元段、阳安线、襄渝线上。泥石流类型大多以水石型、泥石型为主，泥流型泥石流主要分布在宝成线北段、成昆线有零星分布。

(2) 泥石流对铁路的危害

根据全国铁路泥石流沟普查建档资料统计(1996 年)，中国 32 000多公里的山区铁路沿线，在 324 个区间内分布有泥石流沟 1 386 条。其中西南西北地区 1 101 条(成昆线 249 条，宝成线 120 条，东川支线 52 条，襄渝线 16 条，阳安线 126 条，陇海线 78 条，包兰线 21 条，兰新线 69 条，兰青线 25 条，青藏线 21 条，其他干线及专支线 302 条)，占全国铁路线上泥石流沟总数的 79.4%。在 324 个区间中活动严重的有 67 个区间，中等的 59 个区间，属于轻微的有 93 个区间，受威胁区间的总计长度为 2 955 km。

泥石流灾害以其暴发突然，动力极大，且多在夜间发生等属性而导致铁路破坏性成灾的后果严重，影响面广，尤其是如成昆线、宝成线、陇海线等运输腹地的重大干线，除造成的直接经济损失巨大外，间接经济损失和社会影响也很大。

泥石流发生的外动力主要是暴雨。因此每年年内泥石流发生时间与各地灾害性暴雨同步，每年 5～10 月是泥石流的主要发生期。年际分布也大体和各地暴雨周期同步。如 1981 年 8 月四川西部、川陕南部发生历史上较大洪水，成昆、宝成线泥石流灾害突出。1982～1984 年各地暴雨偏小，铁路沿线泥石流活动较为平静；1985～1988 年灾害性暴雨增多，1988 年四川和山西灾害性暴雨较多，成昆线 32 条泥石流沟发生 54 起泥石流、断道 5 次、淤埋车站 2 个；山西境内也多处发生泥石流，淤埋车站 4 个。

泥石流在运动过程中具有异常动力，所向难阻，能在对铁路建筑物的短暂的作用过程中，冲毁沿途中的各种建筑物，如剪断桥墩或桥台，推走或砸坏桥梁，或将携带的大量泥沙、石块堆积在途中，淤埋铁路建筑物，直接或间接对铁路运输安全造成严重灾害或威胁。

近50余年中，全国累计发生泥石流灾害1 500余起，其中造成破坏铁路设施中断行车的较大灾害300余起，40个车站被淤埋49站次。尚有10个车站仍然受到泥石流的威胁。被泥石流颠覆、脱轨或淤埋的客、货列车12起，百人以上伤亡的特大灾害2起。11座桥墩或桥台被剪断或冲毁，24片梁被冲走或砸毁。特别是1981年7月9日爆发于大渡河支流利子依达沟特大泥石流，造成成昆铁路桥毁车翻震惊国内外的铁路大灾难。同年8月因连续暴雨，宝成线120条泥石流沟发生泥石流，有百余公里的铁路两次受到洪水和泥石流、塌方、滑坡多种灾害的同时袭击，造成百余处工点受灾，该段运输全面瘫痪，损失惨重。

## 4.2 岩溶工程地质问题

岩溶是水(地表水或地下水)对可溶性岩石(碳酸盐岩、硫酸盐岩、卤素岩等)的化学溶解与机械破坏作用所形成的各种地表和地下溶蚀现象与形态的总称。岩石的可溶性与裂隙性、水的侵蚀性及其流动性是岩溶发育的三个基本条件。此外地貌、气候、生物和土壤等自然条件也影响着岩溶的发育。碳酸盐岩岩溶发育程度，除与岩石成分、结构、构造(包括不溶物含量、颗粒粗细、岩层厚薄等)和岩层的岩性组合有关外，还突出表现为受地质构造和地貌的控制。处于断层带及其附近，尤其是张性断层及其上盘，岩溶发育特别强烈；位于褶曲轴部的碳酸盐岩，岩溶发育强度更甚于翼部；而褶曲翼部，不论向斜、背斜，如存在排泄基准面，则接近排泄基准面的部位，往往富集有较丰富的岩溶水。

我国碳酸盐岩分布广泛，几乎遍及全国，在960万$km^2$的国土上出露有 124 万 $km^2$ 的裸露型及埋深小于 500 m 的覆盖、埋藏型碳酸盐岩，使之成为世界上岩溶区分布最多的国家之一。我国南方是碳酸盐岩的主要分布区（其余地区分布面积较少和零星出露），尤以西南地区较为集中。仅就滇黔桂三省而言，碳酸盐岩出露的面积即占三省总面积的一半左右。境内气候湿润，雨水充沛，故岩溶极为发育，其类型之多，堪称世界之冠。西南地区滇黔桂川境内的铁路沿线地区，无论是高山、丘陵或平原，都有大面积的岩溶分布，而且十分发育，只不过发育阶段和发育程度不同而已。各种岩溶地貌齐全，主要有岩溶盆地、谷地、洼地、漏斗、落水洞、峡谷、峰林、峰丛、峰林平原、岩溶干谷等。

岩溶是西南铁路建设中的主要工程地质问题之一。岩溶对铁路工程的影响和危害主要表现在以下方面：一是隐伏岩溶地面塌陷威胁建筑物安全；二是岩溶洞穴及其充填物对建筑物基础稳定性的影响；三是岩溶涌水突泥对地下工程造成危害；四是岩溶洼地积水浸泡或淹没路基和其他地面工程。此外，地面开裂也是岩溶地区的一种地质灾害。

### 4.2.1 岩溶地面塌陷灾害

岩溶地面塌陷是指隐伏于岩溶洞穴上的岩土体覆盖层向下陷落的一种岩溶动力地质作用和现象。按其成因可分人为塌陷和自然塌陷两大类。岩溶地面塌陷在空间上具有隐蔽性，在时间上具有突发性。

岩溶地面塌陷是一种较严重的地质灾害，常造成铁路路基、桥梁、隧道、站房等铁路建筑物毁坏。随着社会经济的快速发展，我国铁路沿线的人为活动更为频繁，岩溶塌陷越来越多。据有关资料统计，20 世纪 60 年代塌陷不到 10 处，20 世纪 70 年代达到 100 余处，20 世纪 80 年代达到 500 多处，塌陷势头发展迅猛。对铁路已构成严重危害的有 57 处，其中路基工程 30 处，桥涵工程 2 处，车站 18 个，其他工程 7 处。由于抽取地下水致塌 19 处，坑道排水致塌 15 处，降雨及地表积水渗入致塌 18 处，振动致塌 19 处，致塌成因不明的4处。

西南铁路沿线是岩溶地面塌陷的重灾区，成昆、贵昆、盘西、川黔、黔桂、湘黔、湘桂、黎湛、南昆、内昆、水柏等铁路线上都有不同程度的岩溶塌陷灾害问题。主要分布于成昆线的K1063，贵昆线的高峰、两所屯、六枝、树舍、鸡头村、格以头、干海子，盘西线的平关，川黔线的李家湾、息烽、都拉营，黔桂线的金城江、六甲、宜山，湘桂线的黎塘北站、佳田—凤凰，黎湛线的玉林，襄黔线的K151～152、怀化，南昆线的苹果、思林—坛洛、威舍、陆良至石林一带，内昆线的梅花山—六盘水、水柏线的茅草坪等地，其中以贵昆线、南昆线最为严重。例如：

(1) 1976年7月7日，贵昆线K606＋475浅堑路基，大雨后形成直径8m的岩溶塌陷坑，造成中断铁道62小时40分。

(2) 1979年9月1日及1985年7月6日，贵昆线分别在K534＋076及格以头村附近发生路基岩溶塌陷，导致货物列车尾部三节脱轨颠覆。

(3) 贵昆线自通车以来，六枝站11～12道5次发生塌陷，高峰车站发生16次塌陷，乌速龙车站K113＋600～＋900发生6次塌陷等。

(4) 贵昆线电气化改造中新建树舍牵引变电所，1985～1986年两年雨季中，先后发生两次岩溶塌陷产生10个陷坑，使房屋墙基悬空，并诱发场地边坡坍滑，工程施工无法正常进行。补充物探、钻探后，变更设计采用100多根挖孔桩基础，增加投资较大。

(5) 近年建成通车的南昆线，经过可溶岩地段的路基长约300km，施工后期试运营期间就发生岩溶地面塌陷50余处。

(6) 水柏线茅草坪车站深挖路堑地段，2004年7月发生岩溶塌陷，造成K61＋670～＋700右侧长30m的挡墙严重下沉、开裂，并牵引墙后边坡出现3道裂缝，车站内第3股道路基下沉达10cm左右。

上述岩溶地面塌陷都不同程度地威胁着铁路运营安全，铁路部门均采取了各种措施进行综合整治，耗资巨大。

### 4.2.2 岩溶洞穴及其堆积物灾害

岩溶洞穴及其堆积物对工程的危害主要表现为:一是建筑物基础悬空;二是洞穴顶板过薄,不能承受荷载而发生突然坍塌,引起建筑物破坏;三是岩溶洞穴中的堆积物往往为强度低、稳定性差的松软土或碎块石土等,开挖易坍塌,不能直接作建筑物基础,必须进行加固处理。西南岩溶地区铁路建设中,岩溶洞穴及其堆积物对工程的危害几乎遍及各线的路基、桥梁、隧道、房屋建筑等工程,技术处理难度较大。通常情况下,在岩溶洞穴发育地区的桥梁和房建工程大多采用较长的桩基础;路基工程常采用夯填、网格板垫层、支顶、嵌补、跨越、注浆加固等措施处理;隧道遇到大溶洞及其堆积物时,一般采用清除换填、压浆、旋喷桩或钢筋混凝土桩加固隧道基底或设桥跨越通过。如株六复线大竹林隧道进口段洞身约1 000处,遇到高、宽30~60多米的岩溶大厅及暗河,作了一孔32m的钢筋混凝土拱桥跨越。虽然在技术上都可克服,但增加工程投资较多和延误工期较长。

### 4.2.3 岩溶隧道涌水突泥灾害

隧道涌水是指在隧道或地下洞室施工中,围岩含水层的地下水在水头压力和其他压力综合作用下,克服了隔水层、断层以及裂隙带等阻力,以突然方式从隧道洞室周边涌入坑道内的工程地质现象。隧道突泥是隧道涌水携带大量泥砂及碎块石或封闭式岩溶洞穴中的承压饱水堆积物在洞室开挖揭穿时突然释放涌入坑道内的现象,可以说是一种地下泥石流,来势凶猛,破坏力极大。隧道突泥是高水压或高围压的伴生现象,如果没有高水压或高围压作动力和载体,突泥不可能发生。

隧道涌水突泥是岩溶地区常见的地质灾害。涌水突泥的产生受诸多因素的影响,其危害程度也有较大差异。隧道的涌水突泥主要与地下岩溶管道发育程度密切相关。涌水突泥时不但造成坑道被淹事故,还会引起地面岩溶塌陷,地面塌陷的产生又造成地表水通过塌陷坑直接灌入地下，使坑道涌水突泥量猛增而扩大淹井面和淹井事故的次数。西南铁路长大隧道工程中，岩溶隧道几乎都发生过突发性的涌水突泥灾害。如 20 世纪 70 年代前建成的成昆线沙木拉打隧道，襄渝线中梁山、大巴山隧道，川黔线的凉风垭、娄山关隧道，贵昆线的梅花山、梅子关、倮纳隧道，盘西线的胜境关隧道，近年建成的南昆线新桥、砂锅寨 2 号隧道，株六复线大竹林隧道、花苗隧道，水柏线何家寨、红梁子、新寨 2 号隧道，渝怀线圆梁山、武龙、歌乐山隧道，遂渝线荆竹岭、桐子林隧道等，施工中都发生了严重的涌水突泥灾害，给工程造成重大经济损失，有的还造成了人员伤亡事故。与此同时，隧道施工发生涌水突泥现象，也常造成地表水或地下水渗漏，影响当地人民生产、生活用水源等生态环境问题。例如，湘渝铁路中梁山隧道施工期间多次发生涌水突泥引起地面塌陷坑 70 多个，导致地表地下水严重渗漏，井泉干枯 48 个，造成当地农田灌溉受到影响面积 5.45 $km^2$，8 118 人居民及 4 840 头牲畜饮水困难。近年修建的渝怀线歌乐山、圆梁山隧道，采取“排堵结合，以堵为主，限量排放”的治水原则，实施了强大的帷幕注浆堵水措施及抗水压 2～4 MPa 的钢纤维钢筋混凝土衬砌，有效地控制了地表地下水的严重渗漏，成为中国铁路建设史上保护生态环境的典范工程，推动了长大岩溶隧道堵排水技术的发展。

### 4.2.4 岩溶地表水灾害

岩溶地表水对工程的危害，主要表现在岩溶洼地、谷地中的积水问题。由于排水不畅，洪水时冲刷、淹没桥涵及路基，或洼地积水、冒水浸泡路堤，引起路堤下沉或坍塌等。例如，贵昆线平坝两所屯羊昌河一带，1960 年铁路建成后，雨季岩溶洼地大量积水、冒水，铁路路基及大量农田被淹没，不得不炸毁路堤，排除洪涝，造成严重损失。事后增设了四处中、小桥，基本解除了洪涝隐患，教训十分深刻。20 世纪 90 年代株六复线建设时，对本段线路又进行了双绕改建，并将线路标高抬高了 2～3 m，才彻底根治了岩溶水害。因此，应加强岩溶地区水文工作，准确确定历史最高洪水位及线路标高,并作好排洪设施,防治岩溶水害。

### 4.2.5 岩溶地区地裂灾害

地裂也是岩溶区的一种灾害,主要见于桂、滇、赣、鄂中等地。按地裂成因可分为两种:一种是石灰岩风化后残积红黏土,因膨胀、收缩而引起地面开裂,其分布地区较广,较为典型的有广西武宣、贵港、隆安(南昆铁路经过此地)等地;另一种则是由于岩溶地面塌陷而导致地面开裂,常使建筑物、道路开裂、错移,在城镇区还威胁到地下设施的安全。例如,江西花亭锰矿,因岩溶塌陷所引起的地面裂缝达 150 余条,最长达 160 m,深 2 m,危及地面建筑物安全。

## 4.3 有害气体工程地质问题

有害气体是指地层中对人体有害甚至能引起燃烧和爆炸的气体。有害气体以沼气(甲烷 $CH_4$)为主,还包括二氧化碳($CO_2$)、二氧化硫($SO_2$)、硫化氢($H_2S$)和氮气($N_2$)等。有害气体统称为瓦斯,主要指甲烷,它是一种无色、无味、无嗅的气体,但和硫化氢混合则有苹果香味。空气中瓦斯含量增加,氧气减少,会使人发生窒息事故。

瓦斯对人的危害主要是燃烧和爆炸引起的。瓦斯燃烧不是与之接触立即发生,时间略有延迟,在吸收相当热量后才开始燃烧,温度越高,延迟时间越短。瓦斯爆炸必须具备两个条件:一是空气中的瓦斯浓度达到爆炸限度;二是有火源。瓦斯含量达到 5%～16%会产生爆炸,含量在 8%时极易爆炸。瓦斯爆炸时产生高温,温度可达 2 000℃以上,爆炸后空气中几乎没氧,主要为氮和二氧化碳,使人晕倒甚至死亡。

在煤系地层山岭地区修建隧道工程,常常在隧道掘进过程中遇到突然发生大量瓦斯、煤尘和岩粉一切喷出的现象(即瓦斯突出),而且往往还夹杂一些煤块或岩石,造成人员伤亡、工程和机械设备破坏等灾害性事故。

西南地区及其邻近各省、区，均有古生界石炭系、二叠系、三迭系及中生界侏罗系砂页岩含煤地层分布，尤其是我国重要的煤炭基地之一的贵州省，煤炭资源极为丰富，地下矿井及隧道工程建设中瓦斯地质灾害尤为突出。西南铁路建设中已有多座隧道遇到高瓦斯突出危险问题。例如：

(1) 20 世纪 50 年代末修建位于贵州境内的贵昆线岩脚寨隧道(全长 2 734 m)，横贯普郎煤田大煤山褶皱西南翼，穿过三叠系煤系地层和石灰岩，其中贵阳端进口段长约 950 m 的乐平组煤系地层中夹有多层高瓦斯煤层，瓦斯逸出量达 150 $m^3$/h。1959 年施工过程中曾发生 6 次瓦斯爆炸和燃烧，造成隧道塌方堵洞、支撑烧毁、伤亡 99 人(死 34 伤 65)的特大事故。

(2) 20 世纪 90 年代建设的达成线炮台山隧道，在施工通过侏罗系砂岩夹泥岩地层的背斜核部附近时，也发生了严重的瓦斯(天然气)爆炸，造成多人伤亡事故，主要原因是埋藏于深部 1 000 多米的天然气沿岩层中的构造裂隙渗透上逸，聚集于背斜核部所致。

(3) 20 世纪 90 年代修建的南昆线家竹箐隧道(4 990 m)，通过上二叠系煤系地层，瓦斯逸出量达 633. 6 $m^3$/h，瓦斯含量达 20.17 $m^3$/t，瓦斯压力达 1. 58 MPa，属高瓦斯、有煤与瓦斯突出危险地质灾害的隧道。在该隧道的设计与施工中，认真总结了贵昆线岩脚寨隧道及其他隧道瓦斯地质灾害的经验教训，采取了强有力的瓦斯防治措施，保证了隧道施工安全。

(4) 四川省都江堰境内紫坪铺水利枢纽工程的友谊隧洞全长 962 m，所处地质条件非常复杂，集断层破碎带、富含煤层、浅埋偏压、膨胀岩、采空区及高瓦斯于一体。隧道穿过含多层煤的煤系地层长 932 m，单层煤最大厚度达 4 m 以上，瓦斯浓度达 10%以上，属典型的高瓦斯隧道。2003 年 10 月该隧道开工后，先后多次发生塌方和瓦斯燃烧、爆炸 40 余次，给施工人员的生命安全带来了严重威胁。特别是 2004 年 12 月 7 日，该隧道发生的大塌方，造成瓦斯在坍孔里大量聚集，出露煤层自燃引发了瓦斯大爆炸，强大的冲击波将隧道里的施工设备悉数摧毁，重达几十吨的衬砌台车、挖掘机等机械设备被抛出洞外，掌子面上的钢筋和钢管像箭镞一样飞到离洞口数百米远的山坡上。瓦斯爆炸能量之大，极为罕见，令人震惊。

(5)2005年12月22日下午2点左右，四川都江堰至汶川高速公路董家山隧道施工中发生特大瓦斯爆炸事故，造成44人死亡，11人受伤，直接经济损失2 000多万元。事故原因是由于掌子面处塌方，瓦斯异常涌出，致使模板台车附近瓦斯浓度达到爆炸界限，模板台车配电箱附近悬挂的三芯插头短路产生火花引起瓦斯爆炸。

因此，对于瓦斯隧道设计施工，必须严格执行《铁路瓦斯隧道技术暂行规定》、《煤与瓦斯突出防治细则》等技术规定，保证瓦斯隧道揭煤施工安全。

## 4.4 采空区工程地质问题

小煤窑采空是常见的人工挖采煤矿遗留下来的巷洞，采空范围窄小，开采深度浅，一般深度多在100 m以内，少数可达200 m，有煤层露头地带由巷道直接采掘，无煤层露头地带先以竖井或斜井挖至煤层，再以巷道采掘，并向两边开挖支巷道。巷道平面延伸分布一般无规律或呈网格状，有单层或2～3层重叠交错，巷道高一般为1.5～2.5 m，宽2～3 m，大多无支撑或临时支撑，任其自由坍落。小煤窑的采空率一般为10%～20%，很少超过30%。

西南地区的贵州、四川、云南的一些地区，砂页岩含煤地层较广，人工采煤现象普遍，常遇到小煤窑采空区发生地表塌陷或开裂灾害问题，但因采空范围窄小，地表不会产生移动盆地。在西南铁路建设中，近年修建的南昆、内昆、水柏、遂渝等线都不同程度地遇到了小煤窑采空问题。如内昆线二道桥因人工在桥跨间乱挖采煤巷道，引起桥梁严重下沉倾斜事故，危及行车安全；水柏线夹沟车站施工中发生小煤窑采空塌陷，引起路堤滑坡；柏果附近泥那都一段路堤经由多条网状高 1.5～2.5 m,宽 2～3 m 的小煤窑采空巷道。经详细勘察,除确定选用通过小煤窑采空地段最短的方案外,对路堤基底下的小煤窑采空巷道,采取人工回填片石或砂卵石与钻孔灌砂并注水泥浆相结合的办法加固地基;遂渝线松林堡隧道斜穿小煤窑采空范围内,采取加强隧道基础及上部结构刚度与采空巷道回填及钻孔灌注水泥砂浆等措施处理。

小煤窑采空一般都为无序开采,更无文献记载和图表资料。工程地质勘察中难以完全查清,即使用较大的物探、钻探工作量也只能查明采空范围和深度。铁路线路方案选择时应尽量绕避小煤窑采空区,万不得已时应从小煤窑采空最窄处通过,并设置铁路线下保安煤柱,禁止在限定范围内开采,确保铁路运营安全。

除上述的小煤窑采空外,还有大面积采空和现代小煤窑采空。大面积采空是建井、巷道形成后,分块按次序的开采煤层,煤层回采率在 50%以上。地下煤层经大面积采空后,煤层上部地层失去支撑,平衡条件被破坏,随之产生崩落、破裂、弯曲等变形,发展到地表,使地面下沉随着煤层采空区的不断扩大,发展成为凹陷盆地,此盆地称为移动盆地。大面积采空区均为大型煤矿企业,做过煤田地质勘察、规划设计,有开采情况、观测记录等图表资料。县办和社、队办的小煤矿采空,介于小煤窑采空和大面积采空之间的另一种采空形式,可称为“现代小煤窑采空”。随着采煤技术的提高,采煤方法的改进,有的仿照大型煤矿企业开采方法进行采煤,亦有开采范围、开挖和变形情况等记录或图表资料。这样,线路绕避现代小煤窑采空或通过时进行整治处理,就比通过无规律、年代久远的小煤窑采空区要容易些。

## 4.5 高地应力工程地质问题

在原始围岩中天然赋存的应力称为初始应力,又称地应力。地应力主要是自重和构造作用引起,它与岩体的特性、裂隙的方向和分布密度、岩体的流变性以及断层、褶皱等构造痕迹有关。此外，影响地应力状态的因素还有地形、地震力、水压力、热应力等。对岩体工程来讲，主要应考虑重力应力和构造应力，可以认为地应力是重力应力和构造应力叠加而成。一般情况下，自重应力与埋深有关，垂直应力随埋深增加而呈直线增加，埋深越大，垂直应力（$\sigma_y = rh$）也越大。构造应力一般是水平的，构造应力会改变垂直应力的初始状态，围岩中的最大地应力可能不是垂直方向而是水平方向。

高地应力是一个相对的概念，它是相对围岩强度而言的。也就是说，当围岩内部垂直于洞轴方向的最大地应力（$\sigma_{max}$）与围岩强度（$R$c）的比值（即围岩强度比＝$R\mathrm{c}/\sigma_{max}$）达到某一水平时，才能称为高地应力。

在地下工程的设计施工中，即围岩强度比也被视为围岩稳定性的重要指标。从这个角度讲，埋深大不一定就存在高地应力问题，而在埋深小，但围岩强度很低的场合，也可能出现高地应力问题。因此，在研究是否出现高或极高地应力问题时应与围岩强度联系起来判定。

根据长期的工程实践，我国《工程岩体分级标准》(GB 50218—94)提出了地应力评估基准的判据：即 $R\mathrm{c}/\sigma_{max} < 4$ 时为极高地应力水平；$R\mathrm{c}/\sigma_{max} = 4 \sim 7$ 时为高地应力水平；$R\mathrm{c}/\sigma_{max} > 7$ 时为低地应力水平。

地应力对地下隧道及地下工程的危害，主要有两个方面：一是硬岩发生岩爆，即高地应力区岩体中聚积的弹性变形能在开挖过程中突然释放使岩石爆裂弹射岩块的现象；二是软岩大变形，即地下洞室围岩在高地应力作用下发生显著的塑性变形和位移的现象。围岩强度比不同，岩爆与位移的程度也不同。一般有以下特征：

(1) 在高地应力水平条件下，地下洞室主要表现为硬岩在开挖过程中可能出现岩爆，洞壁岩体有剥裂和掉块现象，新生裂缝较多，成洞性较差；基坑时有剥裂现象，但成形性一般尚好。对于软岩，常出现岩芯饼化现象，洞壁岩体位移显著，持续时间较长，成洞性较差;基坑有隆起现象,成形性较差。

(2) 在极高地应力水平条件下,地下洞室主要表现为硬岩在开挖过程中时有岩爆发生,有岩块弹出,洞壁岩体发生明显的剥裂和掉块,新生裂缝多,成洞性差;基坑有剥裂现象,成形性较差。对于软岩岩芯饼化严重,洞壁岩体有剥裂现象,位移极为显著,甚至发生大变形,持续时间长,不易成洞;基坑发生显著隆起或剥裂,不易成形。

西南铁路建设中,也遇到过高地应力条件下的软岩隧道的大变形和硬岩隧道的岩爆问题。例如:①南昆铁路家竹箐隧道(4 990 m),通过二叠系煤系地层软岩中部埋深最大的长 390 m 地段,实测洞内垂直地应力为 8.57 MPa,水平地应力为 16.09 MPa,而煤系地层的综合抗压强度仅为 1.7 MPa,垂直于洞轴方向的围岩强度比$=Rc/\sigma_{max}=1.7/12.33=0.14$,属极高地应力水平。因而在隧道施工中发生了严重的挤压变形,拱顶最大下沉 240 cm,侧壁内移 160 cm,底板上鼓 80～100 cm,造成支撑钢架严重挠曲变形,喷层开裂,并与钢架脱离等灾害。②成昆铁路关村坝隧道(6 187 m),穿过震旦系厚层石灰岩地层,石质坚硬、完整,层理接近水平,最大埋深 1 650 m,1965 年施工中多次发生岩爆(一般在爆破后 2～3h 内发生,大多出现在导坑顶部和扩大的拐角处),爆落弹出最大岩块达 0.5m×0.4m×0.1m,造成多次人身事故,威胁施工安全。

此外,我国改建铁路兰新线乌鞘岭特长隧道(20 050 m),在深埋(450～1 100 m)高地应力(15～33 MPa)作用下,使隧道通过的 F7 活动断层泥砾带及千枚岩夹板岩等软岩地段,施工中发生了严重的大变形,最大变形量也达 100 cm 以上,致使初期支护破坏并严重侵入隧道衬砌净空,不得不全部或部分拆除重做,工程进度严重受阻。国外的奥地利阿尔贝格隧道、陶恩隧道以及日本的惠那山隧道等,都是施工中发生软岩严重挤压变形的典型事例。

上述实例说明,高地应力对隧道的危害是严重的,不容忽视。随着我国经济实力不断增强,山区铁路、公路建设规模加大,将会出现更多的长大深埋隧道,尤其是西部大开发未来的山区铁路建设中，长大深埋隧道将越来越多，高地应力问题将更加突出。例如滇藏、沾六、玉蒙、大瑞等铁路沿线新构造活动强烈，将要修建多座长 10～30 km，埋深 500～2 000 m 的特大型隧道，都可能遇到高地应力问题，勘察设计施工中应引起重视，有针对性地采取有效措施，防治高地应力灾害。

## 4.6 膨胀土(岩)与红黏土工程地质问题

膨胀土(岩)与红黏土的共同特点是岩、土体中含有大量的亲水性黏土矿物(蒙脱石、伊利石、高岭石)，在湿度变化影响下产生明显的胀缩变形。西南铁路建设中，几乎在各条山区铁路线上都不同程度地遇到膨胀土(岩)或红黏土的胀缩变形问题，给工程带来较大危害。特别是成昆线四川盆地成都—青龙场段，南昆线广西右江沿岸思林—百色段、宝成线阳平关至安康段汉中盆地牧马河和月河阶地等地区的膨胀土(岩)问题突出，施工中都发生了大量工程滑坡等病害。

### 4.6.1 膨胀土与红黏土的胀缩性危害

膨胀土是指土中黏粒成分主要由亲水性矿物组成，具有吸水显著膨胀、软化和失水急剧收缩、开裂，并能产生往复胀缩变形的黏性土。多呈棕、黄、褐色，间夹灰白、灰绿色条带或薄膜；具多裂隙结构，裂面光滑有擦痕；土质致密，细腻，具滑感；坡面常见浅层塑性滑坡、溜坍与剥落；具垄岗式地貌景观，地形平缓，无自然陡坎。膨胀土按黏土矿物分类，可以归纳为两大类：一类以蒙脱石为主，在含水量增加时出现显著膨胀；另一类以伊利石和高岭石为主，在含水量增加时发生有限的膨胀。

红黏土(包括原生红黏土与次生红黏土)俗称“网纹红土”，也属于膨胀土范畴。原生红黏土是指经红土化作用形成的棕红、褐黄等色并覆盖于碳酸盐岩系之上，具有表面收缩、上硬下软、网状裂隙发育和较显著的胀缩性、液限大于或等于 50%的高塑性黏土。原生红黏土经搬运沉积后仍保留其基本特征，且液限大于45%的土则称为次生红黏土。在热带和亚热带温湿气候条件下由石灰岩、白云岩等岩石风化残积而成的红黏土，黏土矿物主要为高岭石，其活动性低。红黏土的特点一般是天然含水量高、孔隙比大，液限和塑性指数高，但抗水性较强，具有吸水弱胀及失水强缩的特性，压缩性较低，抗剪强度也较高。红黏土在最优含水量下压实，可获得较高的压实度，一般可用作铁路、公路路基的填料，但需作好防水处理。我国的红黏土分布较广，在北纬35°以南的广大地区都有分布，尤其以西南地区贵州、云南、广西等地最为典型。

《铁路工程特殊岩土勘察规程》(TB 10038—2001)规定：对膨胀土应进行先初判后详判。当初判自由膨胀率 $Fs \geqslant 40\%$ 的黏性土，应根据自由膨胀率 $Fs \geqslant 40\%$，蒙脱石含量 $M \geqslant 7\%$，阳离子交换量 CEC≥17〔mmol($NH^{+}$)/100 g 干土〕三项指标进行详判，其中有两项指标符合时，定为膨胀土。膨胀土的分类按不同范围值的三项指标划分为强、中、弱三个膨胀等级，同样有两项指标符合时，应定为相应的膨胀等级。

膨胀土与红黏土对工程产生危害的主要原因是土中含水量的变化引起的胀缩性，在降雨量较大地区，常给工程构筑物带来损害。例如：① 20世纪70年代修建的阳平关至安康铁路，经过的汉中盆地牧马河和月河阶地上分布有膨胀土，一般膨胀量11.4%～28.7%，膨胀力60～160 kPa，总收缩量(体缩)3.7%～13.5%，属于胀缩性较低的膨胀土。但由于人们对膨胀土性质认识不足，边坡开挖和路堤填筑按一般黏性土处理，以致沿线膨胀土地段病害出现80余处，总长达20多公里。主要病害为堑坡出现厚3～5 m的浅层滑坡，降水浸泡后坡面流泥；用膨胀土填筑的路堤，路肩错落下滑，坡脚由下往上牵引式浅滑，后经路堑边坡采用全封闭防护支挡，并采取防、排水措施，改良土壤，种草种树，各种病害得到根治，现运营情况良好。② 20世纪90年代修建的南昆铁路经过膨胀土地段长约160 km，根据成因可划分为三类：泥岩风化残积型(Ⅰ类)、碳酸盐岩风化残积型(Ⅱ类)和河流冲积型(Ⅲ类)。Ⅰ类膨胀土母岩以第三系泥岩为主,主要分布于广西和滇东一些盆地及其边缘,此类膨胀土全线分布总长约 110 km;Ⅱ类膨胀土指贵州、广西、云南广布的红黏土,具膨胀性者,全线分布总长约 30 km;Ⅲ类膨胀土主要分布于广西境内田阳至百色段右江河谷二、三级阶地上,分布长度约 20 km。以上三类膨胀土多属弱膨胀土,仅少数可划分为中等膨胀土。南昆铁路膨胀土(岩)与红黏土土形成的路基病害主要表现在路堑边坡、路堤和路基基床变形。特别是广西境内分布于思林至百色段的膨胀土(岩),这类变形十分严重。据 1995、1996 两年对路基病害的调查统计,其中有两段膨胀土(岩)路基集中地段长 16.7 km,两年雨季中就发生路基病害 34 处,累计总长8.9 km,占全段路基长度的 53.3%,其中路堤病害 9 处 3.1 km,路堑病害 25 处 5.8 km。路基病害发生的直接诱发因素是水,膨胀土(岩)边坡的变形,往往要持续 2～3 个雨季才趋稳定,有的延续时间甚至更长。南昆铁路膨胀土(岩)病害是严重的,边坡率放缓到 1/4 还不能自稳。曾造成多处挡墙倾倒、抗滑桩歪斜、基床鼓胀、侧沟破坏、路堤坍滑等诸多病害,经多次反复整治才解除了病害,现状良好。

#### 4.6.2 红黏土中的地裂危害

碳酸盐岩风化残积型红黏土,常在干旱、失水条件下强烈收缩而引起地面开裂,其分布地区较广,较为典型的有广西的武宣、贵港、隆安等地。例如,南昆铁路 K61～K62 经由隆安县境内龙床村附近的桉树林一带发生地裂 13 处,其中裂缝长 40～70 m,宽 10～100 cm,深度大于等于 6 m 的有 4 处,裂缝总长小于 40 m,宽 2～70 cm,深度小于 6 m 的有 9 处。龙床村建在红黏地基上的 48 幢房屋,有 31 幢房屋均有不同程度的开裂变形,占全村总幢数的 65%,其中以平房裂缝最为严重,墙体开裂最长者达 5 m,最宽者达 5 cm,个别房屋砖柱错断,墙体倾斜,望而生畏,不得不拆除重建。另在距龙床 15 km 左右的浪湾农场二分队附近公路旁及桉树林区也发现地裂4条,规模最长者达1 000 m之多,宽15 cm,深4 m未见底。产生长大地裂的原因是由于红黏土具有弱胀强缩的特性,在长期持续干旱气候及桉树林大量吸水的影响下发生剧烈收缩而导致长大地裂现象,对工程的危害较大。

### 4.6.3 膨胀岩的胀缩性危害

膨胀岩是指含有较多亲水性黏土矿物,含水率变化时发生较大体积变化的岩石,具有遇水膨胀、软化、解崩和失收缩、开裂的特性。一般为第三系及其以前沉积的泥岩、黏土岩、页岩及其风化层,浸水时软化膨胀,风干后收缩,出现大量微裂隙或碎裂,具有膨胀土的特征。岩石中的亲水性黏土矿物以蒙脱石、伊利石或高岭石为主,当蒙脱石、伊利石超过一定含量时,岩体吸水膨胀、失水收缩,使岩石体积发生变化。《铁路工程特殊岩土勘察规程》(TB 10038—2001)规定:自由膨胀率≥3%、30%(分不易崩解、易崩解岩石),膨胀力≥100 kPa,饱和吸水率≥10%三项指标中,有两项指标符合时,应定为膨胀岩土。

膨胀岩对铁路、公路工程的危害主要表现为隧道衬砌开裂,道床鼓胀或沉陷,边坡剥落、滑动。如南昆铁路全线通过膨胀岩地段长约70 km,主要分布于广西境内右江沿岸及百色盆地一带,以思林至百色段最为集中。由下第三系那读组、百岗组、伏平组和建都岭组泥岩、砂质泥岩及泥质粉砂岩组成,自由膨胀率平均值达80%以上,蒙脱石一般含量10%~32%,泥岩的阳离子交换量28~38〔mmol($NH_4^+$)/100 g 干土〕,具有膨胀性、碎裂性和低强度性三大工程地质特性。那读组和百岗组属于中~强膨胀岩,伏平组和建都岭组为弱~中膨胀岩。

另外,在南昆铁路及西南地区其他铁路线上的第三系和三叠系中、上统含煤地层中的泥岩及其风化层,也具有膨胀性。遇水后产生膨胀变形,易发生路堑边坡滑坡或隧道鼓胀变形破坏。例如,南昆线上车湾2号隧道,通过三叠系泥质粉砂岩、泥岩、页岩夹中厚层石英砂岩地层。隧道开挖后,泥岩、页岩经暴露而风化、剥落、崩解，具有吸水膨胀的特性。1995年7月，在全隧曲墙式衬砌(含仰拱)在雨季中基本完成，仅剩下6 m的边墙没有浇注时，K527＋475～＋510长35 m及K527＋555～＋589长34 m地段，拱脚处混凝土产生脱皮、掉块，局部仰拱开裂，后日渐发展。8月初病害加剧，拱脚处卡口梁断裂，边墙鼓肚内侵，仰拱底鼓，衬砌表面产生多处纵向水平裂缝和横向裂缝，造成K527＋457～＋615长158 m衬砌结构遭受严重破坏，使此段原设计为Ⅲ类曲墙带仰拱的混凝土衬砌结构基本上丧失了承载能力。为避免结构失稳，对K527＋455～＋635长180 m段，全断面设卡口梁。根据1995年8月9日观测，在K527＋458～＋590长132 m段的拱顶形成一条贯通性裂缝，错距26 cm，衬砌周边收缩量(线形变形)加权平均达28 cm。显然，隧道开挖后，洞室变形增大，衬砌开裂，断面遭受严重破坏，反映出隧道衬砌承受了极大的围岩压力，说明衬砌拱部承受的围岩压力不单是山体压力，同时也有来自于四周围岩的膨胀压力。经在本隧道大变形段取围岩样品6组，进行膨胀性能试验，吸水率4.1%～10%，自由膨胀率14.5%～35%，膨胀压力0.6～2.0 MPa，液限22%～29%。这些数据表明，围岩的膨胀与围岩吸水关系密切。围岩吸水率愈高，体积膨胀愈大，膨胀压力愈强。

此外，我国铁路在成昆线侏罗系下统碳质页岩中的东荣河1、2号，白果2号、越西2号隧道，侏罗系中统红色砂泥岩、页岩互层中的双水口隧道，侏罗系上统红色砂泥岩中的拉白2号隧道，青藏线关角隧道，梅七支线崔家沟隧道，侯月线云台山隧道，宝中线西山隧道等的建设中，都遇到了类似的膨胀岩问题，造成工程遭受不同程度的破坏。

## 4.7 软土工程地质问题

软土是指在静水或缓慢水流中沉积、具有天然含水量大于等于液限、孔隙比大于等于1、压缩系数大于0.5 $MPa^{-1}$和强度低的饱和黏性土，包括软黏性土、淤泥、淤泥质土、泥炭、泥炭质土等。

西南地区铁路建设遇到的软土大多分布于江、河沿岸、内陆湖、塘、盆地和多雨的山间洼地等地区，大多呈透镜状或鸡窝状分布，深厚度变化较大，大多为 3～20 m 左右，工程容易处理。但在云南一些山间洼地或断陷盆地中的软土深厚度较大，如南昆铁路云南境内永丰营车站软土为 50 余米，大理—丽江铁路经过大理、丽江盆地的软土为 50～100 m，玉溪—蒙自铁路经过通海盆地的软土 50～160 m，工程处理较为困难。此外，西南地区软土的成因较为复杂，湖泊相、沼泽相、河漫滩、谷地相沉积都有分布，主要以湖泊相、谷地相沉积为主，典型的如云南滇池、洱海、杞麓湖、抚仙湖、星云湖、异龙湖等的湖泊沉积，贵州六盘水地区的洪积扇及煤系地层分布区的山间洼地的谷地相沉积等，各种成因软土的物理力学性质差异较大，尤其是西南地区泥炭土的性质与国内其他地区泥炭土的性质差异显著。如南昆铁路七甸泥炭土具有天然含水高达 573%、天然孔隙比高达 10.92，有机质含量高达 66.2%，压缩系数高达 9.96 $MPa^{-1}$，固结排水剪强度为 $c=2.5\sim6$ kPa、$\varphi=20^\circ\sim24^\circ$等特点，实属国内其他地区罕见。

近年来，在西南地区内昆、株六、水柏、六盘水枢纽、沾昆、渝怀、黔桂等新建改建铁路的建设中，在煤系地层软岩（如炭质页岩、泥质页岩、泥岩、砂质泥岩、泥灰岩等）地区的山麓斜坡、斜坡台地及山前平原、山间洼地或盆地周边的坡麓地带，发现一种特殊罕见的坡残积、坡洪积型软黏土，暂定名为“坡麓相斜坡软土”，简称“斜坡软土”。斜坡软土的成因是在特定的煤系地层软岩及气候湿润多雨、降雨量丰富、地下水发育的环境条件下，由于松散堆积物下伏软岩的阻水作用，导致沉积于山麓斜坡地带的堆积层或母岩强风化带被长期浸润或饱水软化而形成的产物，其特殊性在于它不属于一般“近代水下、静水或缓慢水流中沉积”的常规软土。主要有以下工程地质特征：

(1) 斜坡软土常埋藏于较厚的地表硬壳层之下，非经钻探或开挖揭露难以发现。具有不连续、不均匀、透镜状或鸡窝状分布、底部横坡较陡、厚度变化悬殊等特点。一般地表硬壳层厚0.5～2m,下卧软土层深度1～10m,最深可达15～30m不等。例如:①贵州境内六盘水枢纽株六引入线烂坝—双水及六盘水南编组站,在铁路长约20km范围内,有4段累计长约8km线路经过的石炭系大塘组($C_{1d}$)煤系地层坡麓地带,成片分布坡残积、坡洪积型软黏土。最长的一段是粑粑店—双水,连续分布长达3.3km。地表硬壳层厚0.5～1m,下卧软土一般厚1～10m,局部深达20m。②内昆铁路老锅厂—李子沟段长约14km范围内,有9.6km线路经过石炭系大塘组($C_{1d}$)煤系地层斜坡中部或垭口形山梁地带,其中有15段累计长约5km的斜坡或斜坡间凸起的山梁上,成片状断续分布坡残积、坡洪积型软黏土,最长的一段是DK437+790～DK439+400,长达1.32km。地表硬壳层厚1.0～1.5m不等,下卧软土层一般厚1～7m,最厚达25m以上。

(2) 斜坡软土的颜色主要有黑色、灰色、灰黑色、灰白色、棕黄色等。物质成分以坡洪积、坡残积成因的黏土、砂黏土夹碎石角砾为主,兼有仍保持母岩结构或碎屑、碎片的基岩强风化带,钻探取出岩心风干后可见微层理特征,当颜色为灰黑色时,与炭质页岩强风化带区分困难,非采取干钻,岩心鉴定极易误判。

(3) 斜坡软土的物理力学性质除天然含水量不大于液限外,其余指标一般都接近或达到常规软土判别标准。统计内昆线老李段及六盘水枢纽221组斜坡软土土工试验资料,天然含水量$W=23\%\sim94\%$,液限$W_L=41\%\sim164\%$,天然孔隙比$e=0.9\sim1.8$,压缩系数$a=0.5\sim2.0\,MPa^{-1}$,不排水抗剪强度$C_U=5\sim28\,kPa$,内摩擦角$\varphi=3°\sim19°$,静力触探比贯入阻力$Ps=200\sim750\,kPa$,渗透系数$k<10^{-7}\,cm/s$,有机质含量4%～10%。

(4) 斜坡软土的工程特性与一般软土相似,同样具有天然含水量高(但一般不大于液限)、孔隙比大、高压缩性、低强度性、流变性、触变性等特点。如内昆线多处自然斜坡上有表层蠕滑现象,地表形成微台阶或许多裂缝;大石板2号大桥2号墩承台基坑开挖中,坑深仅1.5～2.0m,即引起靠山侧60m范围内的斜坡地表蠕滑，使承台下已开挖 2～5 m 的桩井壁发生错位达 0.3 m 的严重变形；六盘水枢纽株六引入线粑粑店大桥 0 号台、1 号墩挖孔桩井开挖中，也发生过类似的井壁变形问题。斜坡软土与一般软土的工程特性差异主要在于除具有一般软土特性外，还兼有膨胀性。矿物成分主要为高岭石、蒙脱石和伊利石等黏土矿物，具有较强的亲水性。自由膨胀率 $F_S=43\%\sim68\%$，蒙脱石含量 $M=6\%\sim25\%$，阳离子交换量 175～280 mmol/kg，具有弱～中等膨胀性。

(5) 斜坡软土的主要工程地质问题是天然地基的不均匀性、非稳定性，对工程的危害较大。在道路工程开挖或填筑过程中，容易发生路堑边坡滑坍或路堤滑移沉陷等地质灾害或工程病害。如六盘水枢纽株六引入线烂坝、双水及南编组站约 8 km 斜坡软土地段施工期间，因在斜坡上填筑路堤、开挖路堑、弃渣等工程活动，引起斜坡软土失稳而发生路堤、路堑、弃渣场滑坡 15 处。内昆线老李段的情况更为严重，施工中也发生了大量路基、桥梁、隧道工程病害，整治难度较大。

内昆线、六盘水枢纽斜坡软土问题的工程整治实践证明，在西南地区工程勘察、设计、施工中应十分重视斜坡软土的危害，加强工程地质调查勘探，采取必要的边坡加固、地基处理并配合使用侧向约束支挡措施，才能保证工程的安全稳定，否则将发生灾害性的问题。

## 4.8 盐岩工程地质问题

盐岩是由含盐度较高的天然水体(泻湖、孤立的海、盐湖等)通过蒸发作用产生化学沉积所组成的岩石(即第四纪前的含盐沉积)，它主要由 K、Na、Ca、Mg 的氧化物、硫酸盐、硼酸盐及 K、Na 的硝酸盐矿物组成，它可以是单盐或复盐，也可以是含水的化合物或不含水的化合物。我国盐岩从寒武纪—上第三纪的许多地层时代都有分布，而主要的形成时代为三叠纪(如四川盆地、湘鄂西地区)、白垩纪(如云南、四川、江西的红层盆地)和下第三纪(从珠江三角洲到河南的红色碎屑岩含盐和石膏建造、如江汉、衡阳、南阳、东濮、洛阳等盆地)。其次为中奥陶世,在山西境内的中奥陶统泥灰岩中普遍有很厚的石膏岩,厚度达几米到几十米。

盐岩按主要盐类矿物成分可划分为三类:石膏、硬石膏岩;石盐岩;钾镁质岩。西南铁路建设中遇到的多为石膏、硬石膏岩类型。

石膏、硬石膏岩呈白色、浅青灰色,物质组成多为单矿物(石膏、硬石膏),有时组成为石膏—硬石膏或硬石膏—石膏,其中有白云石、石盐、天青石、黄铁矿等各种矿物混入,也可形成石膏、硬石膏碳酸盐岩和硬石膏石盐岩等。由于石膏($CaSO_4 \cdot 2H_2O$)含$2H_2O$结晶水,因此在成岩过程中温度和压力的作用下,石膏脱水将转化为硬石膏($CaSO_4$)体积减少 38%。石膏转化为硬石膏的深度常在地下 300~600 m 处发生。因此,在古代岩石中的硬石膏都分布在地下深处(已知石膏在地下最深不超过 1 200 m,在此深度下只有硬石膏)。石膏、硬石膏类盐岩,有三大工程地质问题——易溶性、膨胀性、腐蚀性,常给工程造成危害。

### 4.8.1 易溶性及其工程问题

在石膏—硬石膏类盐岩分布的所有地区,几乎都发育岩溶化现象。由于它们具有相对高的可溶性(溶解度为 2.0~2.1 g/s),石膏岩中的岩溶化速度可以与水工建筑物(水坝等)存在着时间相比性。所以在建筑物的运营期间可能在石膏岩中出现新的岩溶化洞穴,并形成地面塌陷(谢尔盖夫,1990),岩溶孔穴、洞穴的大小和分布还与石膏、硬石膏的存在形式有关。例如:在美国的圣佛连西大坝,由于坝基下石膏层的溶蚀而造成了大坝失事;我国汉江中下游的王浦州水利基础工程中的岩溶化现象呈蜜蜂窝状小孔(直径 1~2 mm),这是呈斑点状石膏溶蚀的结果。含这种石膏的红色岩层溶蚀后虽不会导致地面塌陷,但其强度会明显降低。成昆铁路的百家岭隧道,由于三叠纪嘉陵江统地层中的石膏、硬石膏岩的溶蚀,造成隧道基础的不均匀沉陷。

### 4.8.2 膨胀性及其工程问题

硫酸盐类盐岩经过脱水作用后形成硬石膏($CaSO_4$)、无水芒硝($Na_2SO_4$)、钙芒硝($CaSO_4 \cdot Na_2SO_4$)等。在自然及工程条件、地下水的作用下,具有吸水结晶膨胀性,从而导致岩体的变形和工程破坏。无水芒硝($Na_2SO_4$)吸收10个结晶水后变成芒硝($Na_2SO_4 \cdot 10H_2O$),体积增大9.8倍,膨胀压力可达10 MPa;硬石膏($CaSO_2$)吸收2个结晶水后形成石膏($CaSO_4 \cdot 2H_2O$),体积增大61%;钙芒硝具有上述两者的作用。例如:我国成昆铁路在云南北部龙川江流域50 km长的红色岩层中建设的黑井隧道、法拉隧道、沙木拉达隧道等,遇到了含钙芒硝、硬石膏膨胀岩的严重危害;位于川南峨山之南的百家岭隧道,穿过三叠纪嘉陵江统地层,也遇到了含硬石膏膨胀岩的地质灾害,造成隧底上鼓隆起,边墙、水沟开裂、剥落等病害。铁道第二勘察设计院测得的钙芒硝($CaSO_4 \cdot Na_2SO_4$)膨胀岩的最大膨胀力为1.35 MPa,最大膨胀量为135.8%。在其他一些国家和地区,如德国斯图加特市的地下铁道和欧洲的阿尔卑斯山隧道的建设和运营中,也遇到了硬石膏膨胀岩的工程问题。德国斯图加特市的北地铁1952年建成,1970年出现了高达110 cm的底鼓(Wittke. W,1985)。

岩石的膨胀导致了岩石的强度和弹性模量的降低,造成了卸载范围的增大,使处于膨胀区下部的未松动带也产生卸荷,并进一步造成膨胀范围的加大。岩石的膨胀也会造成工程的混凝土结构遭到破坏,这在地下工程中表现较为突出。

### 4.8.3 腐蚀性及其工程问题

腐蚀问题主要是硫酸盐类盐岩的固有特性,硫酸盐对混凝土的腐蚀机理主要在于地下水中的硫酸根离子($SO_4^{2-}$),通过毛细力作用进入混凝土中,与水泥中的Ca发生化学反应形成石膏($CaSO_4 \cdot 2H_2O$),导致体积膨胀而使混凝土结构破坏,或无水芒硝($Na_2SO_4$)溶液进入混凝土后,生成芒硝($Na_2SO_4 \cdot 10H_2O$)的结晶膨胀，导致混凝土疏松腐蚀。如贵州境内水柏铁路的银山隧道(长3 900 m)，穿过三叠纪关岭组下部含石膏的石灰岩地层，勘察设计、施工中未注意发现，导致隧道施工完成后，中部约1 600 m的混凝土衬砌发生严重腐蚀，被腐蚀的混凝土如同豆渣一般，手抓即下。衬砌表面到处可见白色针状的芒硝晶体。不得不将被腐蚀的衬砌拆除，重新采用抗腐蚀水泥重建。有的施工单位误将含石膏的灰岩出渣制成的碎石骨料用于其他桥梁、隧道、路基工程，也被传染了腐蚀问题，工程整治耗费可观，教训十分深刻。

# 第 5 章　西南铁路工程地质研究与实践的成就与展望

## 5.1 西南铁路工程地质勘察事业的发展历程

我国的铁路工程地质事业，是在解放以后 20 世纪 50 年代初期，随着大规模的国民经济建设，才迅速成长发展壮大起来的。解放以前，地质部门只进行过铁路沿线的地质矿产调查，而从未进行过铁路工程地质勘察。

铁路建设事业，在整个国民经济生活中，具有极其重要的地位。解放前我国的铁路交通事业十分落后，全国铁路总长度仅 25 000 km 左右，只占全世界全部铁路线长度 2.5%，而且大部分分布在东北、华北、中南等沿海地区，地势比较平坦，修筑比较简单。大多数铁路，又都是帝国主义国家修建，因此不可能建立起我国自己的一支强大的勘察队伍。众所周知，国民党时代沿渭河峡谷修建的宝天线，由于没有注意沿线复杂的地质条件，以致建成后经常受到崩塌、滑坡、流石流的破坏，使线路不能正常运营，被称为西北铁路线上的一条盲肠。建国以来，在全国范围内，普遍掀起了建设铁路新线的高潮，特别为了开发大西南与大西北，首先就要进行铁路建设。而在新线勘察工作中，铁路工程地质工作又首当其冲。

20 世纪 50 年代初，我国尚无专门的铁路工程地质人员，铁道部门与地质部门密切配合，互相合作，共同完成了西南地区的成渝、宝成等新线的工程地质勘察任务，一大批工程地质人员，也在生产实践中成长壮大，逐渐组成了铁路地质专业队伍，这是我国铁路工程地质工作的开创时期。其中宝成线的地质勘察工作，具有特别重要的意义。宝成线横跨秦岭、大巴山，全线迂回在崇山峻岭之中，高山深谷，地势险恶，地质条件十分复杂，是我国第一条修建在复杂地质山区的铁路新线。解放初期，由于缺乏专门的铁路工程地质人员，对新线选线、各类地质病害的调查与评价以及对路基、桥隧等大型建筑的工程地质勘察，都十分陌生，缺乏实际经验。从历史的角度看，宝成线成了培训专门人才的天然摇篮。通过生产实践，不仅胜利完成了艰巨的勘察任务，而且总结了宝贵经验，制定了规程规范，培训了一大批我国第一代的铁路工程地质人员，为进一步开展大西南的新线勘察工作，奠定了良好的基础。

20 世纪 60～70 年代，开展了成昆线大会战及襄渝、川黔、湘黔等新线的勘察。20 世纪 80 年代以来，西南铁路建设发展很快，先后进行了南昆、内昆、水柏、达成、达万、广大、渝怀、遂渝等新线及宝成、成昆、湘黔、贵昆、黔桂、襄渝等旧线改造的勘察设计，使广大工程地质人员在复杂山区铁路工程地质勘察中积累了丰富的经验。

以上这些山区线路，地质条件千变万化。有的沿河爬涉、翻山越岭，有的穿越岩溶峰丛，有的盘旋于红色丘陵，出没于山间软土、沼泽、膨胀土地区。各种复杂的地质问题层出不穷，但所有的困难，在新中国地质工作者的面前都被一一克服，使我国铁路工程地质工作发展到一个崭新的阶段，并具备了较高的工程地质勘察技术水平。

铁道部对铁路地质工作十分重视，1950 年以来，先后在兰州、成都、天津、武汉、北京等地组建了五个大型铁路勘察设计院和铁道科学研究院(所)，逐步制订和完善了一系列“铁路工程地质勘测规范、规程”以及其他规章制度等，使工作有所遵循。各院所属勘察设计总队(分院)，都设有地质科(室)，并建立了地质分队，为线路、路基、桥隧、房建等提供工程地质资料，为我国铁路建设作出了重要贡献。

我国西南铁路工程地质勘察事业的发展，可以概括为“20 世纪 50 年代宝成铁路大练兵，20 世纪 60～70 年代成昆铁路大会战，20 世纪 80～90 年代南昆铁路大发展”为重要的三个时期的代表性标志。现简要概述三大铁路工程地质勘察情况，以展示西南铁路工程地质勘察事业的发展状况。

### 5.1.1 宝成铁路工程地质勘察大练兵

宝成线横亘我国东秦岭、大巴山，不但地质构造复杂，而且在地形上、人文上历来构成我国南北的天然分界线。由于受渭河大断层的控制，秦岭北坡地形特别陡峭。从宝鸡南望，群峰争峙，高入云霄；最低的山口也高出渭河 1 000 m 以上，无怪不少人认为，要修建跨越秦岭的铁路线，几乎是不可能的。可是新中国成立以后，在中国共产党的正确领导下，许多奇迹在不断地出现。1952 年 5 月，当秦岭全面开展勘测工作之际，勘测总队正式建立了地质组，并拥有三个地质分队，包括 20 多位地质人员，配备了十多部钻机，这支人数不多的工程地质队伍，开始登上秦岭，承担起宝成线北段的工程地质勘测的艰巨任务，日日夜夜战斗在崇山峻岭之中。当时地质人员对铁路工程地质究竟做些什么，几乎还一无所知，他们从一个观测点、一个试坑的描述，到一条地质剖面的测绘，样样得从头学起，从初测到定测，从野外测绘、百尺标说明，到岩芯鉴定、室内编图，逐步掌握了基本技术。为了培训新生力量，铁道部于 1953 年开办了一个规模较大的工程地质培训班，传授专业知识。学员除新来的毕业生以外，也包括在职的工程技术人员。在学习期满以后，这批后备军又一起到宝略段(宝成线北段)，进行系统的现场实习。

转瞬到了炎热的夏天，秦岭的初测工作也进入了白热阶段。尽管山岭是那样陡峻，到处是悬崖绝壁，但满山遍野布满了勘测人员的足迹。地质人员的铁锤敲遍了每个山头的坚硬岩层，红白旗到处飞扬，还有那引人注目的钻塔，从远处就可听到马达隆隆的吼声，冲破了山野的寂静。全线重点所在的秦岭东段，显得格外紧张，主要问题是究竟采取哪条线路跨越秦岭。三个主要线路比较方案眼看就要作出最后决定，主要关键之一，显然要看各线的工程地质条件。南线跨石山成为大家所注视的焦点，古老的秦岭系花岗岩发生了大规模的崩塌与泥石流，不但会严重地威胁线路的安全，而且还正在不断的发展。北线有很长一段要通过花岗岩的强烈风化带，开挖以后，很难保证边坡的稳定。经过慎重的比较研究，决定避开这两处工程地质不良地段，而选取问题较少的中线方案。

当年的冬天，全线初测工作基本完成，交了初步设计报告。除了线路图以外，所有单独设计的大型建筑，都要分别提交单项资料，包括地质图与地质剖面图，并且规定路基、桥隧等工程设计，都要直接绘在地质图与地质剖面图上。这在工程部门来说还是第一次，是设计工作中的一项重大转变，即没有地质资料就不能进行设计，扭转了过去在缺乏完备的勘测资料的情况下，就盲目进行设计的不合理的设计方法。当然，这个转变也经过一段复杂的过程，起初有不少设计人员不乐意或不习惯把建筑物放在剖面图上，把图上的地质花纹当作制图中的障碍或累赘。但是当他们逐渐能够充分运用地质资料以后，如果没有地质断面，设计人员反倒感到工作无法下手了。显而易见，这是勘测设计工作中的一项重大进步，显著地提高了设计质量，到现在已经成为理所当然的事了。

1954年的春天，全线展开了定测工作，地质人员刚把初步设计文件整理完毕，就又全部出发前线。由于施工大军已经临阵待发，任务十分紧迫，不得不从各地再抽调一部分地质力量来支援，地质人员很快增加到50多人，各类技术干部达到100人以上，勘探力量也相应地加强，全线钻机总数增加到40多台，而且还配合开展了物探工作，各分队还正式成立了物探组，一所工地试验室也跟着成立起来。经此调整以后，地质队伍更加壮大了，在短短的一两年的时间内，就由几个人组成的小分队，逐步配套发展成为数百人的工程地质专业队伍了。

沿线地势险峻，山重水复，各类复杂的地质问题繁多，许多线路方案几乎主要受地质因素所控制。例如，沿嘉陵江两岸，崩塌、滑坡、泥石流等不良地质问题比较普遍，线路是否可以通过，完全要根据对不良地质现象的正确评价来决定。宝略段秦岭—风州间,为绕避不良地质问题,线路七次跨过嘉陵江。如白水江—徐家坪间改取江左线;桃园、站儿巷、谭子湾等处改为长隧道。白水江以南线路主要通过石炭系的板岩、千枚岩等浅变质岩系,断层、节理发育,岩石挤压破碎,而山坡陡峻,坡度一般在50°以上,沿江古滑坡很多,坡面极不稳定。为了使线路安全通过,一个由地质、线路、路基、桥梁、隧道等专业人员组成的联合工作组,立即出发到现场,逐段进行深入细致的调查研究,对线路方案与工程设计,重新进行调整。根据不同的地质条件,有的滑坡地段移动线路采取回避的措施、有的高路堑改为明洞,或线路内移改为长隧道;有的洞口不稳定而延长隧道或增加明洞,有的路堤改为旱桥;有的小桥因防止泥石流改为大桥;有的路堑增建挡土墙。总之,千方百计地保证了建筑物的稳定与线路的安全运营。

1955年全线勘测工作基本胜利结束,全面进入施工阶段。全线共完成地质勘探量83 000 m,其中宝略段213 km内就达59 000 m(包括施工阶段补勘的一部分勘探量),这在中国的铁路修建史上是空前的。宝成线是当时我国第一条地形地质条件最为复杂的山区铁路线,特别是宝鸡至广元段,横跨我国中部最大的山脉秦岭与大巴山;两者以略阳为分界线,北段属秦岭,南段为大巴山,线路要翻越相对高度达1 000多米的清河与嘉陵江的分水岭。线路离宝鸡跨渭河后即进入陡峭的秦岭山区,沿清江河谷盘旋于群山之中,以三个马蹄形和一个螺旋形的展线方式迂回爬高于秦岭的崇峦叠峰之中,线路重列三层,克服了航空距离25 km、高差817 m的越岭高程,随后以2 364 m的隧道穿过秦岭垭口后,蜿蜒行进于嘉陵江流域峡谷峭壁急流之间,高填深挖,桥隧相连,是我国当时第一条工程最艰巨的铁路线。

宝成线工程地质勘察工作的完成,对复杂山区的新线选线与桥隧、路基等大型建筑的勘察设计积累了宝贵的经验,一大批工程地质新生力量,就这样成长起来,并分配到全国各地,现在都已成为骨干力量。宝成线的工程地质选线勘察,体现了工程地质工作在新线勘察工作中的重要性。宝成线的经验,为建国以来许多山区铁路新线的勘察设计工作提供了范例，避免或减少了山区铁路可能出现的各类严重的地质病害问题，因此具有特别重要的意义。宝成铁路的建成，彻底打破了自古以来“蜀道之难，难于上青天”的局面。

### 5.1.2 成昆铁路工程地质勘察大会战

成昆线是在宝成铁路建成以后，又一条工程十分艰巨的山区新线。1964 年 8 月，党中央作出了加快内地建设的战略决策，发出了成昆线要快修的号召，同时指出川黔、贵昆铁路也要修，以形成连通云、贵、川三省的铁路运输网。遵照中央的指示，地质部门立即作出积极参加成昆线大会战的决定，与铁道部门合作，共同承担全线工程地质勘察任务。1964 年 10 月，铁道第二勘察设计院组织 2 000 余人，开动钻机 50 多台，承担广通至昆明、金沙江至沪沽和乌丝河至成都段的线路勘察；地质部决定以四川及云南两个水文地质工程地质大队为基础，并调集三峡、丹江及广西、贵州、安徽、山东、黑龙江等省队或直属队的人员共 3 000 多人，配备钻机 70 余台，组成南江、北江两个大队，承担成昆线南段金砂江至广通，北段沪沽至乌丝河及渡口支线。

1965 年春天，成昆线大会战就全面打响了。参加会战的铁道部、地质部的工程地质队伍总计达 5 000 多人，开动钻机 120 多台，并采取专业工程地质队，综合勘察设计队与专题研究组相结合的组织形式，共完成测绘面积 14 824 km$^2$，钻探进尺 212 710 m，物探 523 处，水土石试验 10 413 组，并提交了大量的成套地质资料。这次大会战规模之大、速度之快都是空前的，写下了我国铁路建设史上光辉的一页。

成昆铁路北接宝成、成渝线，南连贵昆、昆河线，是我国西南地区一条重要干线。线路自川西平原，逆大渡河、牛日河而上，穿越海拔 6 379 m 的沙木拉打隧道，沿安宁河、雅砻江、金沙江峡谷，再溯龙川江至滇中高原，全长 1 100 km。沿线地形险峻，地质复杂，全线有桥梁 991 座，隧道 427 座（其中长度在 3 km 以上的有 9 座,6 km以上的 2 座),桥隧总延长 452 km,占线路总长度的 42%(其中桥隧密集地段可达线路总长的 80%以上),全线 122 个车站中有 41 个不得不设在桥梁上或隧道内,工程之艰巨。全线有 700 多公里线路盘旋于高山深谷之中,500 多公里位处 7~9 度地震区,新构造活动强烈,不良地质繁多,全线计有大型滑坡 183 处,危岩 500 多处,崩塌 300 多处,泥石流沟 249 条,还有河岸冲刷、岩溶、含盐岩、煤系地层及有害气体等复杂问题,给工程地质工作带来了大量的疑难课题,被外国专家喻为"地质博物馆"、"筑路禁区"等。

1965 年成昆线初测任务顺利完成,1966 年又完成全线定测任务,并全面展开施工。由于"四人帮"的干扰和破坏,工期延长到 1970 年才正式建成通车。施工期间,继续进行了配合施工阶段的地质勘察。成昆线在短暂的两三年时间内,就完成如此艰巨的勘察任务,创造了铁路地质勘察史上前所未有的奇迹。

通过全线各阶段的勘察,查清了沿线复杂的工程地质条件,发现和解决了很多重大的工程地质问题。在确定线路的过程中,避开了大量的危岩崩塌、滑坡、泥石流等不良地段,提出了白沙河、新庄等多处重大改线方案,成功地绕避或处理了许多线路必须通过的不良地质地段。例如,从金口河到埃岱 58 km 的线路,就有隧道 44 km,几乎成了地下铁道;从甘洛到喜德,要越过岷江与雅砻江的分水岭,在 120 km 的地段 4 次盘山展线,13 次跨牛日河,修了 66 km的隧道和 10 km 的桥梁,绕行了 50 km,才爬上海拔约2 200 m的制高点;喜德往南行进入安宁河谷,8 次跨越安宁河下至海拔 1 000 m的金沙江河谷。金沙江河谷是地质上著名的深大断裂带,属基本烈度为 7~9 度的地震区,崩塌、落石、岩堆、滑坡、泥石流极其发育,线路沿此河谷 3 次盘山展线,49 次跨过龙川江,才爬上金沙江和元江的分水岭,然后南下广通进入海拔约 1 900 m 的滇中台地。金沙江主断裂位于左岸,尤以拉乍鱼洞一段,地质条件最为恶劣,因此线路走右岸。但右岸泥石流、滑坡等问题也较严重,经过深入的调查研究,在查明地质情况的基础上,有针对性的研究了

80 多个局部线路方案，其中金沙江至江头村 76 km 的线路中，为避开不良地质地段，设计了隧道 21 座，总长达 37 km。为落实合理的线路位置和实现有效的工程措施，设计中采取了“绕避与整治结合，避重就轻，综合整治”的办法，以长隧、高桥大跨等工程措施，避开不良地质地段，或采取修建挡土墙等防护措施，确保线路安全，因而许多复杂问题，逐一得到合理解决。

沿线重大工程地质问题，除滑坡、泥石流、崩塌等不良地质现象外，还有路堑边坡变形，路堤滑移沉陷，隧道洞身塌方、大量涌水，含盐地层膨胀变形等等，地质人员与科研单位、地质院校及设计部门等共同组织了泥石流、含盐地层与滑坡防治等专题研究，不仅较好地解决了这些重大工程地质问题，而且系统地总结了经验教训，成为今后山区铁路建设的宝贵财富。

成昆铁路工程浩大，举世瞩目。在地形地质环境如此复杂的条件下建成宏伟艰巨的工程，是中国铁路建设史上的壮举，被联合国誉为人类征服自然的“三大杰作”之一，1985 年获国家“科学技术进步特等奖”。

### 5.1.3 南昆铁路工程地质勘察大发展

南昆线是继成昆线之后，在西南地区修建的又一条复杂地质艰险山区铁路干线，也是我国第一条一次性建成电气化的大能力通道铁路。线路全长 898 km(其中有隧道 250 座，桥梁 415 座、涵洞 2 409 座)，1997 年 10 月 30 日建成通车。全线地质勘察由铁道第二勘察设计院承担，初、定测及配合施工各阶段共完成地质钻探 178 280 m，岩土水试验 5 155 组，原位测试 5 062 m。

南昆铁路起点南宁和终点昆明、红果之间高差分别达 1 814 m、1 647 m。全线最高点在云南路南县境内的白土山隧道附近，高程 2 088 m，高出南宁达 2 010 m，为国内外铁路所罕见。为适应地形，线路先后出现八次大起伏。全线上、下行拔起高度总和达 5 254 m。铁路由南宁至昆明或红果，先后通过广西盆地、黔桂山地和云贵高原三大地貌单元，除广西盆地和云南境内部分高原夷平面属地势相对较缓和、开阔的丘陵、平(高)原外,其余地段均为地形起伏剧烈的中、低山地。全线通过中、低山区的长度约500km,占线路总长的55%。在这些地区,线路或蜿蜒于重峦叠嶂、山势嵯峨、人迹罕至的山地,或出没于切割强烈、岸坡险峻、交通闭塞的峡谷,铁路工程规模浩大,建设任务十分艰巨。

沿线区域地质构造格局自东向西先后受广西山字形构造、南岭巨型复杂纬向构造、黔西南涡轮构造、新华夏构造、南北向构造和云南山字形构造等体系控制和影响。构造体系间又发生多种方式复合,致使构造形迹多变,断裂、褶曲发育,岩体挤压破碎,尤以云南境内路南以西一系列南北向断裂,新构造活动强烈,是高烈度地震频发地区。在此区域地质背景条件下,沿线不良地质、特殊岩土十分发育,地质灾害类型繁多,分布广泛,发生频繁。对铁路各类工程具有威胁和影响的主要地质灾害有岩溶(包括形成地面塌陷、隧道岩溶涌水、建筑物基底悬空失稳等灾害)、膨胀岩土、煤系地层瓦斯及小煤窑采空区、高烈度地震、重力作用造成的斜坡失稳变形(包括滑坡、崩塌、错落、危岩落石、岩堆以及断层与软弱破碎岩质边坡失稳等)、软土、泥石流与河床淤积、边坡"顺层"、水库坍岸及软质岩边坡的风化剥落等。上述地质灾害在沿线或集中,或断续分布,累计影响段落总长逾600km,一些灾害的复杂程度超过既有认识水平。与20世纪50年代视为"筑路禁区"、60年代称为"地质博物馆"的成昆铁路相比,南昆铁路地质灾害分布地段更长,类型更多,威胁和危害更为深重,防治难度尤为艰巨。

在南昆线工程地质勘察中,除更新设备,以更先进的技术装备各级地勘队伍外,结合南昆线开展"科技一条龙"攻关活动,实施38项重大科研试验项目,广泛开展了遥感地质判释、大区域地质选线、地质综合勘探及煤层瓦斯、岩溶洞穴与地面塌陷、崩塌、滑坡、泥石流、膨胀岩土、软土等地质灾害防治、隧道超前地质预报等重大地质技术问题的研究与试验,取得了突出效果,实现了线路工程地质勘察的跨越式发展,展示了当代中国铁路工程地质勘察的技术水平,为我国铁路建设事业作出了重要贡献。"在复杂地质艰险山区修建南昆铁路干线成套技术”,2001年获国家科技进步一等奖。

50多年来,铁道第二院勘察测设计院广大干部职工,在党中央和铁道部的正确领导下,宏扬“宝成、成昆、南昆”精神,主要在西南地区勘察设计了新建铁路干线、支线、专用线和地方铁路近600条,累计6万多公里,其中已建成通车的新建、改建、增建铁路37条计16 432 km。在艰苦卓越的工作中,积累了丰富的山区铁路勘察设计经验,为祖国大西南的铁路建设作出了积极的贡献。

## 5.2 山区铁路选线技术的应用研究与发展

铁路工程地质勘察工作的任务,主要包括地质选线、路基、桥隧、支挡工程等大型建筑与站场、建材等的地质调查与勘探。在选线工作方面,主要是通过工程地质条件的分析对比,选择一条最好的线路方案。大量事实说明,在线路勘察工作中,工程地质选线具有十分重要的地位。路线方案的确定,地质条件往往成为决定因素。许多实例同样说明路基、桥隧等大型建筑,如果没有地质资料作为工程设计的依据,就不能保证建筑物的稳定与安全。西南山区众多,地形地质条件复杂,铁路选线不可避免地会遇到一些不良地质与特殊岩土地段,如崩塌、落石与岩堆、滑坡、泥石流、岩溶、软土和泥沼、膨胀土(岩)与红黏土等,它们常控制线路走向,选线不当常导致建筑物破坏,中断行车甚至酿成人身与行车安全等严重后果。不良地质与特殊岩土的种类不同,严重程度不同,造成的危害与后果也有差异。

20世纪50年代初期,地质调查仅是搜集1/50万～1/100万的区域地质资料(或草测资料),进行沿线概略调查。1956年后,虽然开始采用地质航片判释,工程地质仍处被动阶段,对许多地质现象不认识或认识不准,线位选择更多的依据地形地貌判断。有的线位选择不当,后患隐伏,病害迭出。如宝成线略阳—广元段,东川支线等，地质灾害问题突出，都与不良地质环境条件有关。

20 世纪 60～70 年代，随着新设备、新技术的运用，地质调查进入新时期，规范、细则更趋完善，重视区域地质资料的搜集和利用，现场核对调查，编制 1/5 万～1/20 万的综合工程地质图，供选择线路方案使用。在初、定测阶段进行 1/2 000 沿线详细工程地质调查，在地质复杂地段和长隧道地区，开展区域性的 1/万～1/5 万地质调查，稳定线路方案，取得较好效果。如成昆、贵昆、川黔、襄渝等铁路。

20 世纪 80 年代以来，在线路方案研究阶段，采用遥感技术进行预判，结合现场核对，编制 1/2 000～1/5 万工程地质图。如滇藏线、石鼓支线以及南昆线、内昆线、渝怀线、水柏线、大瑞线、玉蒙线等进行了控测，初步查明各方案的主要工程地质问题，选出了较好的线位。

综上所述，20 世纪 50 年代铁路选线大多强调绕避不良地质；20 世纪 60 年代则将各方案作出地质评价，综合比较；20 世纪 70 年代总结出山区河谷线、越岭线、库岸线、不良地质等地段地质选线的若干要点；20 世纪 80 年代至今，不仅注意研究区域地质，还十分注意研究工程建设诱发的环境地质问题，在大范围内进行工程地质、水文地质及环境地质选线，而且重视重大桥隧工程及高陡路基边坡地段的地质选线。

经过 50 多年的实践，特别是经历了宝成、成昆、南昆等地质极其复杂的长大铁路干线建设的全过程，广大工程技术人员从丰富的经验和教训中，积累了宝贵的山区铁路选线经验，探索总结出一套适用于山区不同地形地貌和主要不良地质、特殊岩土的工程地质选线原则，其中包括“越岭地区的工程地质选线”、“山区河谷工程地质选线”、“岩溶地区工程地质选线”、“滑坡地区工程地质选线”、“泥石流地区工程地质选线”、“膨胀岩土地区工程地质选线”和“煤层瓦斯隧道工程地质选线”等。

山区铁路地质选线的原则：对正在活动、发展、规模较大而且难于整治、严重危及施工与行车安全的不良地质与特殊岩土地段,应予以绕避;对已趋于稳定、规模不大、绕避不至大量增加工程投资的不良地质与特殊岩土地段也宜绕避;对基本稳定、规模不大、易于整治、危害不严重的不良地质与特殊岩土地段,宜选择有利地段通过,但必须有经济、有效、可行的整治措施,做到绕有根据,治有措施,彻底整治,不留后患。这些选线原测,已纳入铁道第二勘察设计院主编或参编的现行铁路工程地质勘察规范或规程中。

铁路地质选线的一般过程:调查研究,收集足够的气象、水文、工程地质与水文地质资料,查明不良地质的分布范围、类型、规模、发生与发展的原因、规律性及其对铁路的危害程度,整治的难易等,提出可行的绕避和整治方案。通过对拟选的多个线路走向方案的工程地质、水文地质、环境地质、工程投资、建设条件等方面的综合比较,选定最佳的线路位置。

## 5.3 工程地质勘察与测试技术的应用研究与发展

铁道第二勘察设计院自 20 世纪 70 年代后期开始,在南昆铁路地质勘察中,就开展了多种勘探手段并用的探索。20 世纪 80 年代以来,随着遥感技术、物探技术和原位测试技术的发展以及电子计算机技术在数据采集、处理和制图方面的逐渐普及推广,铁路地质勘察水平有了新的飞跃,完全摆脱了"地面测绘加钻探"的传统模式。20 世纪 90 年代,在铁道部中国铁路工程总公司牵头开展的《铁路地质综合勘察技术应用的研究》的大力推动下,地质综合勘探技术得到进一步发展和推广应用。

目前,在铁路勘察的不同阶段,针对不同地质条件的铁路各类工程和不同类型的不良地质及特殊岩土,普遍采用了包括遥感和地面调绘、物探、钻探、原位测试和室内试验等多种手段、方法的不同组合形式组成的地质综合勘探技术。通过在南昆、内昆等地质复杂铁路的工作实践,总结出了一套适用于西南山区铁路的地质综合勘察基本模式,对提高铁路地质勘察质量,加快勘察进度和降低勘察成本，取得较好的效果。

### 5.3.1 遥 感 技 术

遥感技术是一门综合性探测技术，它建立在现代物理学（如光学技术、红外技术、微波技术、雷达技术、激光技术等）、电子计算机技术、数学方法和地学规律的基础上。遥感技术是指从不同高度的平台收集地物的电磁波信息，再将这些信息传输到地面并加以处理，从而达到对地物的识别与监测的全过程。

我国铁路行列的遥感技术是20世纪50～60年代开始发展起来的，铁道第二勘察设计院曾先后进行过多项遥感技术的应用研究。如1978年完成的“航测像片在铁路工程地质测绘中的应用研究”、1985年完成的“航片判释在施工组织调查中的应用研究”、1987年完成的“多种遥感手段在铁路勘测中应用范围和效果的研究”、1996年完成的“高分辨率卫星图像在铁路新线可行性研究中的应用”、1999年完成的“铁路工程地质遥感图像判释技术研究”等，都取得良好效果，并分别获铁道部、四川省、总公司科技成果奖，对推进遥感技术技术的应用与发展起到了重要作用。目前，利用航空、航天遥感图片的多片种、多光谱的遥感判释解译技术已在山区铁路前期研究的大范围地质选线及重点工程中得到广泛推广应用，极大地提高了工程地质选线和地质勘察的质量和效率，显示了遥感技术在工程地质、水文地质及环境地质选线方面的广阔应用前景。

### 5.3.2 物 探 技 术

西南铁路物探工作始于1954年，当时的技术骨干主要来自当年由铁道部在兰州主办、前苏联专家执教的直流电法勘探（电探）短训班学员。20世纪70年代中期以前，开展的物探方法基本上为单一的直流电法，物探主要用于配合地质专业解决地下浅部比较简单的工程地质问题。物探人员则分散在设计院各个总队（现为分院）地质队的物探组。1974年4月，为加强物探专业的管理和促进物探技术的发展，铁道第二勘察设计院在成都组建物探队，物探人员逐渐集中在物探队。随着物探技术的进步、投入的增加，经过 50 余年的发展，现有物探专业人员 30 余人，其中高级工程师 11 人；拥有 NZ24 型工程地震仪、SIR-20 型地质雷达、V6 型音频大地电磁仪、GDS 型瑞雷面波仪等品种比较齐全、代表国际先进技术水平的工程物探设备。现在铁道第二勘察设计院的物探队已能够全面开展了电法、电磁法、地震波法、声波法、地球物理测井等 5 大类 10 多种方法的工程物探工作，特别是电测深、电测剖面法，无线电波透视、地质雷达、可控源音频大地电磁(CSAMT)法，地震折射、反射法，跨孔电磁波层析成像(CT)、跨孔地震透射波层析成像(CT)、瑞雷面波法，隧道施工地质超前预报、钻孔综合测井等应用较广泛，解决了不少复杂的工程地质问题。

20 世纪 70 年代以来，铁道第二勘察设计院工程物探技术人员进行了多项物探技术的应用研究。如 1979 年完成的“KWT-T1 型孔内无线电波透视仪”、1986 完成年的“浅层地震反射资料微机处理系统研究”、1987 年完成的“浅层地震反射波方法技术试验研究”、1988 年完成的“浅层地震反射资料微机处理系统研究”、1999 年完成的“提高物探探测地下洞穴的应用效果研究”等，都取得了良好效果，多项成果获铁道部科技成果奖，推进了物探技术的应用与发展。目前，各种综合物探技术已广泛推广应用于各类工程勘察中。

50 多年来，经过大量的工程实践，以铁道第二勘察设计院为代表的西南铁路物探技术已居国内先进或领先水平。尤其是近十余年来，在应用综合物探方法(两种及两种以上的物探方法组合)勘探浅部岩溶、断层、滑坡及岩堆，应用可控源音频大地电磁(CSAMT)法勘探深埋隧道的岩溶和断层，应用地质雷达法检测隧道的衬砌质量，应用直流电测深法或跨孔地震透射波层析成像(CT)法探测煤窑采空区，应用瑞雷面波法勘探软土，应用 TSP202、地质雷达预报隧道掌子面前方不良地质体等方面作了大量的工作，取得了较好的勘探效果。特别是在南昆铁路、内昆铁路、渝怀铁路、大瑞铁路、玉蒙铁路、大理—丽江—香格里拉铁路及厦门东通道(海底隧道)、厦门西通道(海沧大桥)等地质条件极为复杂的工程勘察项目中,物探作为主要的地质勘探手段之一,发挥了重要作用。在岩溶、岩堆和滑坡勘探以及海域(水域)地层的勘探工作中,物探人员做了大量开拓性的工作,显示了较强的物探技术优势。

目前,西南铁路物探技术正朝着综合物探的方向发展。主要体现在以下几个方面:由传统的电法勘探,向多种物探方法合理组合应用的方向发展;由点测和手工计算,向“二维”、“三维”影像化、自动化数字技术方向发展;由适应简单地形、地质条件向适应复杂的地形、地质条件方向发展;由物探解释与地质分析脱节,向密切结合的综合勘探方向发展;由地质勘察,向岩土测试和工程质量检测方向发展。

### 5.3.3 钻探与取样、测井技术

50 多年来铁路工程地质勘探从设备、技术、方式上都有了极大的发展和改进。工程地质钻探机械由 20 世纪 50 年代的冲击钻机、振动钻机、人力给进旋转钻机,逐步发展到机动旋转钻机和旋转冲击钻机,压力方式也由人力发展到液压、风压等;钻探凿孔由合金钻进、钢粒钻进发展到大口径金刚石钻进;钻孔护壁从套管护壁、泥浆护壁发展到 PW、SM 植物胶液护壁;取土器从厚壁取土器、束节式取土器发展到活塞式薄壁取土器、双层单(双)动岩芯管取土器,提高了土层钻孔采取试验土样及岩石钻孔取芯的质量。

随着钻探设备、工艺和工程物探技术、遥感技术、原位测试技术的应用研究与发展,铁路工程地质向综合勘探方向发展,孔内试验与测试由过去较单一的水文地质抽水、提水、注水试验发展到井中测流及地应力、地温、有害气体、放射性、无线电波与声波透视(CT 成像)等综合测井,一孔多用,丰富了地质勘探成果的内容,提高了勘探精度。特别是 20 世纪 90 年代以来,地质综合勘探得到广泛推广应用,有效地查明了大量线路及重大工程的工程地质、水文地质及环境地质条件,为铁路岩土工程设计提供了可靠的地质基础资料。

目前，国内外已研究发展了先进的孔内电视测井技术，但在对付特殊地层如断层破碎带、风化岩取原状样品和取样后试验数据的取得等方面，技术仍不成熟，尚待深入研究解决。

### 5.3.4 原位测试技术

原位测试是我国 20 世纪 60 年代开始发展起来的现场测试技术，它是工程地质勘探的重要组成部分。20 世纪 80 年代以来，在地质勘探中发挥了越来越重要的作用，特别是现场测定原状土体的力学参数具有室内试验不可替代的优点。20 世纪 70 年代以来，铁道第二勘察设计院曾进行过多项原位测试技术的研究与应用。如 1978 年完成的“卵石地基承载力试验”、1988 年的“动力触探试验方法与在中砂—碎石类土地基中的应用”、1989 年的“静力触探深度效应研究”、1990“地基土几种原位测试技术研究”等都取得了良好的成果。这些成果都被纳入了“铁路工程勘察规范、规程、规则、规定”等，并分别获铁道部、四川省、总公司科技成果奖。此外，还开创性地主编了《动力触探技术规定》(TBJ 18—87)，对推进原位测试技术的发展起到了重要作用。

目前，土体原位静力触探、动力触探、标准贯入、十字板剪切试验及岩石点荷载试验，已在铁路地质勘察中得到普遍推广应用。螺旋板、扁铲原位测试近年开始试验应用，旁压试验应用相对较少。平板载荷试验主要在一些重点工程勘察及地基加固检测中应用。现场岩体大剪试验，近年在新建洛湛线、渝怀线、黔桂改造及沾昆、襄渝增建二线等一些顺层路基工点勘察中应用，主要是针对顺层路堑高边坡进行剪切试验，提高了层状岩体抗剪强度参数的精度。但因平板载荷试验和现场大剪试验费用高昂，推广难度较大。钻孔内地应力、有害气体、放射性、弹性波速等测试，已在复杂地质及长大深埋隧道地质勘探中推广应用。

### 5.3.5 岩土试验与检测技术

1956 年，铁道第二勘察设计院成立试验室，分水化、土工和岩石三个试验组。1995 年 8 月，试验室调整为院直属生产单位，其名更改为“铁道第二勘测设计院工程测试中心”（简称测试中心）。测试中心下设办公室、技术室、化学分析室、土工室、岩石建材室、工程质量检测室，可承担铁路、公路、地铁、工业与民用建筑等工程岩土试验、化学分析、建材质量检测、新材料生产与修补。20 世纪 90 年代以来，院测试中心逐步配备了三轴仪、压缩直剪仪、动弹模测试仪等大型试验设备用于生产实践，为不同土质工程特性试验研究提供了试验手段，提高了测试精度。

1996 年，测试中心取得国家技术监督局颁发的计量认证合格证书，并于 2001 年通过了复评认证。1996 年获铁道部、1997 年获建设部颁发的工程桩检测、动测单位资质证书。1999 年获四川省基桩检测资格证书，2001 年获四川省建筑地基基础质量检测资格证书。

改革开放前，工程测试仅限于铁路勘测设计的水、土、砂、石 4 大类 126 项工程试验。改革开放以来，业务范围扩展到公路、地铁和建筑行业。工程试验发展到 14 大类 165 项，并不断开拓了新的工程试验与基桩、洞壁等无损检测、现场载荷试验、剪切试验等项目，业务范围逐步扩展，市场前景看好。

20 世纪 80 年代以来，铁道第二勘察设计院工程试验与测试人员还进行了多项岩土试验及试验设备的研究。如 1983 年的“YGB805 型金刚石半自动岩石切割机研究”、1988 年的“PM—2 型点荷载仪研究”、1994 年的“应用点荷载试验测定岩石单轴抗压、抗拉、抗剪及弹性模量的研究”等。此外，还主编了《铁路工程水质分析方法》、《铁路岩土化学分析方法》、《铁路工程膨胀土勘察规则》，参编了《铁路工程岩石试验规程》等。目前，常规水、土、砂、石的物理、力学、化学试验已普遍应用。土体静三轴试验 20 世纪 90 年代开始推广应用，动三轴试验除西南交通大学外，西南地区铁路勘察设计单位尚未配置相应设备，开展试验较少。今后应逐步投入设备，开展动三轴试验，研究土体的动力特性，为工程抗震设计提供试验地质参数，提高设计的可靠度。

### 5.3.6 特殊试验与测试技术

20 世纪 80 年代以来，国内外工程地质试验与测试新技术发展日新月异，在西南铁路勘测设计中也开始得到应用。

(1) 应用$^{14}C$测年、古地磁测量和孢子花粉分析等新技术，确定了南昆线南宁—百色盆地红土、七甸泥炭土和永丰营软土的地层时代与沉积环境。

(2) 应用$^{137}Cs$技术，测定南昆线段家河流域土壤的侵蚀速率。

(3) 应用$^{210}Pb$技术，测定南昆线冷水沟泥石流的沉积年代。

(4) 应用 X 光衍射、差热和热重分析测定膨胀岩土、泥炭土的矿物成分。

(5) 应用扫描电镜和热红外分析技术，观察南昆线南宁—百色段膨胀土、七甸泥炭土和冷水沟泥石流沉积土体的微结构特征。

(6) 应用压汞试验技术，揭示了南昆线七甸泥炭土体孔隙与微结构特征。

(7) 应用水分张力试验技术，揭示了南昆线七甸泥炭土压缩过程中土体水分赋存状态的变化。

(8) 基床激振试验技术的应用。

在南昆线林逢车站使用下第三系膨胀性泥岩填筑路基基床试验中，首次设计和进行了模拟列车长时期动荷载激振 50～100 万次的激振试验，揭示了基床中动应力的空间分布规律，发现道心动应力不是向下衰减而是在 0.6～1.1 m 深处最大的反常现象；不同频率激振结果，以 $f=4\sim5$ Hz 时基床动应力最小；动应力随动荷载加大而近于线性增大；振动 50 万次后，动应力和变形都趋于稳定。这些结果为基床加固设计提供了科学依据。

(9) 离心模型试验技术的应用

采用离心模型试验新技术，对碎石桩复合地基、粉喷桩复合地基、悬喷桩复合地基、袋装砂井复合地基、天然地基等工况，模拟工程原型进行试验，预测各类地基总沉降和工后沉降，为合理选择软基加固处理方法进行设计方案比选提供了定量依据。在南昆线七甸泥炭土地基、遂渝线松软土地基、渝怀线软弱土地基、福厦线深厚层软土地基、玉蒙线软弱液化土地基等的勘察设计中,都进行了离心模型试验,取得了良好成效。如试验表明南昆线七甸泥炭土天然地基工后 10 年的总沉降 115 cm,其中工后沉降 53 cm,必须进行加固处理。袋装砂井地基工后 3 年的总沉降 93 cm,其中工后沉降 43 cm,超过工后沉降 30 cm 的控制标准,不可取。碎石桩地基工后 3 年,粉喷桩地基工后 5 年,总沉降分别为 86 cm 与 80 cm,工后沉降分别仅为 3.6 cm 与 4.4 cm,且路堤稳定好,两种处理方案均可行。故设计采用了碎石桩、粉喷桩加固七甸泥炭土地基,工程实施效果良好,通车多年未发生病害。

## 5.4 地质综合勘探技术的应用研究与发展

地质综合勘探技术是采用遥感地质解译、地球物理勘探(电法、电磁法、地震波与声波法、地球物理测井等)、钻探(或坑探)、取样试验、原位测试(动探、静探、标贯、载荷试验等)等多种勘探方法,相互应证,提高地质资料综合分析成果质量的地质综合勘察技术与方法,是认识和解决复杂地质问题的有效途径。西南山区地形艰险,地质复杂,铁路选线中十分重视地质选线的主导作用。

20 世纪 80 年代,铁道第二勘察设计院结合南昆线家竹箐隧道、干塘子隧道的勘察设计,率先开展了"遥感技术在长隧道地区工程地质测绘中的应用"研究,20 世纪 90 年代结合南昆线建设又进行了"隐伏岩溶地面塌陷综合勘探技术的应用"及"地下洞穴综合物探方法的应用"等研究,研究成果作为推广应用项目被纳入中铁工程总公司 1999 年《铁路地质综合勘探技术应用研究》文献,推进了地质综合勘探技术的发展。

目前,地质综合勘探技术被广泛推广应用于铁路工程地质、水文地质勘察,在西南地区的南昆、内昆、株六、水柏、渝怀、达成、沾昆、玉蒙、大丽、滇藏等铁路地质条件复杂地段,都应用了地质综合勘探技术并取得良好效果，推进了西南山区铁路工程地质勘察技术的进步。

### 5.4.1 区域地质选线综合勘探技术

铁路线路方案比选的深细度，不同勘察阶段要求不同，地质综合勘探在采用的技术、方法、内容和各种手段的组合上也各有侧重。

在预可行性研究阶段，地质工作重点贯彻“宏观区域地质选线原则”，主要通过收集区域地质资料、航片或卫片的初步判释、复杂地质地段现场重点调查等方法，了解可能的线路走向方案沿线的工程地质及水文地质条件。如滇藏线大理—德钦段的维西方案及丽江方案、林芝—拉萨段的雅江方案及尼洋河方案、大理—瑞丽线的高黎贡山越岭方案、玉溪—蒙自线的三大走向方案及曲江峡谷桥位方案、兰渝线的东、中、西方案等，都按此方法开展地质工作，为多方案的线路比选提供了有价值的地质选线意见。

在可行性研究阶段，初测地质工作重点贯彻“中观线路方案地质选线原则”，以航片或卫片的详细判释、沿线地质调绘（重点工程或复杂地质地段增加 1/10 000 区域地质调查）为主，对重点工程和复杂地质地段辅以控制性的物探、钻探和取样试验、原位测试等，其中又以物探为主，以钻探进行验证，提出地质选线的推荐意见。如南昆线百色—威舍段的米花岭长隧方案与旧州方案、顶效方案（提前登上高原面方案）与沿南盘江方案、罗平至师宗间沿师宗公路方案与沿九龙河方案、路南石林地区月湖北线与南线方案；内昆线天星场至仙水越岭段方案；水柏线跨南盘江及鸡场、营盘展线越岭方案；渝怀线彭水至龙潭越岭方案（圆梁山隧道方案）；大丽线上村—西邑越岭方案；玉蒙线曲溪河、建水、开远方案等受地质条件控制的重大方案比选中，初测阶段均按此原则开展地质勘察。通过大量地质工作和控制方案的地质条件的综合比较，舍弃了存在重大不良地质问题的方案，突出了地质选线的主导作用。

在初步设计阶段，定测地质工作重点贯彻“细观线路局部地质选线”原则，主要在地质测绘基础上（必要时补充航片判释），采用物探、钻探、原位测试和室内试验等方法的不同组合开展地质勘察，提出稳定局部线路方案的地质推荐意见。在南昆线米花岭长隧方案、顶效—云南寨岩溶区方案、鲁番展线及皂角村小煤窑采空区方案、铝厂隧道方案等，都采用了多种手段的综合勘探方法，查明了线路方案的工程地质条件，为稳定线路方案提供了有力的依据。

在施工图阶段，补充定测地质工作重点贯彻“微观复杂地质工点工程类型比选”原则，主要针对难以绕避的复杂地质工点，补充地质综合勘探，从工程地质条件进一步比选的角度，对重点控制工程和复杂地质工点提出工程类型或工程措施比选意见，为施工设计提供地质依据。如内昆线老锅厂—李子沟段及六盘水枢纽斜坡软土等复杂地质地段，补充定测中开展地质综合勘探，详细查明了罕见的斜坡软土分布、物理力学特征及工程特性，在局部改善线路方案及制定切实可行的工程治理措施等方面积累了经验。

### 5.4.2 不良地质与特殊岩土综合勘探技术

西南地区地质条件复杂多变，不良地质、特殊岩土主要分布于路基地段，地质综合勘探技术在路基工程中应用最为普遍，主要针对难以绕避的复杂地质路基工点，开展地质综合勘探，为路基工点设计提供地质依据。自20世纪90年代初南昆线推广应用地质综合勘探技术取得重要成果以来，西南地区几乎所有的山区铁路路基地质勘察中，都普遍采用地质综合勘探技术，查明了上百处深厚软土、膨胀土、滑坡、岩堆、采空区、岩溶塌陷地区的工程地质条件，为路基工程加固整治设计提供了可靠的地质资料。如南昆线永丰营车站软土、龙床红黏土地裂、永乐滑坡、八渡车站滑坡、小德江滑坡、永乐滑坡等大—巨型滑坡、威舍车站岩溶、鲁番及皂角村小煤窑采空区、内昆线老锅厂—李子沟段斜坡软土等复杂地质地段，都开展了地质综合勘探，取得了显著的经济社会效益。南昆线龙床红黏土地裂综合勘探成果，获中铁工程总公司优秀工程勘察三等奖，并与永丰营车站软土、永乐滑坡、威舍车站岩溶等多处路基地段地质综合勘探成果，被中铁工程总公司作为推广应用项目纳入 1999 年《铁路地质综合勘探技术应用研究》文献。现重点介绍如下：

5.4.2.1 滑坡综合勘探技术

滑坡是西南山区最常见的地质灾害。通过 20 世纪 70 年代襄渝铁路的赵家塘滑坡和 20 世纪 80 年代初成昆铁路的铁西滑坡的勘察、整治研究，铁道第二勘察设计院积累了巨型复杂滑坡勘察、整治的经验。综合勘探技术的采用，仪器设备和工艺技术的更新、发展、大大提高了滑坡勘察的精度，使防治设计更为准确可靠。目前，滑坡勘察中，遥感技术已得到广泛采用；滑坡钻探中风压干钻、无泵反循环钻以及双层单动岩心管等提高钻探质量的技术、设备已普遍使用；对富水不佳的滑坡，采用弱透水层渗透系数测定仪以测定滑坡不同深度、部位的透水性；对滑坡稳定性检算至为重要的力学指标的测试，除根据滑坡不同状态滑带土结构特征，在室内选用不同方法进行试验外，对一些重点滑坡，还采用了在现场的探井、探槽中进行大面积原位试验的方法；对正处活动中滑坡的观测，除常规的地面建网观测外，还在重点的滑坡采用钻孔测斜仪进行滑坡深部变形观测。例如南昆铁路八渡滑坡，采用上述综合勘探效果良好。

5.4.2.2 泥石流综合勘探技术

泥石流也是西南山区的一种多发地质灾害。铁道第二勘察设计院通过 20 世纪在以成昆铁路和云南东川铁路为代表的泥石流异常发育的干、支线建设，在泥石流勘察和防治中，获得丰富的经验，总结了对泥石流勘察应着重加强其形成基本条件、流态性质、冲淤特征进行调查研究的工作要点，以及泥石流地区铁路选线原则、泥石流分类、分期标准。20 世纪 90 年代以来，遥感技术在泥石流的勘察、研究中得到普遍应用，特别是利用不同时期航片进行泥石流动态判释，取得了极好效果。近年，铁道第二勘察设计院在泥石流研究中，运用非线性理论和在对泥石流流域系统的信息熵和超熵研究的基础上，对西南山区暴雨泥石流建立综合判据进行评判，并基于泥石流成因的灰色性和人为活动影响，提出泥石流发展趋势预测模式；蒋忠信等人合著的《铁路泥石流非线性研究与防治新技术》一书，已于1999年出版。铁道第二勘察设计院在南昆铁路泥石流研究中，还采用了多项测试试验新技术，如对泥石流沉积石英砂表面结构特征进行统计分析，以研究其搬运距离、流体性质和沉积环境；运用不同放射性同位素测定泥石流流域区内土壤侵蚀速率、估算侵蚀模量，并测定泥石流沉积年代。例如，在南昆线段家河泥石流和小德江堆积体的勘察中，采用不同时期航片进行泥石流动态判释和堆积体稳定性评价。① 采用1958年、1973年和1985年3个时期的航片，对南昆线段家河全流域及各泥石流小流域的植被覆盖动态进行对比判释，发现27年中毁林945 $hm^2$，是形成流域泥石流和剧烈水土流失的主要因素之一。通过对中游冷水沟1957年6月初，6日暴发中等规模稀性泥石流前、后期航片的对比判释，恢复了这次泥石流是起因于右侧3条支沟沟壁和滑坡前缘的崩塌，然后沿沟揭底和冲刷沟壁而形成的过程。② 利用不同时期大比例尺航片对小德江车站的巨型堆积体进行对照判释，作出了该堆积体整体稳定的结论。

5.4.2.3 岩溶综合勘探技术

(1) 隐伏岩溶综合勘探技术

西南地区碳酸盐岩分布广泛，隐伏岩溶塌陷是岩溶地区路基主要的工程地质问题。路基工程岩溶勘察的重点是隐伏岩溶地面塌陷地段，综合勘探难度较大。20世纪70～80年代，铁道第二勘察设计院先后完成“岩溶地区铁路工程地质选线与工程处理”、岩溶洞穴顶板安全厚度研究、“铁路沿线岩溶地面塌陷及防治研究”，三项成果分别获1978年四川省科学大会奖和1986年、1992年铁道部科技进步三等奖，有力地推动了西南地区铁路岩溶综合勘探技术的发展。在南昆线南宁—那厘、安龙—威舍—昆明段隐伏岩溶勘察中，大力推广应用了岩溶综合勘探技术，主要是通过遥感判释和区域地质测绘，掌握岩溶发育基本规律的基础上，确定勘探重点。在重点地段采用综合物探方法，开展体积勘探，圈定异常带的空间分布范围。据此布置有针对性的验证钻孔，有目的地配合观测、试验，综合分析评价后提出预防岩溶塌陷的注浆加固等综合整治措施。通过南昆线可溶的碳酸盐岩长约 300 km 路基地段的初测、定测、补定测各阶段的探索，总结了一套具有实用性的岩溶地面塌陷综合勘探方法与整治措施，这在国内铁路勘察设计中尚属首次。这一成果近年来已在西南地区各条新建、改建铁路岩溶勘察设计中普遍推广应用。

(2) 地下洞穴综合物探方法的研究

南昆铁路修建期间，铁道第二勘察设计院主持进行了“提高物探探测地下洞穴应用效果”的研究，着重对地质雷达法、频率电磁法和电磁波 CT 法开展了结合工程的综合物探试验研究，取得较好效果，技术成果达到国内领先水平。

研究成果表明：地质雷达法经 33 个工点验证，洞穴径深比≤1/10的准判率≥80%，探测深度可达 30 m 左右。频率电磁法经 33 个工点验证，也能探测径深比≤1/10 的地下洞穴，准判率一般为 80%左右。电磁波 CT 法经 53 处异常验证，孔距在 40～150 m 时，径距比为 1/10 的准判率≥80%。如威舍车站采用电测深法、地质雷达法、电磁波 CT 法进行综合物探。探测结果经 111 个注浆钻孔对物探异常进行验证，物探异常的准判率大于 90%。铝厂隧道(2 420 m)采用三极电测深法、地震雷达法、地震折射波法以及在地表进行的频率电磁波法等综合物探。探测结果通过两个钻孔验证，在埋深 32 m 处钻到溶洞，地层界线和含水情况与物探结果基本吻合。

(3) 高原溶洞的地质地貌预测方法

铁道第二勘察设计院在西南师范大学的协作下，对南昆线 4 个典型地貌区的 8 座施工中的隧道，应用喀斯特地貌学理论进行现场调查研究的基础上，预测进一步施工可能遭遇溶洞的地段、规模、形态以及隧道与暗河的关系。经 8 座隧道施工开挖验证溶洞预测结果，效果良好，平均准判率≥78%。

5.4.2.4 软土综合勘探技术

(1) 洼地软土研究

20 世纪 60～70 年代,铁道第二勘察设计院在贵昆、成昆等铁路建设中,对分布集中、危害较大的洼地型、湖盆型软土,如水城软土、滇池软土等,进行了一定程度的研究。限于技术条件,当时的研究着重于常规物理力学性质的分析及落实工程处理措施,勘察手段则仍以钻探和室内试验为主。20 世纪 80 年代,原位测试技术在软土勘察中得到大力推广应用。铁道第二勘察设计院在此期间及其后完成的沪宁、广深珠、广州环城高速公路和广梅汕铁路等沿海项目中,对大面积分布的三角洲相、滨海相软土,采用了包括遥感技术和多种原位测试手段在内的综合勘探方法和物理力学指标的数理统计分析,均取得很好的效果。特别在南昆铁路建设中,对永丰营、七甸软土、泥炭土工点,开展了深入详细的勘察和试验研究,七甸工点还结合科研试验项目,对以泥炭土为主的软土工程特性开展了研究,揭示了七甸泥炭土的高孔隙比(1.61～10.92)、高含水量(64%～573%)、低强度($c$=8～20 kPa,$\varphi$=8°～15°)、极高压缩($a$=3.8～10MPa$^{-1}$)性等不良特性,为地基加固处理工程设计提供了依据。

(2) 斜坡软土研究

在西南地区内昆、株六、水柏及六盘水枢纽、渝怀、黔桂等铁路的建设中,铁道第二勘察设计院对山区罕见的斜坡软土进行了大量地质调查、勘探取样、室内试验、原位测试、矿化分析等综合勘探与试验研究工作,较全面地认识了斜坡软土的形成机理及高孔隙比(0.9～1.8)、高含水量(23%～94%)、低强度($c$=5～28kPa,$\varphi$=3°～19°)、高压缩($a$=0.5～2 MPa$^{-1}$)、膨胀性(自由膨胀率$F_S$=43%～68%,蒙脱石含量$M$=6%～25%,阳离子交换量175～280mmol/kg)及非均匀非稳定性等特点,揭示了斜坡软土的不良地质特性,为工程设计提供了依据。

5.4.2.5 膨胀土(岩)研究

铁道第二勘察设计院自 20 世纪 50 年代在成渝、成昆等铁路勘察、施工中，即开始与膨胀土有所接触。早期由于对其认识不足，以致在施工乃至运营中，病害不断，滑坡频发。根据成昆、襄渝、南防、焦柳线襄石段等膨胀土分布集中的铁路建设实践，认识到对膨胀土的勘察研究须从工程地质特性入手，探索其变形方式、机理，方能提出可靠的防治措施。成昆铁路建设期间，曾对分布于成都附近的“成都黏土”开展了历时多年的研究。在1980年出版的《成昆铁路》技术总结中，对包括矿物化学成分、物理力学性质以及时代成因等在内的“成都黏土”的工程地质特性，进行了总结，并提出“低填浅挖，加强排水，及早挡护”的防治原则。20世纪80年代，铁道第二勘察设计院参加了“裂土基本特性及其在路堤路堑边坡工程中应用技术条件的研究”等科研项目工作，1984年编著出版了《膨胀土与铁路工程》一书。南昆铁路建设期间，铁道第二勘察设计院在中国科学院地质研究所、西南交通大学的协作下，针对铁路所通过的广西境内南宁至百色膨胀性红土、田东—百色盆地膨胀岩分布，进行了专项试验研究。除系统地研究了它们的时代、成因，物质成分与物理力学性质特征外、还着重研究并揭示了本地区红土的膨缩性及其差异规律，揭示了南宁、百色盆地膨胀性红土收缩胜于膨胀；百色盆地42km下第三系膨胀泥岩的胀缩性、碎裂性、低强度（$c=26\,\text{kPa}$，$\varphi=12°$）性三大特点。深化了对膨胀土（岩）的认识，为地基处理、边坡加固设计提供了依据。

5.4.2.6 红层泥岩填料的路用性能研究

红层泥岩是一种特殊岩土，在我国西南、中南、华南广大地区普遍分布，具有易风化、崩解、软化、弱膨胀等特点。红层泥岩作为路堤填筑材料，其突出特点是压实系数对含水量很敏感。在经过四川盆地红层丘陵区的遂渝铁路建设中，铁道第二勘察设计院在西南交通大学的协作下，采用数值仿真分析、离心模型试验、现场填筑试验与原型监测等综合手段，研究了利用红层泥岩填筑时速200km客货共线铁路路堤的适应性，揭示了红层泥岩填料的路用性能。研究表明，红层泥岩最佳含水量控制在12%～13%范围内，采用30～40cm的分层摊铺厚度，22t振动压路机静压2遍+

振碾8遍，能够满足《200 km/h 客货共线铁路设计暂行规定》对基床底层填料压实标准（基床底层 $K_{30} \geqslant 110$ MPa/m，压实系数 $K_h \geqslant 0.95$；基床底层以下路基本体 $K_{30} \geqslant 90$ MPa/m，压实系数 $K_h \geqslant 0.90$）的要求，可以直接用作路堤本体及基床底层填料。但数值分析揭示了红层泥岩路堤边坡有一定的侧向挤出变形，宜采用土工格栅加筋对8m以上高路堤边坡进行加固防护。这一研究成果，已在新建遂渝线（200 km/h）、达成线提速改造（160～200 km/h）、襄渝线提速改造（160 km/h）及西南类似地区新建或改建铁路中推广应用，产生了巨大的经济、社会和环境效益。

### 5.4.3 复杂地质桥梁地基综合勘探技术

西南地区山高谷深，各条山区铁路桥隧道比重大（一般为30%～70%），高墩大跨桥梁及长大隧道多，地质条件复杂，桥隧工程的勘探工作量占线路钻探工作量的60%以上者居多。对一般地质条件的桥梁工程，多以常规钻探为主。对复杂地质条件下的桥梁工程采用地质综合勘探，主要应用于跨越岩溶、采空区、深厚软基、深水桥基等特殊不良地质环境。通常在调查测绘基础上，首先采用电测深、地质雷达或地震折射波等物探方法查明桥基的宏观地质问题，根据物探异常再重点布置钻孔验证，并采取岩（土）样试验及进行原位测试，力求获得原位力学指标与室内试验结果对比，综合分析提供地基岩（土）分层力学参数。如20世纪80年代建设的南防线小董河特大桥复杂岩溶地基，20世纪90年代建设的南昆线清水河大桥及水柏线北盘江大桥岩溶地基，南昆线国城1号、2号大桥软弱地基，皂角村特大桥小煤窑采空区地基等，都采用地质综合勘探技术查明了桥基主要工程地质问题，为桥梁设计提供了可靠的地质依据。

### 5.4.4 复杂地质隧道的综合勘探技术

隧道地质综合勘探的重点是地质构造复杂、岩溶、涌水、有害气体、膨胀岩等发育的长大深埋隧道。其综合勘探模式为：遥感

(航、卫片)判释、区域地质调绘、地球物理勘探、深孔钻探、综合测井、水文地质试验(包括井中测流)、岩土水样室内试验、成果资料分析整理。对一些岩溶隧道贯通后,在洞内进行综合物探与验证钻孔相结合的岩溶复查,以落实洞底岩溶发育情况。近十多年来,西南铁路的复杂地质隧道及长度大于5 000 m的长大隧道,普遍使用了地质综合勘探技术。为隧道围岩分级的确定、隧道涌水量的预测、地应力及地温、有害气体的评估等提供了有价值的定量与定性相结合的地质参数,改变了过去以定性为主的现象,促进了隧道地质综合勘探技术的发展。现重点概述岩溶隧道与瓦斯隧道综合勘探技术的应用与发展。

(1) 岩溶隧道综合勘探技术

隧道穿过可溶岩时,可能遇到岩溶洞穴、涌水、突泥等地质灾害。如西南地区已建成的成昆线关村坝隧道、襄渝线大巴山隧道、湘黔线凉风垭隧道、贵昆线梅花山隧道、南昆线新桥隧道、株六复线大竹林隧道、花苗隧道、水柏线何家寨隧道、渝怀线歌乐山隧道、圆梁山隧道、武龙隧道、遂渝线桐子林隧道等长大隧道,施工中都发生了大量涌水、突泥灾害,涌水量达3~20万$m^3/d$不等,给工程建设带来极大困难,有的还造成了重大人身伤亡或机具设备事故。因此,必须加强岩溶隧道综合勘探,查清隧道的工程地质及水文地质条件,为隧道设计防排水提供可靠依据,防止涌水突泥灾害发生。

20世纪80年代以来,西南地区岩溶隧道综合勘探技术发展迅速,无论是新建还是改建铁路的长大岩溶隧道,都推广实施了地质综合勘探。如渝怀线圆梁山隧道、歌乐山隧道、黔桂线定水坝隧道、银洞坡隧道、六甲隧道、玉蒙线通海隧道、柿花树隧道、大丽线北衙隧道、禾洛山隧道、大瑞线高黎贡山隧道、遂渝线桐子林隧道、龙凤隧道、襄渝二线大巴山隧道等长大岩溶隧道,都开展了在航片判释、地质测绘基础上,采用大地音频电磁法、弹性波法、电测深法为主的物探结合钻探、综合测井、水文地质试验等综合勘探,取得了良好效果。

(2) 瓦斯隧道综合勘探技术

煤系地层隧道,特别是有煤与瓦斯突出危险的隧道,是可能发生瓦斯爆炸地质灾害的不良地质环境。通过煤系地层的铁路隧道虽早已有之,如20世纪60年代铁道兵修建贵昆线岩脚寨隧道时曾发生严重的瓦斯爆炸,伤亡100多人的特大事故。但在铁路工程地质勘察中纳入瓦斯地质工作的内容与方法,却是20世纪90年代初才开始起步。南昆铁路家竹箐隧道通过上二叠统龙潭、长兴、大隆组海陆交互相煤系地层,煤层瓦斯产出量达10.56 $m^3$/min,瓦斯含量达20.17 $m^3$/t,瓦斯压力达1.58 MPa,属高瓦斯、有煤与瓦斯突出危险地质灾害的隧道。铁道第二勘察设计院在煤炭系统有关单位的咨询协作下,在实施地质综合勘探的基础上,引入瓦斯地质学的理论和方法,首次在该隧道开展了专门的瓦斯地质工作。继之又对威昆段通过二叠系龙潭组煤系地层的天生桥隧道进行了瓦斯地质勘察。通过这两座隧道瓦斯地质工作的研究与探索,总结出了一套瓦斯隧道地质勘察的内容、方法、煤与瓦斯涌出量预测及突出危险性的定量评价与防治技术,在铁路部门瓦斯隧道地质勘察方面积累了宝贵的实践经验。这一瓦斯隧道综合勘探技术也在其他铁路、公路瓦斯隧道(如株六复线岩脚寨隧道、水柏线发耳隧道、成渝高速公路中梁山隧道、缙云山隧道等)地质勘察中得到推广应用,效果良好。

### 5.4.5 地质综合勘探取得的主要成果

铁道第二勘察设计院工程地质专业半个多世纪以来,完成了近600条、总长60000多公里的铁路干、支线的工程地质勘察,其中已建成通车的新建干、支线铁路11000多公里,既有铁路电气化改造和增建二线铁路4500多公里。已建成的铁路中,包括被誉为20世纪我国铁路建设四个里程碑中占据三席的宝成铁路、成昆铁路和南昆铁路。经过50多年的生产实践和科研试验,锻炼、培养了大批技术过硬的专业人才,工程地质队伍得到不断发展壮大,业务范围得到空前拓展。目前,这支由多工种人员组成的综合性专业化队伍，拥有先进的勘探、测试、试验装备，除承担铁路建设任务外，还能承担公路、机场、轨道交通、市政建设等多种领域的环境地质、岩土工程、地质灾害的勘察设计、科研试验以及评价、监理、咨询等多方面任务。

特别是 20 世纪 80 年代以来，在西南铁路工程地质勘察中大力推广应用地质综合勘探、测试新技术及开展地质科研试验的实践与探索，使铁路工程地质勘察技术提高到了新的水平。尤其是南昆铁路大力推广应用地质综合勘探新技术及开展地质科研试验的成果已被广泛推广应用于其他各条新建、改建铁路及一些公路、地铁的勘察设计中，其内容涵盖了遥感、钻探、物探、测试等各种勘察手段，岩溶、滑坡、泥石流、软土、泥炭土、膨胀土（岩）、红黏土等各种不良地质、特殊岩土，以及桥梁、隧道、路基、供水水源等各类工程。科研成果和新技术的广泛推广应用，大大提高了地质勘察工作效率和经济效益，推动了工程地质综合勘探技术的发展。

20 世纪 80 年代以来，铁道第二勘察设计院有多项地质综合勘探成果获国家、省（部）、总公司级优秀工程勘察奖。例如：新建地方铁路南防线小董河特大桥地质综合勘探，1986 年获铁道部优秀勘察二等奖；贵昆线电化施工设计水城西站软土路基工点地质勘察，1988 年获铁道部优秀勘察三等奖；成渝高速公路缙云山隧道工程地质勘察，1996 年获铁道部优秀勘察二等奖；南昆铁路南宁至那厘段龙床地裂工程地质勘察，1998 年获中国铁路工程总公司优秀勘察二等奖；铁路地质综合勘察技术应用研究，1999 获南昆线优秀科技成果一等奖；成渝高速公路中梁山隧道工程地质勘察，1999 年获国家优秀勘察铜奖；绵阳南郊机场地基强夯处理工程地质勘察，2003 年获四川省优秀勘察二等奖；广州市地下铁道二号线岩土工程勘察，2003 年获广东省优秀勘察一等奖；新建铁路水柏线选线设计，2004 年获中国铁路工程总公司优秀勘察一等奖；新建铁路内昆线越岭地段区域工程地质选线，2004 年获中国铁路工程总公司优秀勘察一等奖；广州市地下铁道一号线工程地质勘察，2004 年获总公司优秀勘察一等奖；新建铁路水柏线北盘江大桥工程地质详勘，2005 年获国家优秀勘察银奖；广州新龙跨海特大桥工程地质勘察，2006年获四川省优秀勘察一等奖；新建铁路遂宁至重庆线龙凤隧道综合物探，2007年获四川省优秀勘察二等奖；重庆枢纽无砟轨道试验段工程地质勘察，2007年获中铁工程总公司优秀勘察一等奖。

## 5.5 西南铁路工程地质工作的新进展

### 5.5.1 铁路建设速度加快带动了铁路工程地质的发展

自1978年十一届三中全会以来，我国经济建设进入一个高速发展阶段，铁路工程地质工作也相应进入一个新的发展时期。特别是20世纪90年代以来，随着我国铁路的跨越式发展，山区铁路朝着大坡度、大半径曲线、高墩大跨桥梁、长大深埋隧道等方向发展，使铁路工程的建设达到了一个新的水平，它带动了铁路工程地质的新发展。如京广复线上的南岭、大瑶山，大秦线上的军都山，南昆线米花岭、家竹箐，西康线秦岭、渝怀线圆梁山、兰新线乌鞘岭、石太线太行山等长大深埋复杂地质隧道及南昆线南盘江、清水河，内昆线李子沟、花土坡，水柏线北盘江等高墩大跨桥梁的勘察与建设，将我国铁道工程地质工作带到一个新的水平。

为了解决长期存在的工程地质与设计、施工脱节问题，铁路部门还发展了铁路地质工程（或岩土工程）新方向，拓宽了工程地质工作范围，在施工地质预报，地质体改造（或地质体加固）方面，取得了明显的经济效益。铁道部门总结了工程地质和地质工程的工作经验，修订和制定了一系列工程地质和地质工程工作规程、规范，有一些规程和规范已综合发展成统一的国家标准，如由铁道部、水利部、冶金部、建设部、工程兵等五个单位联合编写的“工程岩体分级标准”已列为“中华人民共和国国家标准”。这是我国编制工程地质和地质工程规程、规范的一个重要发展。

勘探技术、资料分析，特别是电子计算机应用、专家系统、数字计算模拟、系统工程分析等新技术、新方法大量引入到工程地质中来，使铁路工程地质工作的质量和水平得到进一步提高。工程地质学术组织和科研机构也蓬勃地发展起来了，铁道学会成立了工程地质专业委员会，许多部门建立了工程地质研究机构。铁路工程地质教育也得到了很大发展，有关高等院校（如西南交通大学）在课程设置、教学内容、教材建设与研究生培养等方面取得了很大成绩，为工程地质的发展提供了人才条件。

### 5.5.2 铁路重大工程地质勘察技术方法研究

（1）长大深埋隧道工程地质研究

圆梁山隧道总长 11.07 km，最大埋深 780 m，是西南地区渝怀铁路的关键性控制工程，控制了从彭水至龙潭整个越岭线路方案。该隧道地形地质条件极其复杂，集“岩溶洞穴、高压涌水与突泥、岩爆与变形、瓦斯与石油天然气”等灾害地质问题于一体。铁道第二勘察设计院在成都理工大学协作下，开展了大面积的区域地质选线工作，并采用工程地质、水文地质、遥感地质、地球物理勘探、构造应力场分析、地应力及有害气体测试等综合勘探技术，完成了一套比较齐全的地质成果资料。遥感选用多高度层次、多个片种；物探按浅、中、深 3 个层次选用了多种方法；用多种方法进行构造应力场及地应力的测试分析；对水文地质进行多参数测试；钻探采用大口径金刚石钻进和低固相泥浆封孔堵漏新工艺，并坚持一孔多用，开展综合测井等多种手段取得的资料相互验证，综合分析。具有点、线、面结合，多层次、多参数、立体化的综合勘探特点，较准确地查清了该隧道的主要工程地质问题，为隧道设计提供了可靠的地质资料，这在我国西南山区铁路勘探史上尚属首次。这是一次走综合系统勘探新路的成功实例。这项工程地质研究的广度和深度都达到了新的水平，为今后类似长大深理隧道的勘探取得了宝贵经验。

（2）高墩大跨桥梁工程地质研究

随着铁路勘察设计技术的发展，为减少高程损失避免展线而缩短线路长度，西南山区铁路跨越深切峡谷的越来越多，而高陡岸坡岩体的稳定性成为铁路桥梁建设成败的关键。为此，采用地质综合勘探与模型试验、数值计算分析方法相结合，进行定性与定量相结合的岸坡稳定性评价技术，在铁路勘察设计中的应用成为地质科技发展的必然。南昆铁路清水河大桥、水柏铁路北盘江大桥等高墩大跨桥梁，铁道第二勘察设计院在进行综合勘探的基础上，先后与西南交通大学合作开展了专项岸坡稳定性评价工作，为桥梁设计提供了可靠的定量地质参数。高陡岸坡稳定性评价技术的应用，拓展了铁路工程地质勘察评价的手段和方法，推进了铁路工程地质勘察、试验与评价技术的发展和质量、水平的提高。

### 5.5.3 隧道施工地质超前预报研究

长期以来，地下工程施工由于对掌子面前方地质条件了解不清，带有很大的盲目性，施工过程中地质灾害层出不穷。为准确预测隧道施工中可能发生的地质灾害的位置、规模和性质，1986 年中国科学院地质研究所、铁道部隧道工程局勘测设计院及施工二处共同合作，在军都山隧道首次开展了隧道施工地质超前预报工作，使隧道施工由盲目的掘进转变为有控制的科学掘进，大大提高了施工进度及施工中的安全、经济、社会效益。

军都山隧道地质超前预报工作是以地质素描为基础，配合超前水平钻孔综合测试（主要是钻速仪及声波测试）手段，综合分析预报掌子面前方地质条件、塌方、涌水可能性及防灾措施。预报准确率达 71%。相继大瑶山隧道九号断层地段也开展了地质超前预报工作。大瑶山隧道地质预报采用系统地质、水文观测、素描等，着重岩体结构面特征、性质、组合形式及地下水状态预测；以平导与正洞地质类比为主要方法，预报准确率达 95%。

20 世纪 90 年代，铁道第二勘察设计院参加了中国铁路工程总公司地质物探试验研究中心主持开展的南昆线“隧道开挖工作面前方不良地质预报”项目的系统试验研究，研究的内容包括弹性波、电磁波两大类 4 种预报技术与方法。在理论方法、模型试验方面取得很大进展，完成了从仪器设备研制，现场数据采集到资料处理解释的一套适合隧道施工开挖面前方地质预报的技术方法和相应的配套设备。并结合南昆铁路正在施工的铝厂隧道、康牛隧道、米花岭隧道等，进行岩溶洞穴、断层等的测试预报，施工验证预报结果与开挖情况基本吻合。实践证明研究采用的弹性波、电磁波两大类 4 种预报方法，其技术先进、方法可行，具有实用价值，达到国际先进技术水平。此外，西南地区的株六复线岩角寨隧道、倮纳隧道，渝怀线圆梁山隧道、歌乐山隧道，遂渝线龙凤隧道，玉蒙线通海隧道、柿花树隧道等多座长大复杂地质隧道施工中，都进行了施工地质超前预报，指导了隧道设计与施工的防灾减灾工作。

### 5.5.4 岩体改造涌现出许多新技术、新工艺

20 世纪 80 年代以来，广大工程地质人员在深入“认识世界”的同时，开始向“改造世界”开拓，包括地质灾害整治、岩土体加固与改良等。参与地质工程设计、施工和监测，把地质工作贯穿于工程建设的全过程。在岩体改造方法中出现了化学灌浆新技术，这种新技术不仅可改造岩体材料强度、弹模，并可用于改造岩体结构完整性；用预应力锚索和喷锚技术提高岩体稳定性的方法已经得到广泛应用。在土体改造方法中应用较广的有强夯、挤密砂桩、碎石桩或灰土桩、高压旋喷、深层搅拌、固结排水、注浆技术、土工织物等，应用的工程越来越多，技术越来越成熟，新工艺不断出现。

### 5.5.5 工程地质图件编制发生了革命性变化

20 世纪 80 年代以前，传统的手工画图不仅效率低，信息量少，更新慢，而且功能单一，应用价值不高。20 世纪 80 年代后期以来，工程地质编图引进了信息理论、制图理论、电子计算机技术等现代理论和方法，将地质学与相关科学技术密切结合，使工程地质编图发生了革命性的变化。计算机绘制的地质图不仅信息量大，效率高，速度快，修改更新方便，而且可以分类存储、分类提取，配合相应软件，可深层次地开发信息源，形成符合各种需要的工程地质图系，对城市规划、各类工程建设、工程地质研究提供极为有

用的资料。

铁道第二勘察设计院在工程地质工作中应用电子计算机技术,始于20世纪70年代后期,就其应用发展过程而言,可分为3个阶段:

(1)工程地质数值计算阶段:1978～1985年,为铁道第二勘察设计院计算机技术起步阶段。为减轻地质人员的计算强度,提高计算精度和效率,铁道第二勘察设计院设计或引进一些计算软件,应用于工程地质、水文地质的计算。

(2)野外数据采集和CAD制图阶段:1986～1995年,计算机技术得到大力发展和推广,其应用重点转向地质专业野外数据采集和成果图件的绘制处理。开始尚局限于一些单一图件的编制,如钻孔柱状图、原位测试成果图和部分物探成果图,随着各种CAD软件的大量引入,地质专业CAD出图范围既包括各种勘探、测试成果图件,也囊括了平面、纵横断面在内的各种地质成果图件。但此阶段各种绘图程序较杂乱,编程工具也不尽统一,这些程序的数据无法共享,处理过程较为繁琐。

(3)数据库、网络引入阶段:1996年以来,数据库技术开始引入到工程地质原始资料的存贮,包括测绘、钻探、试验、测试等地质勘察原始资料,开始以数据形式存放;程序与数据分离,实现了原始资料在专业内各程序间共享,开始出现岩土力学参数分析、自动生成岩土试验和水质分析统计表或成果汇总表等。目前,铁道第二勘察设计院开发完成的“铁路工程地质信息管理系统”获得国家及铁道部优秀软件奖,已广泛推广应用于铁路、公路、轨道交通等工程地质制图,实现了勘察设计一体化的计算机出图率100%,产生了巨大的经济效益。

### 5.5.6 工程地质勘察规范不断完善

根据50多年科研和生产实践的积累,铁道第二勘察设计院自20世纪80年代以来,先后主编完成铁道部发布的钻探、水质分析、岩土化学分析、动探等勘探、试验规则、方法和规定,以及滑坡、泥石流、岩溶、膨胀土、煤层瓦斯等不良地质、特殊岩土的勘测规则或规定，后经补充、修订，分别纳入铁道第二勘察设计院主编的《铁路工程不良地质勘察规程》(TB 10027—2001)、《铁路工程岩土试验规程》和参编的《铁路工程地质勘察规范》(TB 10012—2001)、《铁路工程特殊岩土勘察规程》(TB 100338)、《铁路工程地质原位测试规程》(TB 10041—2003)等国家行业标准。

## 5.6 铁路工程地质灾害防治技术应用研究与发展

### 5.6.1 铁路路基工程地质灾害防治技术

西南铁路路基工程经常遇到的主要地质灾害有崩塌、滑坡、泥石流、岩溶塌陷等不良地质及软土、膨胀土(岩)等特殊岩土问题。这些地质灾害的防治技术可分为四大类：一是防治边坡失稳变形的支挡防护技术；二是防治软弱地基沉落与失稳的加固处理技术；三是不良地质隧道防灾技术；四是地质灾害预测预报技术。

(1) 路基支挡结构及土工合成材料的研究与发展

1) 支挡结构的研究与发展

支挡结构是岩土工程中的重要组成部分。在铁路路基工程中，支挡结构主要用于承受边坡岩土体侧向压力，它被广泛应用于稳定路堤、路堑边坡、隧道洞口边仰坡以及桥梁基坑边坡和河流岸壁等。随着我国国民经济与基本建设的发展，推动了边坡支挡防护与软基加固技术水平的提高以及减少环境破坏、节约用地观念的加强等，支挡结构与软基加固在岩土工程中的使用越来越广泛，特别是在铁路路基及建筑基础工程中所占的比重越来越大。

20 世纪 50 年代前很长一段时间内，石砌重力式挡土墙是我国岩土工程中广泛采用的主要支挡结构。20 世纪 50 年代，为适应西南山区地形陡峻的特点，出现了衡重式挡土墙。1959 年，铁道第二勘测设计院率先在宝(鸡)成(都)铁路广元至略阳段使用。

之后，又由铁道部科学研究院、专业设计院、铁道第二勘察设计院等单位联合开展了科研攻关，完善了衡重式挡墙按第二破裂面计算的理论，编制了有关的标准图，加快了在铁路系统全路的推广。衡重式挡土墙是我国山区铁路应用较广泛的一种挡墙形式，并已在公路等其他行业中得到推广运用。长期以来，重力式、衡重式挡土墙在支挡工程中一直占有主导地位，但由于其截面大、圬工数量多、施工进度慢，在地形困难、石料缺乏地区，应用不便，其使用上的缺点也是明显的。

20 世纪 50～60 年代，铁路部门开始引进推广锚杆挡土墙、桩基挡土墙等钢筋混凝土挡土结构，取得了一定的进展。成昆铁路修建时，大力推广了锚杆挡土墙、桩基挡土墙、托盘式路基墙、挖孔抗滑桩等，为支挡工程的新型化跨出了一大步。

20 世纪 60 年代，铁道第二勘察设计院从成昆线、襄渝线滑坡整治开始研究抗滑支挡技术。20 世纪 70 年代以来，又先后结合西南铁路建设进行了“锚固桩(1978 年)、抗滑桩模型试验(1988 年)、单排埋式抗滑桩计算方法及设计原理(1993 年)、锚杆挡土墙(1978 年)、锚定式支挡建筑物(1978 年)、锚定板挡土墙(1988 年)、新型拉筋加筋土挡墙(1999 年)、预应力锚拉式桩板墙(2000 年)、岩石预应力锚索技术及其工艺(1993 年)、锚索桩板墙(1998 年)”等新型、轻型支挡结构的研究与试验，取得了良好的效果并得到广泛推广应用。这些研究成果均获国家、省(部)级科技成果奖。此外，铁道第二勘察设计院还主编了多个版本的铁路路基支挡结构设计规范、规则等，推动了铁路支挡技术的发展。

随着我国国民经济发展，机械、材料工业水平及岩土加固技术水平的不断提高，我国岩土工程支挡技术水平也获得了迅速发展，支挡结构形式也从过去单纯靠重力维持平衡的挡土墙，发展为采用支撑、土筋复合结构以及锚固技术等多种新型、轻型支挡新技术。例如，悬臂式、扶壁式、锚杆式、加筋土式、锚定板式等新型的挡土墙以及抗滑桩、桩板墙、土钉墙、预应力锚索与锚索桩等新型支挡结构迅速得到推广运用。此外，还有一些新型支挡结构，例如对拉式挡土墙、带洞路基墙檐式挡墙、竖向预应力挡土墙、倒 Y 形挡土墙、槽型挡土墙、钢筋混凝土预制块拼装式挡土墙等等。这些新型支挡结构在一些特定条件下起了较大的作用，但由于有些结构比较特殊或理论研究未跟上，尚未得到推广或后来被其他结构逐渐代替。由于劳动力的成本越来越高，随着施工机具的不断发展，混凝土预制块的大型化、拼装化的可能性越来越大，采用钢筋混凝土预制块拼装式挡土墙将是支挡结构发展趋势之一。

2）土工合成材料的应用与发展

土工合成材料的开发和应用，我国虽起步较晚，但发展迅速。铁路部门 1982 年率先在国内应用土工合成材料防治铁路路基基床翻浆冒泥，其后应用于软土路基、支挡结构以及路堤填土边坡的加强。铁路部门近年在试验研究和吸收国内外同行先进经验的基础上，编制了《铁路土工合成材料应用技术规范》，应用范围越来越广泛。

① 铁路路基基床翻浆冒泥整治：在路基基床表层铺设土工合成材料复合砂垫层，形成道床下的复合结构层，利用土工合成材料的分布荷载作用、隔离作用、反滤作用及加筋作用等改善基床的工作状态，达到防治基床翻浆冒泥的目的。用于翻浆冒泥的整治工程已采用的土工合成材料主要有：土工织物（无纺）、土工格室（固格网）、聚合胶板、塑料（聚乙烯）排水板、复合土工织物等。

国外土工合成材料品种繁多，其中土工织物中夹有螺纹管以及由针刺土工织物、土工网格与不透水材料组成的复合型材料均可用于翻浆冒泥防治工程，国内尚有待开发应用。在我国既有铁路线上，EPS 材料（聚乙烯泡沫塑料）被用来整治路基冻害而铺设在基床表层，起保温防护作用。日本将 EPS 用于许多工程，如软土路基地基处理、支挡结构、滑坡整治、路桥过渡段处理、填方置换、落石棚洞等。我国也将其用于落石棚洞，减轻棚洞顶部荷载。

② 软土路基地基加固：在铁路软土路基地基加固工程中广泛采用排水固结法。工程中曾采用土工织物袋装砂井代替砂井，其

后又采用塑料排水板，现已广泛采用。铁路建设中使用的排水板累计已达数千万平方米。除排水固结法外，采用土工织物（编织型）、土工格栅铺设在铁路路基基底排水砂垫层中，既有加筋作用又有隔离及排水作用。这种加筋垫层方法目前已推广应用于与灰土桩构成的复合地基加固方法结合使用，铺设一层或数层土工合成材料。如在新建时速 200 km 的遂渝铁路软基路堤基底排水砂垫层中，大量使用了层土工格栅加筋技术，应用效果良好。

③ 支挡建筑物及土坡加固：支挡建筑物应用土工合成材料以代替传统的如钢筋等建筑材料或用以开发新型支挡结构。国外已应用高强度、聚脂多股丝芯材外包聚乙烯的高强度索代替钢材用于土钉墙和锚杆挡土墙。其抗拉强度可达 75 kN 以上，具有抗拒腐蚀的优点。铁科院西北分院和铁道部专业设计院采用小变形、高强度的土工带在南昆线修建了土钉墙。由于铁路荷载大，为保证运营安全，普通土工带仅在个别站场或支线上使用。现由于土工格栅（单向冷拉）强度高、变形小，且在国内研制成功，定会推动加筋挡土墙的发展。

为提高土质路堤的整体性和边坡的稳定性，在铁路路堤边坡部位铺设一定间隔多层土工织物或土工格栅是加固填土路堤的有效方法，已在不少新建铁路中得到推广应用。国外用于支挡结构的土工合成材料品类还有很多，如纤维土挡土墙等，我国尚待研究应用。在铁路路基边坡防护工程中已采用了土工网垫，效果很好。但水下边坡的防护应用土工模袋还很少，但铁路水害抢险工程中已广泛使用土工织物（编织）模袋装土石码砌挡水。

（2）崩塌与落石防治

崩塌与落石是陡峻岩质山坡在重力或其他外力作用下的崩落，往往使铁路建设和运营蒙受重大损失。长期以来，对崩塌与落石采取以下防治措施：

1）对大型崩塌是灾害性的，破坏力强，难以处理，原则上线路应绕避或以隧道通过。

2）对小型崩塌可采取清除、支顶、锚索、锚杆、嵌补、拦石墙或设置落石平台等工程措施，还应作好地面排水或勾缝、护面。

3）对崩塌、落石较严重地段，若不能清除或根治时，可修筑明洞、棚洞等遮挡建筑物处理。

20世纪90年代以来，开发使用了以钢绳为主要构成材料的柔性防护系统，称为"SNS柔性防护系统"，利用钢绳网—支撑绳—锚杆—稳定地层的传力过程，可用于覆盖式主动防护，亦可用于拦截被动防护。在宝成复线、株六复线、内昆线、水柏线等铁路工程中应用效果很好。

（3）滑坡防治

滑坡是在重力作用下斜坡岩土体沿一定软弱面或软弱带整体缓慢（有时急剧地）地以水平位移为主的变形。大规模的滑坡常给铁路造成严重的危害，西南地区铁路地质灾害的60%～80%是滑坡。西南山区铁路建设和地质灾害的严重性促使了滑坡研究的开展，探讨了各类滑坡发生发展的机理、滑坡监测、滑坡预报，研究了滑坡稳定性评价理论和滑坡整治措施，使滑坡研究及治理工程技术有了长足的发展。滑坡类型多，影响因素复杂，涉足许多门类学科，与国内外关于滑坡的研究大体上相似。铁路部门研究滑坡有以下特点：

1）重视滑坡本身岩土体及其周围环境地质条件，分析滑坡发育和控制条件，用地质力学理论确定滑坡的边界条件和定量数值，并以勘探手段证实动力条件和边界条件。

2）关于滑带土抗剪强度的选择，按滑坡的不同发育阶段、特点确定。对于土质滑坡，以实际滑坡反算值为主，综合分析对比确定。

3）稳定性评价多采用工程地质比拟法进行分析。

4）在滑坡预测预报技术方面，采用遥感技术与国外相比在应用的广泛性和设备的配套水平上有待加强。滑坡的时间预报是一个难度较大的技术问题，国内外都有过成功的预报。日本对一些崩塌性滑坡，根据试验和位移观测预报很准确。我国宝成铁路343 km处的滑坡、陇海铁路卧龙寺滑坡及长江北岸新滩滑坡预报都是很成功的。"滑坡时间预报及监测报警技术"的研究成功,使滑坡预报提高到了一个新的水平。

5）在滑坡整治工程技术方面,国内外对大型滑坡均予以绕避,避免造成工程损失。铁路部门在铁路建设中曾绕避和整治了大量的滑坡。铁路部门的整治滑坡,多采用综合措施,因地制宜,有主有辅。由于各种地下水作用为主而形成的滑坡,多以修建渗水隧洞排水,辅以地表排水及边坡渗沟、支撑渗沟、截水渗沟等截、排、疏水等工程措施;由于坡脚失去支撑为主而形成的滑坡,多采用支挡建筑物,有抗滑挡墙、抗滑桩、锚索桩等,并辅以排水疏干工程措施;由于堆载为主引起的滑坡,多采用清方减载,辅以地表排水及支挡防护措施。

西南地区修建宝成、成昆、川黔、贵昆、湘黔、南昆、内昆、渝怀、株六、水柏等山区铁路的滑坡整治中大量地应用了抗滑桩,使抗滑桩的结构有了很大发展,除了单排桩、多排桩,还有承台式抗滑桩、排架式抗滑桩、刚架桩、拉杆抗滑桩和预应力锚索抗滑桩等,发展了桩与挡墙相结合的支挡结构,如桩板墙、桩间土钉墙等。例如,在著名的南昆铁路八渡车站巨型滑坡(滑体 420 万 $m^3$)整治中,采用大量超长超孔径预应力锚索(锚索最大长度 75 m,12 束 $\phi$15.2 mm钢绞线孔径 168 mm)、锚索桩(最大桩长 55 m、桩截面 2.5 m×4 m)、抗滑桩支挡(锚)及地下泄水洞、降水井、水平泄水孔、地面网状排水沟等为主,辅以清方减载及地表位移桩与深井位移监测等手段,综合治理复杂地质条件下的巨型滑坡取得成功,堪称路内之最。

上述滑坡研究的成果为滑坡治理技术的发展打下了良好的基础,但与国外相比还有一定差距。为了在该领域跨入世界先进行列,铁路部门今后应着重深入开展各类滑坡发生、发展机理的研究,利用现场观测、模型试验和计算机技术多种手段使滑坡治理技术进一步发展。对滑坡预测,除进行预报技术理论研究外,还应在已取得成果的基础上,积累资料,分区普查,进行全路区域性滑坡的预测预报研究工作。在滑坡观测方面,应加强观测仪器的研究,促进测试技术的发展。在滑坡整治技术方面，应继续开发新型结构的研究和采取多种治理措施，以使我国滑坡治理技术向更高水平发展。

(4) 泥石流防治

泥石流是西南铁路仅次于滑坡、崩塌与落石的严重地质灾害，据不完全统计，我国铁路泥石流沟约 1 400 多条，给铁路建设和运营造成巨大损失。例如成昆铁路从 1970 年到 1981 年的 11 年间，沿线有 47 条沟爆发 60 余次较大的泥石流，最为严重的是 1981 年 7 月 9 日成昆铁路利子依达沟泥石流，冲毁桥梁，冲走机车和两节车厢，损失和伤亡巨大。

为了防治泥石流，我国铁路部门进行了大量研究工作并取得了较高水平的成果。对铁路沿线的 1 124 条泥石流沟进行了普查，建立了 883 条泥石流沟技术档案，对泥石流沟的调查应用了遥感等手段判释。在对泥石流成因分析的基础上提出多项影响因素及量级评价、统计分析和量化处理方法，提出了泥石流的综合评判法则。铁道第二勘察设计院从 20 世纪 60 年代研究成昆线泥石流防治开始，20 世纪 90 年代以来又先后结合西南铁路建设进行了“泥石流沟判别.警报、防治机理(1991 年)、泥石流灾害预测(1993 年)、泥石流灾害与防灾对策(1999 年)、泥石流危险区和危险度划分指标(2000 年)”等研究，取得了良好的效果并得到推广应用。这些研究成果均获国家、省(部)级科技成果奖。

对泥石流的防治，建立了“绕、拦、排”的综合防治原则和“避重就轻、宁宽勿窄、按沟设桥、隧道绕避、生物防治”等工程措施。

对泥石流的预报，在吸收国外经验的基础上研制了多探头流位报警器、地面震动报警器等多种报警装置，并提出了中短期区域性泥石流预测预报方法。

由于泥石流问题的复杂性，加之西南地区地形地质条件复杂，生态环境脆弱，综合管理体系不健全，使对泥石流的防治增加了难度。同时，在泥石流动态观测、运动机理方面的研究还较落后，有待深化研究预报的准确性和新型防治工程也需进一步开发。

(5) 岩溶地面塌陷防治

岩溶作用的结果,在地下产生各种洞穴通道。自然作用下洞穴产生岩溶塌陷是正常岩溶发育过程的产物,但是人类活动加速与加剧了岩溶塌陷的发生,会带来更多的损失。西南地区是我国岩溶最发育的地区,铁路建设要避开所有的岩溶危害是不可能的。岩溶地面塌陷是一种较严重的地质灾害,常造成铁路路基、桥梁、隧道、站房等铁路建筑物毁坏。同时,塌陷形成之后,往往成为地表水向地下水排泄的通道,地表的污染物参与岩溶水的循环,导致岩溶水的污染,直接影响地下水水质,影响铁路沿线人民的身体健康。

在西南铁路建设中,20 世纪 70～80 年代以来,铁路部门从岩溶发育条件出发进行了综合研究,铁道第二勘察设计院先后进行了"岩溶地区铁路工程地质选线与工程处理(1978 年)、岩溶洞穴顶板安全厚度(1986 年)、铁路沿线岩溶地面塌陷及防治(1992 年)"等研究,并进行了隐伏岩溶地面塌陷模型试验和观测。20 世纪 90 年代结合南昆线建设又进行了"隐伏岩溶地面塌陷综合勘探技术的应用、地下洞穴综合物探方法的应用、高原溶洞的地质地貌预测方法"等研究。通过上述研究,基本了解了岩溶发育规律,并广泛推广应用了岩溶地质综合勘探技术。对岩溶塌陷的勘察,一般以物探为主,辅以钻探、物探相互验证,以提高勘探效果。

对路基岩溶塌陷的防治主要采取地表防渗、地下加固(恢复地下水位、强夯、钻孔充气、明挖回填、支顶、钻孔压浆)、结构物跨越三大类措施;对桥梁地基的岩溶塌陷多采用桩基、跨越或注浆加固等措施处理。铁道第二勘察设计院在贵昆线、南昆线、株六复线、黎南线、黎湛线等铁路岩溶塌陷勘察与整治工程中积累了宝贵的经验。

(6) 软土地基处治

西南地区软土主要分布于山间盆地、洼地,主要成因有湖积型、沼泽型、冲洪积型、坡残积型等。沉降变形与稳定是软土路基的两个主要问题。在西南铁路建设中,20 世纪 70 年代以来,铁道第二勘察设计院先后进行了“贵昆铁路滥水段软土路基综合处理(1978 年)、旋喷桩试验(1986 年)、重夯块石处理饱和软填土的岩土地基问题(1989 年)、南防线防城港站房屋填方地基处理措施(1987 年)、滇池地区泥炭土工程地质特性与路基加固(2001 年)、山间软弱土高填方工程地基处理及评价方法(2001 年)、“红层软岩地区修建时速 200 公里铁路路基关键技术研究”(2006 年)、“红层地区软基路堤沉降控制研究”(2007 年)”等软土地基处治课题研究,取得了良好的效果并得到推广应用。这些研究成果均获国家、省(部)、总公司级科技成果奖。

20 世纪 80 年代以来,随着铁路建设的发展,软土地基加固处理技术发展很快,主要的技术进步包括设计计算技术、测试技术和施工技术的发展。其中数值分析推动了软土本构模型与离心模型试验的发展;精密的实验控制与广泛的原位测试等实测参数,为工程设计与理论研究提供了可靠依据;施工技术和工程新材料的应用为软土地基加固不断开拓了新方法。

铁路软土路基加固主要采用以下措施:对一般横坡较缓的路基,根据软土厚度及有无硬壳层等情况,采用挖除换填、袋装砂井、插塑板、粉喷桩、碎石桩、旋喷桩、CFG 桩和土工合成材料加固等;对基底横坡较陡的软土路基,则采取在复合地基基础上配合使用侧向约束支挡措施。铁道第二勘察设计院通过对西南地区内昆线老锅厂—李子沟段及六盘水地区等铁路建设中遇到的“斜坡软土”及其他线上的山间洼地软土工程病害的整治实践,总结出了“深架桥,浅作挡,三米换填石,平地加固桩”的成功经验,有效地克服了软土地质灾害或工程病害。其主要设计原则是在工程设计中,特别注意研究软土底部横坡,进行必要的变形与稳定检算。当不满足要求时应对地基进行加固并配合使用侧向约束支挡抗滑措施。工程施工中应严格执行路堑边坡“坡脚预加固、分层开挖、分层稳定、快速筑挡、全面排水”的综合防治措施。

(7) 膨胀土(岩)处治

膨胀土(岩)是自然地质形成过程中产生的一种具有显著胀缩

性的地质体，分布十分广泛，对各种浅表层轻型工程建设具有特殊的危害性，被称为“工程的癌症”。世界上迄今已经发现存在膨胀土的国家达 40 余个，遍及六大洲。20 世纪 40 年代中期，西方工业发达国家开始对膨胀土问题进行专门性研究。我国对膨胀土工程问题研究的历史也有 40 余年。自 1990 年召开全国首届膨胀土科学研讨会以来，膨胀土工程已取得不少研究成果。

我国是膨胀土分布最广的国家之一，有 3 亿以上人口生活在膨胀土分布地区，遍布在贵州、广西、云南、湖北、河南等 20 多个省、市、自治区。广西是中国著名的膨胀土分布区，其中又以宁明盆地、南宁盆地、百色盆地最为典型和集中。中国约有上万公里的铁路通过膨胀土地区，膨胀土的胀缩性造成的危害成为铁路运营的重大隐患。膨胀土地区的铁路路基普遍存在基床隆起和边坡变形，严重的变形造成列车慢行或中断运行。

20 世纪 70 年代开始，铁路部门进行了膨胀土研究工作，在铁路沿线的一些典型地段建立了研究基地，对膨胀土的特性、试验技术、基础理论以及工程处理措施等方面均取得了丰富的资料和成果。如铁道第二勘察设计院开展了“405-1 工程地基膨胀土试验研究(1985 年)、襄渝铁路安康膨胀土研究(1986 年)、裂土基本特性及其在路堤、路堑边坡工程中应用技术条件的研究(1990 年)、裂土路基病害的整治与加固技术(1996 年)、南昆线膨胀岩路基工程试验(1998 年)”等课题研究，多项研究成果获获国家、省(部)级科技成果奖，被先后纳入铁道部铁路特殊岩土地质勘察规范、规程、规定、规则，推动了膨胀土(岩)灾害防治技术的发展。膨胀土地区路基工程主要采取以下技术措施：

1) 基床变形的防治：采用基床部分掺砂或掺土的方法收到了良好的效果。为改变膨胀土的性质，掺入石灰法效果良好。另外，改性灰土桩也是一种有效方法。但是无论采取什么方法，均应注意疏水措施。应用土工合成材料防治膨胀土地区基床变形，其中包括无纺土工织物、土工格室等在理论上和实际工程中都证明是可行的。

2）边坡防护工程：除膨胀土边坡应比一般土质边坡更缓外，防护工程是不可忽视的。浆砌片石护坡和护墙防护效果最佳，植物防护也是一种行之有效的防护形式，灰土护坡、土工网垫、土工纤维护坡也能收到较好效果。

3）边坡的支撑工程：采用边坡支撑渗沟或挡土墙加固膨胀土边坡是保证边坡稳定的有效措施。在膨胀土地区的铁路工程中修建的改性土桩和加筋土挡土墙都获得了成功。

4）膨胀土滑坡整治工程：改性土桩整治膨胀土路堤滑坡效果显著，已在一些工程中应用。由于膨胀土滑坡具有浅层性和多次滑坡的特点，若设挡土墙，可设一级或多级抗滑挡土墙。亦可根据工程具体情况采用抗滑桩。由于抗滑桩工程造价昂贵，应慎重选择或用小型钻孔桩群取代。对于膨胀土滑坡同样应当采取综合整治的原则处理。

### 5.6.2 铁路隧道地质灾害防治技术

（1）铁路隧道设计规范的研究与发展历程

自建国以来，我国制定和颁布了6个版本《铁路隧道设计规范》，其中第二、三、四、五、六版均由铁道第二勘察设计院主编完成。建国之初，我国隧道设计多借鉴前苏联的标准设计。20世纪50年代编制了我国第一批隧道及洞门标准设计。20世纪60年代制定了我国第一个版本《铁路隧道设计规范》，铁道第二勘察设计院编制了全套明洞标准设计，结构计算方法沿用荷载—结构模式。20世纪70年代，随着电子计算机技术的应用推广，计算速度加快，结构设计采用结构矩阵力法分析。1975年颁布了第二个版本《铁路工程技术规范第三篇：隧道》。20世纪80年代，推广采用“新奥法”，以喷锚为初期支护、模筑混凝土为二次衬砌的复合衬砌结构形式，按连续介质有限元计算模型计算。该法于20世纪60年代由铁道第二勘察设计院率先在成昆线利子依达隧道设计中应用。1985年颁布了第三个版本《铁路隧道设计规范》。20世纪90年代，在继续完善衬砌结构设计理论和方法的同时，已全面推行

CAD 辅助设计方法，并进行以结构可靠度设计理论为基础的衬砌结构的研究。1999 年 5 月颁布了第四个版本《铁路隧道设计规范》。随着科学技术的发展，采用和推行以概率理论为基础的极限状态设计法，是当今国内外工程结构设计的必然趋势。2001 年 6 月颁布了第五个版本《铁路隧道设计规范》。2005 年，以可靠度设计理论为基础的第六个版本《铁路隧道设计规范》，已由铁道部批准颁布实施。

我国是多山国家，截止 2006 年底已建成铁路隧道 5 924 座，计 741 027.9 延长米。其中，长度 10 000 m 以上的特长隧道 7 座，长度在 3 000 ～10 000 m 的长隧道 167 座，长度在 500～3 000 m 的中长隧道 1 811 座，长度不足 500 m 的短隧道 3 939 座。7 座万米以上的特长隧道是京广线大瑶山隧道（14 294.5 m），西康线秦岭一线隧道（18 456 m）、二线隧道（18 456 m），宁西线东秦岭隧道（12 268 m），兰新线乌鞘岭左线隧道（20 050 m）、右线隧道（20 050 m），渝怀线圆梁山隧道（11 070 m）。有不少隧道是复杂地质条件下的长大隧道，洞身通过软弱围岩、断裂破碎带以及大量涌水的地层。西南地区已建成运营和正在修建长度大于 3 000 m 的复杂地质隧道有上百座，其中 20 世纪 70 年代建成的以成昆铁路沙木拉达隧道（6 379 m）为代表，20 世纪 90 年代建成的以南昆铁路米花岭隧道（9 300 m）为代表，本世纪初建成的以渝怀铁路圆梁山隧道（11 070 m）为代表，标志着西南铁路隧道勘察设计与施工技术水平发展到了一个新阶段，但与国内外已建成的长隧道相比还有很大差距。

（2）铁路隧道勘察设计与施工技术

我国在铁路建设中综合运用各种科技成果，解决在不良地质条件下，隧道勘察设计与施工中有关岩土工程防灾减灾的一系列难题，积累了大量经验。现阶段，世界先进国家主要在机械、设备规模系列化水平，以及性能方面领先于我们，质量意识和创新意识方面也很值得我们学习。下面分几个方面加以概述。

1）隧道地质综合勘探与施工地质预报的发展

隧道工程特别是长大深埋隧道工程，工程地质和水文地质的勘察发展水平，是体现隧道科技水平和修建能力的重要标志之一，各国都十分重视隧道地质综合勘探手段和技术的研究，如德国、日本近年建设的英法海峡隧道、日本青函隧道以及现正在修建的跨越阿尔卑斯山的新圣哥达隧道和新勒厅堡隧道等都采用开挖面前沿较近距离内的地质超前预报勘察方法。

我国近年发展的隧道地质综合勘探和强化施工地质预报是重要发展趋势，施工阶段及时预报开挖面前沿近距离内围岩变化信息，不但包括已存在的地质现象（静态的），而且包括施工引起的地质变化（动态的），因而更为复杂困难。一般是在平行导坑内实施，也有在隧道本身工作面附近进行。随着地质勘察、施工及组织管理技术水平的提高，20 世纪 70 年代后期，我国在衡广复线上建设 14.3 km大瑶线隧道，实现了能修建 10 km 以上长大隧道新的跨越。进入 20 世纪 90 年代，以西康线翻越秦岭的长 18.5 km 秦岭隧道为标志，隧道地质勘察又上了一个新台阶。兰新复线上的乌鞘岭隧道长20.05 km及石太线上的太行山隧道（27 km），都显示了隧道地质综合勘察水平的进一步提高。主要表现在以下两个方面：

一是广泛推广隧道地质综合勘探，大幅度地提高了前期地质勘察水平。在勘察程序方面增加了初测子阶段，并采用了包括野外地质测绘和多片种的遥感判释，广泛应用大地电磁法、地震波法、高密度电法、钻孔水压致裂地应力测试法、钻孔瓦斯参数测定、微构造地应力分析法、地下水参数数值法，水域地质影像法等综合勘察手段和技术，把各种现代化测试手段与传统地质工作方法相结合，取长补短，互相验证。在宏观上加深了对线路方案决策起控制作用的地质因素的研究，全面查清控制选线的重要地质因素。隧道方案尽量避开活动性断裂带、富水区，隧道走向与地层主应力间交角最佳匹配等。

二是系统开展了隧道施工地质超前预测预报。采用地质测绘和各种物探手段，利用平导先施工，对前期地质勘探提出的如围岩失稳、地应力、岩爆、岩温和热害、岩溶洞穴、涌水突泥、有害矿物与气体异常等重点地段，特别是在深埋无钻孔地段的问题作进一步探测验证和近距离预报，效果良好。西南地区有很多座长大复杂地质隧道，都采用 TSP202 或 TSP203 等探测仪进行施工地质超前预报，有的否定了前期预测的断层，有的预报了前期预测遗漏的洞穴、含水层等，对隧道设计与施工的防灾减灾起到了积极的作用。但总体来说，施工地质超前预报的理论和方法还不够成熟，国内外都需进一步研究与探索。

目前铁路隧道施工单位正在运用上述理论和技术开展施工地质预报工作，为隧道施工防灾减灾积累了经验。20 世纪 70 年代以来，人们梦寐以求的隧道施工地质超前预报工作已卓见成效。

2）铁路隧道围岩分类的发展

围岩分类是地质勘察结果供隧道工程应用的一项重要指标，与隧道工程关系非常密切，不仅用以指导施工，还作为预设计阶段选定支护设计的依据，是控制隧道工程投资的基本指标。近 20 年国际上为隧道提供可借鉴的岩体分类法主要有：岩石质量指标（RQD）、岩体结构分级法（RSR）、岩体质量分级法（地质力学分类 RMR）、Q 法。近年的发展趋势是隧道工程在选择修建原则时，采用新奥法还是挪威法，将取决于岩体状态，对 Q 法提出改进性意见居多。围岩压力计算，也以围岩类别作为重要参数。中国铁路隧道从 20 世纪 50～70 年代广泛采用前苏联的普氏“岩石坚固性系数”分类法，20 世纪 70 年代中期在总结经验并吸取国内外有关成果基础上，建立了从围岩稳定性出发，以围岩结构特征和完整状态为主要指标的分类法。进入 20 世纪 90 年代，以广泛实践为基础，提出了新的围岩分级标准，一方面和国家标准“工程岩体分级标准”接轨，一方面完善了施工阶段围岩分类的判定，采用多变量分析数量化理论方法确定岩级判定系数，现已纳入新的《铁路隧道设计规范》。1998 年开始随着秦岭隧道用 TBM 掘进，出现了不同于钻爆破岩机理与施工条件的围岩分类问题，有待理论结合工程应用来研究解决。

3）信息化动态设计与施工

20 世纪 80 年代，新奥法原理已在国内外铁路隧道建设中开始推广应用，其要点之一是根据隧道开挖后围岩变形状态，通过施工监测所得位移数据评价围岩稳定性，适时施作或调整支护参数，甚至调整施工工艺，以充分发挥围岩自稳能力，使支护和工法获得最佳效果。利用监测数据信息化设计与施工是实现理论与实践相结合的有效方法。变形量测较普遍采用各种收敛计。现阶段日、奥、德等国家较注意设备的量测精度、多功能性、处理集中化方面的发展。量测数据处理方法较常用曲线回归分析，近年来也有用时间序列模型和灰色预测模型作为预测变形发展趋势和施测前发生位移的前推估算。稳定性判据是信息化设计和施工技术的关键，国内外研究较多，有收集大量断面量测数据进行分析，归纳提出以围岩强度—极限应变、收敛位移速率和收敛比等三种判据，也有通过计算机模拟列出几种典型条件下的极限位移范围值。目前还不能认为研究已很完善。信息化设计的另一重要方面是反演分析方法，包括岩体结构模型的假定、参数初值的赋予和根据量测信息反求各种参数，把反演求出的参数对原设计进行修改或验证。

20 世纪 90 年代以来，西南铁路隧道已广泛应用新奥法原理设计与施工。铁道第二勘察设计院 1995 年编写了《铁路隧道新奥法指南》，对推进新奥法设计与施工起了重要作用。一些长大复杂地质隧道的建设，采用了信息化动态设计与施工方法。如南昆线家竹箐隧道、渝怀线圆梁山隧道、西康线秦岭隧道、兰武复线乌鞘岭隧道等长大复杂地质隧道，都实施了监测变形数据的信息化动态设计与施工，取得良好效果。但反演分析方法目前只在少数重点隧道特殊不良地质地段应用，有待进一步研究与发展，提高信息化设计与施工水平。

4）铁路隧道可靠度设计的发展

目前地面结构大都以可靠度指标表征的概率极限状态设计。岩土和地下工程可靠度设计被认为是难度较大的工作。日、俄等国有这方面的探索和数据积累。中国铁路在 20 世纪 80 年代开始对隧道可靠度设计进行酝酿准备，20 世纪 90 年代初立项开展“按可靠度理论修建隧道设计规范的可行性研究”，以“荷载—结构”模式为突破口，先转轨后提高，针对目前仍大量采用按传统矿山法施工的模注混凝土整体式衬砌，按通用广义抗力 $R$ 和广义效应 $SA$ 建立功能函数进行概率极限状态设计。在此基础上又继续分别对“深埋隧道荷载统计特征”、“隧道素混凝土偏心构件抗压强度统计特征及抗力计算公式”和“铁路隧道衬砌几何尺寸变异结构可靠度分析”等五个子课题研究并取得成果。1999 年 5 月修订颁布的第四个版本《铁路隧道设计规范》吸取了这些成果，对模注混凝土衬砌检算建立了隐含目标可靠指标，以分项系数表达的概率极限状态设计公式。2005 年，以可靠度设计理论为基础的第六个版本《铁路隧道设计规范》已颁布实施。

(3) 不良地质条件下修建铁路隧道的实践

隧道地质灾害主要发生在不良地质条件下，主要包括断层破碎带、岩溶、涌水、岩爆、瓦斯、软岩大变形、地下泥石流、风积沙层、黄土等类别。治理方法上虽不相同，但基本上都按照首先在查清地质基础上，以改善围岩自稳定和强化支护系统（多属超前支护范畴）相结合的原则，研究开发采用了一系列适用的设计施工技术。现列举几个较典型的实例如下：

1) 软弱围岩大变形隧道

青藏线关角隧道、宝中线大寨岭隧道、南昆线家竹箐隧道、兰新线乌鞘岭隧道等在施工中都出现支护大变形，原因各不相同，工程措施也有差别。关角隧道主要因泥质片岩遇水膨胀，底鼓 30 cm 以上而中断行车。整治是加做强大的钢筋混凝土仰拱，把整体道床变为宽轨枕，经运营 20 多年考验未再发生大变形。

西南地区 20 世纪 90 年代建成的家竹箐隧道，喷混凝土洞壁变位高达 80～100 cm，在中国铁路隧道建设中罕见。铁道第二勘察设计院在有关高校及科研、施工单位的协作下，开展了“高地应力软岩隧道变形与支护技术研究”。研究认为：埋深大或地质构造运动强烈，围岩中产生了高地应力，若此时围岩强度低则可能出现大变形，反之可能发生岩爆。本隧道的应力比（地应力与围岩抗压强度之比)在30左右,是产生大变形的主要原因。治理的原则是"加固围岩,改善洞形,先柔后刚,先放后抗,变形留够,底部加强",就是开挖后对高地应力不能立足于硬抗,要有控制地把它逐渐释放。加固围岩主要是设置长锚杆,根据实测和弹—黏—塑性分析,锚杆长取8m以上;对窄而高的单线铁路隧道衬砌加大其边墙曲率以接近圆形;支护分层施作,先做柔性较大支护力也强的喷锚,包括钢纤维混凝土和可缩刚架,并预留40～50cm净空,以利变形释放应力,而不侵入限界,然后再做刚性较大的钢筋混凝土衬砌,并封闭成环,隧底加设部分长锚杆防止底部隆起。通过这座大变形隧道的修建,在理论和设计、施工技术上提高了一步,但距国外先进水平还有一定差距。

2）煤系地层瓦斯隧道

煤层瓦斯对铁路工程的危害和威胁,主要反映在铁路瓦斯隧道的施工和运营中。铁道第二勘察设计院在20世纪50～60年代贵昆、盘西、羊场等干、支线铁路建设中,即已多次接触瓦斯隧道,其中贵昆线岩脚寨隧道施工中还曾发生过瓦斯爆炸的重大伤亡事故。由于当时经验不足,有关技术规范不尽完善,对瓦斯隧道的勘察,较长时间停留在以划分隧道所通过之煤系地层为主的工作上。20世纪80年代后期,铁道第二勘察设计院在成渝高速公路中梁山隧道地质勘察中,通过收集资料和委托煤炭有关单位咨询,提出了隧道邻近煤层的主要瓦斯参数,并划分了瓦斯设防段落。

1990年初,在南昆铁路部分地段通过瓦斯区的家竹箐隧道勘察中,铁道第二勘察设计院在煤炭专业单位咨询协作下,首次参照煤田勘探方法和瓦斯地质理论,开展了隧道煤层瓦斯勘察。通过充分收集既有井田和邻近矿井资料,安排大面积地质调绘和控制性钻孔,基本查明了家竹箐隧道瓦斯压力达1.2～1.5MPa。经计算分析,提出主要煤层的空间分布、各煤层主要瓦斯参数和煤与瓦斯突出危险性评价,并详细说明各主要煤层特征,对比标志及顶、底板特征,满足了设计之需,对施工揭煤、瓦斯和突出的防治,起到了有针对性的指导作用。与此同时,通过学习煤矿经验并结合铁路隧道特点,铁道第二勘察设计院与相关单位合作开展了“瓦斯隧道安全施工监测管理技术”及“瓦斯长隧道运营防灾技术”等的研究,现已摸索出揭煤前的安全操作、有关判释指标、排放瓦斯办法及一整套施工机械配备模式,基本形成了建设铁路瓦斯隧道的标准和办法。

继家竹箐隧道之后,又在内昆、达万等多座瓦斯隧道开展了这一工作。通过上述工作中的探索,总结了一套铁路瓦斯隧道地质勘察基本工作方法,并举办了“铁路瓦斯地质勘察培训班”,编写了《瓦斯地质基本知识》等资料,为进一步开展并完善瓦斯隧道勘察奠定了基础。

3) 岩溶洞穴与涌水突泥隧道

岩溶对修建隧道的影响及危害主要表现在两方面:一是隐伏岩溶形态,特别是隐伏洞穴对隧道稳定性的影响;二是岩溶涌水、突泥对隧道施工造成危害。西南地区铁路长大隧道工程中,岩溶隧道几乎都发生过突发性的涌水、突泥灾害。如20世纪90年代以来建成的南昆线新桥隧道、砂锅寨2号隧道,渝怀线圆梁山隧道、武龙隧道,株六复线大竹林隧道、花苗隧道,水柏线何家寨隧道、新寨2号隧道,遂渝线桐子林隧道等,施工中都发生了严重的涌水、突泥灾害,曾给工程造成重大经济损失。

隧道工程中对岩溶水常采取截流、排水、围堰拦截和注浆堵水等措施处理;对岩溶洞穴采取跨越、加固、绕避等措施处理;对松散洞穴堆积物采取换填、压浆、旋喷桩等措施处理。

对于隧道涌水的预测,常用水均衡法、水动力学法、比拟法、井泉补给法、注地法等多种方法,国内外积累了较多资料。但由于各种方法均适用于一定的水文地质条件,尚未形成配套技术,隧道涌水预测的准确度较差,今后还应加强隧道涌水预测预报技术的开发与研究。

4) 膨胀性围岩隧道

膨胀岩与膨胀土的性质类似,主要表现为失水收缩开裂,吸水膨胀软化，反复变形与强度大幅度衰减等特征。对隧道工程的危害很大，主要表现为隧道衬砌开裂、掉块、边墙内鼓、仰拱隆起等，如某铁路线上的崔家沟隧道及南昆铁路车湾 2 号隧道的衬砌结构遭受了严重破坏。南昆铁路车湾 2 号隧道经过三叠系泥岩地段，自由膨胀率 14.5%～35%，膨胀压力 0.6～2.0 MPa，隧道开挖后，洞室变形增大，曲墙仰拱衬砌开裂，拱顶贯通性裂缝错距达 25 cm，衬砌周边收缩变形 40 cm，底鼓 24 cm，造成 158 mⅢ类曲墙仰拱混凝土衬砌结构遭受严重破坏，反映出隧道衬砌承受了极大的围岩膨胀压力。采取下列措施处理效果良好：临时支护采取拆除已破坏衬砌前，对衬砌背后进行全环花管高压注浆，固结围岩，充填围岩空隙，堵截地下水。既有衬砌拆除扩挖后，围岩表层喷 200 号混凝土支护。永久衬砌采用曲墙带仰拱全封闭式马蹄形钢筋混凝土断面；衬砌边墙墙背设消能层，以吸收围岩膨胀能量；改善仰拱受力条件，提高仰拱的矢跨比 f；预留衬砌净空富余量 20 cm。

车湾 2 号隧道的成功建成，加深了对膨胀性围岩特性的认识。对膨胀岩隧道应遵循“先柔后刚、先放后抗”的原则，开挖预留富余量，提高衬砌刚度，设全封闭式钢筋混凝土衬砌，衬砌背后设消能层，以释放围岩膨胀压力。

目前，膨胀岩的理论研究尚不成熟，随着我国隧道工程建设的发展，将会日臻完善，膨胀岩隧道工程必将被人们认识与掌握。

5）高烈度地震区隧道

高烈度地震对不良地质条件下地下工程的危害较大。如 1906 年旧金山 8.3 级地震，使奈特 1 号铁路隧洞水平错位 1.37 m；1930 年日本伊豆半岛 7.0 级地震，使丹那断层活动，引起丹那铁路隧道水平错位 2.39m 和竖向错动 0.6m；1952 年美国克恩县7.6 级地震，使位于白狼断层破碎带的 4 座铁路隧道，有的边墙扭曲变形，有的地面出现大裂缝和洞穴穿透等严重破坏，均需改建或重建；1971 年美国圣佛南多 6.4 级地震，使穿越塞尔玛断层的圣佛南多铁路隧道竖向错位 2.29 m。而其他地质条件较好的隧道，在强震作用下，绝大多数仅有混凝土掉块、破碎、裂缝等轻微破坏或无破坏。如 1923 年日本东京 7.9 级地震，距震中很近的 24 座铁路隧道除滑坡造成部分洞口埋没、洞口被损坏等较严重破坏外，震动仅造成拱部和边墙坍落、衬砌裂缝和错动、洞口砖石墙碎裂等轻度破坏。1978 年日本伊豆半岛 7.0 级地震，引起滑坡崩塌，造成部分铁路隧道和公路隧洞洞口被埋没。1976 年唐山 7.8 级地震，极震区的地面建筑几乎损失殆尽，而不同埋深（最深达 1 000 m 左右）的井巷工程、人防工程，由于分布广，延伸长，结构形式复杂，绝大多数仅受到轻度破坏，稍加修复就能使用。1985 年墨西哥 8.1 级地震，使远离震中 400 km 软弱地带的墨西哥城的地面建筑破坏惨重，而处于软弱层中的地铁只有混凝土剥落、裂缝等轻微破坏。美国加州是多震地区，一般 10 年左右发生一次破坏性地震。该区的中央河谷、加利福尼亚、科罗拉多等调水工程多处穿越活断层，特别是加利福尼亚调水工程南段，沿圣安德烈斯断层展布并数次穿越。另外，还有数百条合计总长数百公里的交通隧洞，除 1906、1952、1971 年等几次地震使少数不良地质地段的隧洞遭受严重破坏需改建或重建外，其余均未受到大的破坏。

地震区的隧道不一定完全处在不良地质中，从加强支护衬砌并作特殊处理的观点出发，也可算作一种特殊类隧道，若处在不良地质条件下，则尤其突出。长期以来，地震区铁路隧道延用的是 40 年以前惯性力法为基础的技术标准。建设南昆线时，有 200 km 通过地震区，其中Ⅷ、Ⅸ度地震地段达 87 km，需进行地震设防的隧道多达 56 座。因此结合工程建设，从波动理论出发，根据结构动力学振动原理，考虑地震波的性质，以及隧道结构的振动特性和围岩对隧道振动的阻尼作用等因素，研究提出了可分别对面波（瑞利波）、体波（P 波、S 波）的似静力数值计算法，编制了可在微机上运行的三维空间动力有限元计算程序，还做了 1∶50 模型，以重晶石粉、细粒石英砂、凡士林配合模拟不同围岩，用 450 型 NM 结构试验系统及其伺服千斤顶给振动台施加地震力，与有限元分析校核验证，取得了较好一致性。由铁道第二勘察设计院率先主持的“南昆铁路Ⅷ、Ⅸ度地震区隧道洞口及浅埋大跨新结构设计试验研究”，在设计理论方面，提出了可分别考虑面波、体波(P 波、S 波)的动力法抗震检算方法；在结构上提出了薄壁柔性衬砌、曲墙式明洞、斜切伸出式洞口和洞身设抗震缝等；在抗震材料上，提出以钢纤维混凝土为主体的隧道抗震材料；并在重视纵向抗震检算并设置横向抗震缝以减少纵向应力等方面也取得了较好成果。位于Ⅷ、Ⅸ度地震区的二排坡隧道、乐善村双线大跨度隧道的建成，把铁路隧道的抗震设计水平向前推进了一步。近年来，南昆铁路隧道抗震设计的科研成果，已被广泛推广应用于西南地区的内昆、沾昆、玉蒙、大丽等铁路高烈度地震区隧道的设计与建设。铁道第二勘察设计院还编制了Ⅶ～Ⅸ度地震区隧道标准图或参考图，为高烈度地震区隧道的设计提供了便利条件。

## 5.7 西南铁路工程地质的经验与体会

建国以来，我国铁路建设取得了伟大成就，特别是过去交通梗塞的西南地区，先后建成了成渝、宝成、成昆、襄渝、川黔、湘黔、贵昆、南防、钦北、黎湛、黎南、湘桂、粤海、南昆、内昆、水柏、达成、达万、广大、渝怀、遂渝、青藏等铁路干线，为改善我国铁路网布局和西南地区的交通条件起到了积极作用。上述铁路绝大多数修建在地形地质条件十分复杂的山岳地带。在勘察过程中，工程地质工作占有特殊重要的地位。总结建国以来西南铁路新线工程地质工作，主要有以下经验与体会：

(1) 山岳地带铁路选线，很大程度上受工程地质条件的制约。因此在草测或初测阶段，必须加强区域工程地质的调查研究，充分掌握沿线工程地质特征和不良地质现象的分布与发展规律，预见各地段可能发生的工程地质问题，作出准确的判断，为选定最好的线路方案提供可靠的依据。因此，必须严格遵守勘测程序，防止在定测阶段再发生由于地质问题造成严重的改线事件。因而在草测或初测阶段，必须适当扩大调查范围，沿河线路要做好两岸的地质工作，才能做到“坏中求好，好中查坏”，保证线路从工程地质条件较好的部位通过，以防隐患。

(2) 任何复杂的地质现象，只要进行认真调查，是能掌握其客观规律的。因此对地质不良地段，必须在查明问题特性的基础上，根据其规模、性质和危害程度的不同，因地制宜的研究处理办法，或采取绕避，或进行治理，做到绕有比较，治有措施。但任何线路方案或大型建筑设计方案的确定，除地质条件外，需要考虑的因素很多。因此，地质人员应当与线路、路基、桥隧、站场等各方面的工程设计人员密切配合，共同协商，根据不同的地质条件，研究线路的局部调整，或进行大型建筑设计方案的比较。例如左岸方案与右岸方案的比较，长隧与短隧比较，路堑方案与隧道方案的比较，桥梁方案与路堤方案的比较，明洞方案与支挡结构方案的比较等等，都要根据工程地质条件，结合技术、经济条件与施工条件等因素，分析其优缺点，才能最后确定一个比较合理的方案。因此在勘察阶段，对地质复杂地段应开展加深地质工作，并组织包括各类专业人员的联合工作组，到现场共同进行调查研究，就地商定线路调整方案或大型建筑设计方案，可以取得良好的效果。

(3) 我国幅员广阔，各地区存在的工程地质问题互不相同。如西北地区的黄土、盐土、沙漠、高原沼泽、冻土问题，西南地区的岩溶、涌水突泥、有害气体、膨胀土(岩)、含盐地层问题，中南地区的风化壳问题，以及山岳地带的崩塌、滑坡、泥石流及新构造运动与地震、高地应力问题等，都需要系统地认真总结经验，并进一步深入研究。对规划建设的西南地区的铁路干线，包括兰渝线，滇藏线，云南西南部的东、中、西国际铁路等铁路干线方案的比选，都应及早进行大面积的区域工程地质调查，并进行重大工程地质问题专题研究，对今后修建创造有利条件。

(4) 建国 50 多年来，不论是新建铁路或运营铁路，仍然经常由于暴雨或其他自然的或人为的原因，不同程度地造成各类地质病害，威胁线路的安全，或直接影响铁路的正常运营。因此除新线建设要特别重视工程地质选线外，必须加强已建铁路沿线可疑地段的巡视检查，重视病害工程的勘察整治与线路的合理调整，对山岳地带要特别注意老滑坡的复活和新滑坡的产生，布置重点地段山坡变形的动态观测，并对滑坡的防治进行专题研究。

(5) 西南地区地域辽阔，山川河湖，景观绚丽。地形地质条件复杂，新构造运动强烈，生态环境脆弱，各种地质灾害频繁而严重。自建国以来，在区内已建成或在建的数十条铁路中，曾遇到和解决了大量崩塌、滑坡、泥石流、岩溶、水害、有害气体、软土、膨胀土(岩)、高地应力等各种各样的工程地质问题。为探明各条铁路所经地段的地质情况，广大铁路工程地质工作者历经千辛万苦，跋山涉水，冒严寒酷暑，踏遍西南山川，克服困难，勇往直前，解决了一个又一个的地质难题，积累了宝贵的经验。对自然界的认识不断深化，并采用各种先进的勘探、测试手段，使工程地质勘察成果的质量不断提高，为铁路线路方案选择提供可靠的地质依据，为铁路路基、桥梁、隧道、房屋设计搜集了可靠的地质资料，提出了确切的评价、数据和工程措施，在祖国的铁路建设事业中建立了丰功伟绩。时代在前进，铁路在发展，西南铁路工程地质工作任重道远，更突出的成就有待一代又一代的铁路工程地质工作者去创造，深信未来我国西南铁路工程地质工作一定会迎来更加辉煌的明天。

## 5.8 西南铁路工程地质展望

展望21世纪，随着我国西部大开发战略的实施，西南地区未来将要建设上万公里的铁路干线和支线，成为中国铁路网的重要组成部分。预计西南铁路工程地质技术将在以下方面得到很大的发展。

(1) 多片种、多光谱遥感图像解译技术的应用与研究；

(2) 综合物探与钻孔综合测井技术的应用与研究；

(3) 工程地质综合勘探技术的应用与研究；

(4) 区域活动断裂、地震、构造应力场研究；

(5) 区域稳定性评价与综合地质选线研究；

(6) 工程岩体高边坡稳定性评价研究;

(7) 膨胀土(岩)工程地质特性研究;

(8) 崩塌、滑坡、泥石流预测预报研究;

(9) 长大深埋隧道地质灾害预测预报研究;

(10) 高墩大跨桥梁地基与高陡岸坡稳定性研究;

(11) 地质图件编制智能化及勘测设计一体化;

(12) 岩土工程施工监测与工程质量检测;

(13) 工程地质与地质工程协同发展。

铁路工程建设涉及到各种各样的岩土工程地质问题,随着铁路建设的进一步发展,必然还会遇到一些新的问题,还需要一代又一代的地质工作者继续努力,为我国铁路交通现代化建设作出更大的贡献。

# 第6章　西南铁路重大工程地质勘察实例

本章介绍西南地区具有典型代表性的穿越“地质博物馆”的宝成铁路、成昆铁路、南昆铁路、滇藏铁路、玉蒙铁路5条铁路干线的工程地质勘察成果实例。

## 6.1 宝成铁路工程地质勘察

### 6.1.1 线路概况

宝成铁路北连陇海线之宝鸡，南接成渝铁路于成都。途经双石铺、略阳、广元、绵阳等城镇，跨陕、甘、川三省19个县市，全长668 km。早在1913年，北洋军阀统治时期就倡议从山西大同至四川成都修筑同成铁路，国民党政府从1936～1948年又进行了多次勘测比选，终因工程浩大未果。新中国成立后，在成渝铁路通车的同时，遵照毛主席“继续努力修筑天成铁路”的指示，开始了宝成铁路的勘测设计，并于1952年从成都破土动工兴建，1957年建成通车。

(1) 线路主要技术标准

宝成铁路成都至略阳段，1950年采用当时铁道部颁《铁路建筑规程(草案)》中的二级铁路标准。1952年《蒸汽机车单线铁路设计规程(草案)》公布后，技术设计竖曲线改按新标准采用了圆曲线。1953年底，宝鸡至凤州段采用电气化，除宝鸡至秦岭段采用30‰电力双机坡和按前苏联1953年颁布的《标准轨距新建铁路设计技术标准》布置分界点外，其余均不变。本线各段线路主要技术标准见表6.1。

**表 6.1 宝成铁路各段线路主要技术标准**

<table>
<tr><td colspan="2">技术项目</td><td>宝鸡—凤州</td><td>凤州—略阳</td><td>略阳—绵阳</td><td>绵阳—成都</td></tr>
<tr><td colspan="2">区间最小曲线半径(m)</td><td colspan="4">300</td></tr>
<tr><td rowspan="2">限制坡度</td><td>单机(‰)</td><td colspan="4">12</td></tr>
<tr><td>双机(‰)</td><td>30</td><td>/</td><td>20</td><td>/</td></tr>
<tr><td colspan="2">站内最大坡度(‰)</td><td colspan="4">2.5</td></tr>
<tr><td colspan="2">初期车站到发线有效长度(m)</td><td colspan="4">560</td></tr>
<tr><td colspan="2">车站到发线预留长度(m)</td><td colspan="2">700</td><td colspan="2">/</td></tr>
</table>

(2) 工 程 简 况

桥涵:全线共设桥涵 1 999 座,平均每公里 3 座,总长 27.79 km,约占线路总长度的 4.2%,其中大中桥 161 座,总长 14.97 km。

隧道:全线设隧道 304 座,总长 84.428 km(包括单独明洞 50 座,4.81 km;接长明洞 127 座,3.77 km)占线路总长的 12.64%;大于 500 m 的长隧道有 46 座,长 40.48 km;大于 1 000 m 的隧道有荷叶坝、恩奇石、阳平关、八庙沟、会龙场等。

路基工程:全线 80% 以上的路基工程大部分位处山岳地区,或为崇山峻岭、奇峰高耸、峡谷深陷,或紧邻急流险滩、陡崖壁立,河道蜿蜒,地形起伏剧烈,地质构造复杂,著名的秦岭地槽,其不稳定性为世人瞩目。沿线地层岩性繁杂,风化严重,岩石碎散,不良地质发育。据不完全统计,沿线分布较大滑坡 76 处,崩塌 337 处,河岸冲刷 90 处,以及危岩、落石、风化剥落、顺层等路基病害。路基土石方 600 余万立方米,圬工 50 余万立方米。

站场:全线设车站 76 个,平均站间距 8.91 km。其中宝鸡(成都枢纽除外)为联机枢纽站,略阳、马角坝为机务基本段,凤州、广元、绵阳为机务折返段,其余中间站 33 个,会让站 36 个。

### 6.1.2 工程地质条件

越岭地段:宝成线横穿秦岭和大巴山、龙门山两大山脉。秦岭自古为川陕交通的屏障,东西向延展,南北宽 200 余公里,是黄河、长江两大水系的分水岭。北坡流入黄河的较大支流渭河、清姜河，多沿陷落地堑发育，河谷狭窄，纵坡陡，水流急，岸坡陡峭；南坡注入长江的最大支流——嘉陵江，大部分河段为峡谷地貌，宽 30～50 m，迂迴曲折，水流湍急，河岸旁蚀、下切强烈，如灵官峡、八庙沟、清风峡、明月峡等，仅局部地段河谷宽坦，冲积台地发育。须家河至广元段为宽谷，河床宽阔，纵坡亦缓。

秦岭地区构造运动十分活跃，以造山运动为主，地层以太古、远古代花岗岩及片麻岩系为主，常夹云母片岩及角闪片岩，并穿插伟晶岩脉等，岩质坚硬。由于受强烈造山运动的影响，区内断层极为发育，节理裂隙密集，岩石破碎，沟谷深切，冲刷严重，风化剧烈，山坡不稳。

沿线汇入嘉陵江之溪流甚多，较大者有永宁河、青泥河、西汉河、东素河、安乐河、白水河等，沟槽陡，纵坡大。嘉陵江两岸出露地层比较齐全，从白垩纪至寒武纪的地层几乎均有分布，岩性复杂，有石灰岩、砾岩、砂岩、泥岩、页岩、片岩、片麻岩、板岩、千枚岩等，地质条件非常复杂，受大巴山、龙门山多期次构造运动的影响，褶皱、断裂纵横交错，节理裂隙发育。水文地质条件复杂，河流沿岸不良地质发育类型多，尤其是滑坡、崩塌、危岩、落石最为普遍。

由于沿线地形地质复杂，线路横穿秦岭、大巴山、龙门山，约有 80％的地段位于崇山峻岭或绝壁峡谷中。线路起点从宝鸡出发，过渭河溯清姜河盘旋于崇山峻岭之中。左右迂迴展线，以三个马蹄形、一个螺旋形穿越秦岭垭口，沿嘉陵江蜿蜒于峭壁峡谷中，经略阳抵广元。略阳以北，为绕避不良地质，线路先后几次跨越嘉陵江；略阳以南，除在燕子砭附近两跨嘉陵江走左岸外，余均走行在右岸。过广元跨白水河沿其支流清江而上，越过龙场分水岭进入涪江流域，再转沱江流域达成都平原。

### 6.1.3 工程地质勘察组织和方法

宝成铁路是根据实际情况分段边勘测、边设计、边施工修建的，情况非常复杂。

1952 年以前，工程地质工作无一定的技术要求和工作程序，地质技术人员奇缺，勘探设备很少，初步设计基本上在没有地质资料的情况下进行，设计文件质量不高。1952 年以后，地质工作的重要性得到各级领导的重视，工程地质队伍得以迅速扩大和发展，机具设备得到了充实。

1952 年，全线仅有机动、人力钻机各 1 部，共钻探 11 孔 380 m。1952 年底，地质部派员协助，由 3 名地质工程师组成一支工程地质队，作了宝鸡至白水江段工程地质调查，提出了初勘工程地质简报及 1∶250 000 工程地质略图，并对宝鸡至秦岭段公路南、北两线工程地质选线提出了评价意见，这些资料虽然只相当于草测阶段的精度，但对 1953 年及其以后的地质工作具有重要的指导意义。

在宝略段初步设计因无地质资料而作的重新初测中，经多方筹措，勉强组成了 3 个地质分队，每个分队配备机动钻机 2 部，人力钻机 3 部，地质调绘工作因地质人员缺乏仍未能与选线配合。

1953 年 9 月，苏联地质专家到现场指导，规定了初测阶段地质工作内容，明确了地质勘察的程序和目标。之后，由于工作量太大，又从水利部调进钻机 10 部，地质人员最多时达 70 余人，在勘测队开始成立地质组，由 1 名地质工程师负责。编制了《新建铁路工程地质勘测细则》初稿，作为工程地质工作的指南和依据。

1954 年仅宝略段定测单独设计工点多达 1 910 个(见表 6.2)其工程地质工作量很大。

**表 6.2　宝略段定测单独设计工点表**

| 工程类别 | 路基 | | | 不良地质 | 隧道 | 小桥涵 | 大中桥 | 车站 | 防护 | | | 改河 | 改沟 | 其他 | 小计 |
|---|---|---|---|---|---|---|---|---|---|---|---|---|---|---|---|
| | 高填 | 深挖 | 陡坡 | | | | | | 挡墙 | 护坡 | 护墙 | | | | |
| 单位 | 处 | 处 | 处 | 处 | 座 | 座 | 座 | 个 | 处 | 处 | 处 | 处 | 处 | 处 | 处 |
| 完成数量(正线) | 80 | 258 | 73 | 24 | 131 | 378 | 39 | 23 | 101 | 87 | 1 | 16 | 11 | 75 | 1 297 |
| 完成数量(比较线) | 42 | 148 | 25 | 8 | 101 | 159 | 27 | 9 | 54 | 25 | / | 4 | 4 | 7 | 613 |

1955～1956 年间，路基工程陆续发现不良地质 300 余处，包

括滑坡、崩塌、危岩、落石、河岸冲刷等，并逐一进行了地质勘察，对提高设计质量起到了重要的作用。

地质勘探使用了钻探、坑探、洞探及电法（物探）勘探等方法。1954年在地质部的支援下，成立了第一个电探组。外业地质勘察组织形式采用与线路测量组合的综合勘测队，按草测、初测、定测的勘测程序进行。在大面积地质调绘的基础上，布置勘探工作。对地震基本烈度、建筑材料、给水水源困难以及水文地质条件复杂的工点，组建地质组进行专门调查。

### 6.1.4 山岳区河谷选线的成功范例

宝成铁路所经地区80%以上是山岳区，仅成都附近为江河交织的平原。线路多沿河谷行进，跨越的分水岭大者有秦岭、大巴山、龙门山，小者有杜家岭、王家大山等。

平原地区选线往往受控于经济据点或大河桥渡，在荒山僻岭里则多为地形地质复杂程度所制约，应选用较宽大的河流和较低的垭口，再结合地形、地质、水文等情况及运量的要求，选择合理的限制坡度和建筑物类型。在秦岭以北地区，选用了线路左右80km内的最低垭口和最宽大的清姜河河谷，秦岭以南则顺着嘉陵江河谷南下直抵广元。

(1) 采用河谷线越岭展线

1) 选用较宽大而纵坡较缓的河流。以宝略段选线而论，穿越秦岭是北段选线的关键，线路方向取决于越秦岭的垭口位置和选用越岭展线及引线的主要河流，因此选用清姜河是正确的。该河纵坡15‰～60‰，可与30‰的加力坡相配合，并结合不同的展线形式，多定台地线少定山坡线，以减少病害和工程量。

2) 选择不良地质地段较少而且易处理的河流，曾经定测的天水至略阳段，沿西汉水的礼县线虽具有纵坡缓、河谷宽大的优点，但因有40km严重不良地质地段不能克服而放弃。秦岭以北的线路行进在清姜河谷地堑断层堆积带中，地质条件虽然亦不算好，但不严重，是可以处理的。

3）争取利用台地，尽量使路基标高接近河床，工程数量较少，病害也易处理。沿河线宜低不宜高，线位高必然使挖多填少造成高边坡及由此而引起各种边坡失稳的病害或隐患。宝略段沿河线路除争取高度外，一般仅略高于计算300年周期洪水位，这样在许多不良地质发育地段就可以不挖或少挖山坡，节省了工程费用。

4）在同一山坡线路重叠时，应对上线弃渣进行适当处置，增大下线桥涵孔径，预防造成人为泥石流灾害。

5）利用河谷越岭展线应先选择站场位置，后再考虑站间展线是正确的。宝秦段的杨家湾、观音山、青石崖是唯一勉强够设站条件的地点，其标高控制了前后线路展线形式。

（2）嘉陵江河谷选线

1）沿河线路应根据两岸地形地质条件进行技术经济比较，避重就轻，充分利用有利的一岸，不怕过河多。秦岭—凤州—略阳间线路7次跨嘉陵江，略阳至广元间两跨嘉陵江，就是为了选择地形地质条件有利的一岸，充分运用河谷选线的便利条件，虽然过河次数多，但技术经济合理。如2号、3号桥间是为了避开左岸切割严重的山坡。该山坡片麻岩、花岗岩错综穿插，岩石风化破碎，普遍发育危岩、落石，地下水发育以及河岸受强烈冲刷等诸多不利因素，而右岸冲积台地宽大，岸坡稳定，无不良地质。线路除一短隧道外，一般均在台地上填筑2～3 m路堤，基底稳定。4号、5号桥间同样是避开左岸的陡壁，高达40余米的变质石灰岩、大理岩以及千枚岩的山坡上发育多处滑坡、崩塌等病害。右岸黄土台地发育，陡坡少，有适宜的设站位置。实践证明，宝成线11次跨越嘉陵江的选线理念和原则是合理的、正确的。

2）狭窄深谷地段，河道迂迴，采用长隧方案较经济合理。山区峡谷地带的河流，湾多水急，坡岸稳定性差，不良地质发育，线路若沿河迂迴，不但线路长、标准低（曲线半径小）高填、深挖、陡坡路基多，易出现短隧道群及滑坡、崩塌等不良地质病害，导致工程造价大幅上扬。因此，应结合沿河地质环境和工程分布情况，经综合技术经济比较后决定取舍。宝略段桃园、站儿巷、庙儿垭、禅觉寺及广略段八庙沟、阳平关等选用长隧方案，取得很好效果。局部地段因开挖边坡失稳，已作接长或改建明洞处理。

3) 站场的布置和选择不是机械的套用 36 min 的规定，而是根据站场内不良地质类型、规模、危害程度等采取避大就小和保证通过能力的原则。对绕避确有困难者，亦是在查明不良地质和提高危害程度认识的基础上加强工程措施处理。

### 6.1.5 主要工程地质问题

宝成线是新中国建立初期修筑的铁路长大干线中山岳区所占比重最大，地形地质条件最为复杂的铁路之一。略广段 1955 年雨季施工，曾发生一夜塌方 53 处，年底统计共出现 445 处病害工点，其中大型崩塌 70 余处，如上官铺、谈家庄、白水江等多处大型崩塌、滑坡。截止 1957 年(1955～1957 年)斜坡、边坡变形病害工点达 2 136 处，其中滑坡 76 处，崩塌、塌方 337 处，危岩、落石 34 处，以西坡、谈家庄、高家坪、黄龙咀、白水江、马蹄湾、置口、横现河、云峻山、王家沱、清白石、杜家坝、成家坝、任家沟、大滩、熊家河、冉家河等 17 处崩塌、滑坡最为严重。为研究和查明一些重大复杂地质病害的成因、发育特征和危害程度，建立了观测网(站)。1957 年铁道部成立了“宝成线崩塌、滑坡科学研究组”，进行了较长时间的观测研究。对严重危害线路安全的崩塌、滑坡等不良地质的对策，首先是选择线路外移，跨河绕避或线路内移作隧道避开。在整治 K391～K496 长约 97 km 区段的崩塌、滑坡工点中，改移线路 22 处，长 12.4 km，共计缩短线路 0.93 km，增加挡土墙 330 m，在很大程度上减轻了病害的危害。当绕避确无条件或经济技术比较绕避不合理时，一般选择抗滑挡土墙、落石坑、拦石墙、钢轨栅拦、明洞、棚洞等，并辅以刷方、支顶、嵌补和排水等措施处理，取得很大成效。

### 6.1.6 不良地质工点处治实例

(1) 百米标 1 538＋85～1 576＋35 崩塌

该段崩塌位于嘉陵江右岸，江道先东西后南北走向与秦岭山脉走向先一致后垂直，是区域地质最复杂、最脆弱的区段，山坡陡峻，断层发育，高出水面约100 m有一宽20～30 m的缓坡地带，表层为3～9 m的碎、块石堆积，上下部坡度35°～50°，山坡上自然沟谷多顺直，植被一般，基岩为泥盆纪破碎板岩与页岩互层。层面背向线路，倾角45°。受断层和褶曲影响，节理发育，常见三组，其中一组倾向线路的节理（倾角65°）对边坡的稳定性最不利，坡面上常见小断层，褶曲和岩脉穿插，岩体被切割得支离破碎，从地形地貌、地质构造、地层岩性、河岸冲刷等方面具备了可能发生大型崩塌的地质条件，1956年雨季诱发大规模崩塌。经过河作两桥一隧与内移作长隧方案比较，均因投资太大不合理而决定原地整治，在长1 185 m范围内，分14段采取不同工程措施进行治理，基本消灭了病害。

百米标1 540＋31～1 567＋90段的崩塌最为严重，1956年6月6日、6月12日及8月2日，先后崩塌三次，有3 000 $m^3$、20 000 $m^3$、170 000 $m^3$，崩塌面积达25 000 $m^2$，崩塌顶高出路基面143 m，崩塌顶以上裸露基岩高约85 m就是山顶，岩壁上岩石破碎，崩塌存在继续向上发展之趋势，对施工和行车安全构成巨大威胁。经调查，发现变形范围其下限在路基面以上10 m左右，路基附近岩体较完整，且稳定性较好，遂决定修建明洞。次年雨季又发生崩塌50 000 $m^3$及三次较小规模的塌方1 700 $m^3$，上部岩体仍有崩塌之可能，明洞顶上采取加厚回填按1∶1.5一坡到底，将明洞掩埋成暗洞，以免砸坏洞身。

百米标1 574＋45～1 575＋05段为崩塌式滑坡地段，地处两沟之间，堑顶山坡45°～50°，基岩为灰质板岩夹页岩，页岩受沟水浸润已风化呈土状。1957年6月15日及22日先后发生破碎岩层顺节理方向崩塌式滑坡8 000 $m^3$及300 $m^3$。滑体上宽40 m，下宽60 m，高66 m，滑体厚12 m。地表发现5条裂缝，裂缝宽0.6～0.7 m，并有发展之势。鉴于边坡下部路基面附近岩体较完整，原设计抗滑挡土墙，因圬工数量大而改建明洞和河岸防护工程。

其余地段根据不同病害类型（如边坡泥石流、危岩、落石、塌方、剥落等)分别采用挡土墙、护墙、护坡、嵌补、支顶、明洞、棚洞、清方、刷坡、排水、植草皮、骨架护坡等措施治理,效果良好。

(2) 大滩崩塌(K405＋385～K406＋700)

1) 地质概况:线路位于嘉陵江右岸陡峻斜坡区,线路高出常水位28m,右岸斜坡中部为一15°～20°缓坡,宽400～500m,上、下部为45°～70°陡坡,基岩裸露。该段位于龙门山地槽区的南缘,宁强复式背斜的北翼,为花岗岩侵入体及石炭、二叠纪地层,由于历经多次构造运动及风化作用的影响,原生、次生节理发育。该段发育5条平行排列的小断层,破碎带宽0.5～1.0m,呈断层泥或断层角砾。工点范围内地下水发育,第四系堆积层孔隙潜水及基岩裂隙水是边坡变形的重要因素。

2) 崩塌情况:崩塌体主要分布在405＋654～405＋800及406＋110～406＋340两段。

① 405＋654～405＋800段崩塌

堑坡开挖后,随即发生崩塌100～1 000 $m^3$,增建棚洞后,崩塌仍未停止,地面裂缝不断扩大,裂缝高出路基面156 m,裂缝宽0.25～0.35 m,错距0.2～0.5 m,大部分在基岩中开裂,1957年又发生一次3 000 $m^3$ 的崩塌,堵塞洞门,中断行车100 h。崩塌体长约80 m,高出路基面100 m,下宽上窄,呈三角形状,崩塌物呈碎石堆,堆积于棚洞顶及洞口附近。崩塌体以上山坡上除三道弧形大裂缝外,还有许多小裂缝伸入石英岩破碎岩层中,距线路最远一道大裂缝包围整个山包延伸到棚洞两端沟谷中,长达100余米,裂缝以40°～60°的倾角倾向线路。崩塌体范围主要岩性为石英岩及灰岩夹黏板岩,岩石屡经构造作用,错动及断层甚多,岩石破碎。山坡陡峻不稳定是发生崩塌的主要原因,岩性软弱及水的影响是崩塌的重要因素。

② 406＋110～406＋340崩塌

斜坡开挖成半路堑后,边坡高达40 m。坡面参差不齐,坡脚处设计高3 m之片石垛。1956年8月11日发现地面开裂,15日发生15 000 $m^3$ 崩塌,掩埋路基,中断行车7 d。

堑顶山坡上最远一条弧形裂缝，高出路基面 150 m，延伸 130 m，错距 0.35～0.5 m，裂缝可见深度 5 m，上大下小呈楔形伸入破碎岩体中。随即对地面裂缝进行了填充和夯实，但随后又被拉开。两条弧形裂缝横切山嘴，两侧分别伸向沟谷中。雨后在松散岩层与紧密岩层接触地带有地下水渗出。

崩塌成因系岩石的构造节理与风化裂隙发育，岩石破碎，边坡自稳性差，地表多为黏土夹碎石、块石堆积，表水下渗降低了岩石的力学强度，加之山高坡陡，汇水面积大，山坡下部开挖切脚，使天然坡体失去支撑和平衡，引起山坡变形——滑移式崩塌。

主要工程措施：(a) 加强坡面表水的拦截和疏排措施；(b) 454＋654～＋725 设置棚洞，并以弃渣回填棚洞外测(靠河测)；(c) 加高棚洞北洞口洞门墙，以防崩塌物掩埋洞口；(d) 一般小塌方或边坡不平整地段采用刷方，加宽路基面，内留平台，河岸石笼防护等措施。

(3) 滑　坡

全线发生较大滑坡 75 处(其中嘉陵江沿岸 50 处)，主要分布在聂家湾车站附近(1 604～1 675)；百米标 1 715～1 964(谈家庄车站—白水江车站间)；置口(2 210)至略阳车站间；阳平关车站至燕子砭车站(K442～K430)四段。岩性多为页岩、炭质页岩、炭质千枚岩、云母片岩、炭质片岩、绿泥石片岩、滑石片岩等。对滑坡的调查，从勘察开始就非常重视，并逐步深入。在定测和改线过程中已力求绕避了不少滑坡地段，减少滑坡危害取得很大成就。然而由于当时技术水平不高，认识不足，也遗漏了一些(古)滑坡，在逐步认识和治理滑坡工程中摸索出一套整治滑坡的经验，充实了预防、整治滑坡的原则、步骤、措施和办法。

1) 百米标 1 713＋50～1 719＋50 谈家庄车站滑坡

该滑坡工点先后钻探 53 孔，电探 2 次电测点 300 多个，变形观测 14 个月，地质调绘反复经历两年多，编制有多种比例尺的地质平面图、滑坡轴向断面图、基岩等高线图、地下水流向及等水位线图、地质报告等。

滑坡自然山坡 15°～30°，滑床高程 730～830 m，山坡被数条冲沟割切，沟谷呈 V 字形，地表堆积层厚 2～24 m，滑坡台地上筑有民舍。滑坡外围上部灰岩陡坡脚到处是泉眼和湿地，可见 15 处泉水从灰岩中流入堆积层内，11 处湿地，2 处居民饮用泉。壤中水发育，水位埋深 1.4～11 m。下伏基岩为泥质页岩及黑色炭质页岩，相对隔水，岩石破碎，污手，有滑腻感。在堆积物底部曾发现炭化的小树干，且基岩面上地下水活跃，岩质软弱，说明该地区为一古滑坡。由于地下水的作用和人为活动引起古滑坡复活。Ⅰ、Ⅱ、Ⅲ号滑坡为堆积层沿基岩面滑动，局部已深入页岩风化层。Ⅳ号滑坡属于堆积层内同类土土壤中的浅层滑坡。

Ⅰ号滑坡(1 714+00～1 715+00)

坡脚出露基岩较高，地表覆土厚约 20 m，下伏基岩为风化页岩，土石界面处有地下水渗出，边坡有坍塌。1956 年 6 月，在线路右侧 150～200 m，高出路基面 60 m 地面出现多条裂缝，长 100 余米，民房开裂，但前缘未见明显变形迹象，说明滑坡正处于挤密蠕变阶段，主要由切脚失衡和地下水作用诱发。

整治原则：先作地面排水设施，沿滑坡外围作环形截水盲沟，夯实裂缝，整平坡面，滑坡趋于稳定。为保持滑坡下部的支撑部分不被削弱，设挡墙、护坡防止页岩风化剥落。滑体内建支撑渗沟，疏干壤中水，达到稳定滑坡的目的。

Ⅱ号滑坡(1 715+20～1 715+90)

平面形状上大下小，偏向 1 716 自然沟方向滑动。1955 年雨季先在堑顶 10～30 m 变形，后向上发展，同年 12 月裂缝已发展到线路右侧 150～200 m，高出线路 60 m，达古滑坡平台后缘处，临近灰岩陡坡脚，滑坡体积约 250 000 $m^3$。滑坡有上、下两个滑动面，为一复式滑坡，上层为堆积层内沿 0.1 m 厚软弱夹层滑动，前缘自高出路基面 6 m 处剪出；下层滑动面在路基高程下 5 m 处，在基坑坑壁清晰可见。

整治原则：滑坡外围修筑地表排水系统，滑体内设支撑盲沟，坡脚设抗滑挡土墙。工程完工后，山坡渗水、湿地消失、滑坡稳定。

Ⅲ号滑坡(1 716+10～1 718+90)

1955～1956年,在1 716+10～1 717+00右侧70 m,高20 m处,地面出现环形裂缝,并明显看出堆积层沿基岩面有错动迹象,根据地貌形态和地质条件判断是古滑坡复活的前兆。布置了地面排水系统,顺滑动方向修建山坡支撑盲沟,疏干滑体中的地下水。在工程实施过程中,滑坡范围不断扩大,裂缝延长,并向上发展。滑体上的房屋开裂下挫,滑动速度加快,每天1.0 cm,滑坡后壁错距达2.0 m,滑坡前缘隆起,最严重时曾一夜隆起高达0.4 m。经钻探、坑探揭示滑动面已深入基岩内,并沿滑动面有承压水活动。增加三条盲沟截水和一个泄水洞排水,完工后效果很好,排水甚多,滑坡趋于稳定。

2) 白水江2号古滑坡(1 858+20～1 964+20)

① 地质概况:该滑坡位于嘉陵江右岸,顺线路长约680 m,宽440 m,高210 m。滑坡后边缘呈环形。滑坡范围包括3条自然沟,坡面有堆积层错台和古滑坡壁,滑壁大致与线路平行,地面裂缝首先从古滑坡壁出现,滑坡前缘向河凸出,滑体中部为一宽约数百米的平台,平台后缘为石灰岩构成的山峰。滑体由砂黏土夹灰岩质大孤石组成,坡面植被稀疏,缓坡,平台多已垦为耕地,滑体前缘受嘉陵江水冲刷淘蚀。

根据地质调绘及40余孔钻探资料查实,该滑坡为一大型堆积层古滑坡。滑坡分上、下两层,上部滑体厚10～15 m,由砂黏土夹少量块石组成;下部滑体由石灰岩质大块石组成,厚30～50 m,具多孔隙、空洞。滑动带(面)为风化千枚岩,呈碎块状、角砾状或泥状,呈灰绿或灰黑色,潮湿,局部呈饱和状,有滑腻感,滑带(面)土含水量11%～20%。滑床基岩风化厚度2～10 m(强风化厚度2 m)。坡面基岩低凹处或沟槽部位地下水丰富,地面裂缝多、变形严重,地面多隆起。岩层层面及基岩顶面向河倾斜,基岩面坡度一般11°～17°。

滑坡区地下水发育,地下水从块石堆积层与滑体接触带附近潺潺流出,露头达25处,其中18处是常年流水,流量达167 $m^3/d$。

② 坡体变形特征：该段为白水江车站深挖方地段，设计边坡高达 30 m，开挖后因削坡切脚坡体失稳，在离线路 50～140 m 的山坡上出现环形裂缝，后裂缝向上发展高达 240 m，裂缝增多，并出现错位，显示出牵引式滑坡特征，边坡上到处见泉水流出。堆积层坡脚鼓起且不断从滑面剪出，变形体积达 800 000 $m^3$。从 1955 年 8 月出现裂缝至 1956 年 3 月，山坡上 4 条主要裂缝全部贯通，裂缝宽达 50 cm，错台 2.5～4.4 m，裂缝倾角 57°～68°，山坡块石堆积亦开裂，局部有坍塌下陷。为防治雨季灾害的突然发生，决定上部减载，下部回填，以求平衡，并决定于百米标 1 956＋45～1 964＋39 段修筑抗滑挡土墙，墙后修支撑盲洞及横向盲沟，疏干滑体地下水，截排地表水。

③ 滑坡成因分析：古滑坡体物质松散，地表水易渗入堆积层，并受下伏千枚岩不透水层阻挡形成富水带，软化千枚岩风化带物质，降低其力学强度，坡体下部受嘉陵江河水强烈冲刷，坡体失稳形成古滑坡，处于临界平衡状态。

④ 工程整治方案：鉴于雨季滑坡移动大，根据收集的补充地质资料，拟出三个整治方案：一是修筑抗滑的整体明峒，下部多回填，增加滑坡支撑力；二是在滑体中、上部大量减载，减小下滑力，局部加固挡土墙；三是加固一般挡土墙。三个方案均设支撑盲沟。经铁道部工作组现场审核，决定采用加固挡土墙方案，并要求继续寻找水源，截除地下水。而另两个方案则因滑坡推力分析无把握，难保明峒不变形，修成后不易改造，同时又以滑坡复活仅为古滑坡的局部，减载会引起上部坡体的更大滑动，难以处理等理由而被放弃。

### 6.1.7 地质勘察的经验与教训

宝成铁路是新中国成立初期修建的一条线路较长、地形最困难、地质条件最复杂的铁路干线之一，由于当时国民经济实力不强，施工设备落后，技术水平不高，特别是铁路工程地质这门边缘学科才刚刚起步，对工程地质工作在铁路建设中的重要性认识不足，致使局部地段因无地质工作而发生重新勘察设计的事例，不少不良地质病害工点在勘察中被忽视或未被发现，一旦施工开挖后崩塌—滑坡等不良地质工点屡见不鲜，施工非常被动。后来在前苏联地质专家和地质部、水利部等的支持帮助下，工程地质队伍不断壮大，勘探设备得到充实，并逐渐组建了电探组、水文地质组等专门建制，业务能力和技术水平稳步提升，对提高和保证勘察设计质量起到了巨大作用。

宝成铁路建设中，工程地质工作经历了一个从无到有，从小到大，从简单到复杂，不断发展、壮大、完善的过程，勘察、设计、施工中积累了丰富的资料和经验，教训是深刻的，成就是巨大的，为以后西南山区铁路建设工程地质工作奠定了坚实的基础。

## 6.2 成昆铁路工程地质勘察

### 6.2.1 线路概况

成昆铁路是新中国成立后在我国西南山区修建的第二条长大干线，纵贯四川、云南两省，经三市、五专区（州）的 23 个县境。线路自四川省省会成都向南，经彭山、眉山、夹江、峨眉、峨边、甘洛、喜德、西昌、德昌、米易、元谋、禄丰、安宁等县而抵达云南省省会昆明昆明，全长 1 100 km。北与宝成、成渝线相接，南与贵昆、昆河线连通，是西南地区的铁路网骨架。

成昆铁路沿线地势险峻，地质复杂，为国内外罕见。铁路线路从成都平原南下，傍秀丽的峨眉山麓前行，溯汹涌的大渡河转牛日河而上，穿越连绵的小相岭，经大凉山，大小凉山，沿安宁河，跨金沙江，溯龙川江登上滇中高原，沿途经过四次越岭、七处展线，到达滇池湖滨。线路高程从海拔 500 m 的成都平原，拔升至穿越海拔 2 280 m的沙木拉达隧道后，下至海拔 960 m 的金沙江河谷，再上至海拔 1 950 m 的滇中高原。全线有 70％的地段穿行于崇山峻岭及山岳河谷之中，地势险峻、坡陡流急，地质复杂，断裂、褶皱发育，新构造运动活跃，地震烈度高，差异风化严重，岩体破碎、山坡不稳，发育有规模巨大的滑坡、泥石流、崩塌落石、岩堆，广泛分布含盐地层和工程地质特性特殊的成都黏土（膨胀土）、昔格达组、龙街层、元谋组。此外，沿线水文地质条件也极为复杂，含盐、芒硝、石膏地层中的地下水，有强烈的硫酸盐侵蚀。因此，该线素有“地质博物馆”之称，线路选线十分困难。例如，从金口河到埃岱58km的线路，就有隧道44km，几乎成了地下铁道；从甘洛到喜德，要越过岷江与雅砻江的分水岭，在120km的地段4次盘山展线，13次跨牛日河，修了66km的隧道和10km的桥梁，绕行了50km，才爬上海拔约2 200m的制高点；喜德往南行进入安宁河谷，8次跨越安宁河下至海拔1 000m的金沙江河谷，再溯龙川江上行至海拔约1 900m的滇中台地；金沙江河谷是地质上著名的深大断裂带，属基本烈度为7～9度的地震区，崩塌、落石、岩堆、滑坡、泥石流极其发育，被称为典型的“天然地质博物馆”。线路沿此河谷3次盘山展线，49次跨过龙川江，才爬上金沙江和元江的分水岭，然后南下广通，经滇池地区的丘陵和淤泥地带到达昆明。

成昆铁路全线有桥梁991座，总延长107km；隧道427座，总延长345km，其中长度在3km以上的有9座，6km以上的2座；全线桥隧总延长452km，占线路长度的42%。由于地形地质条件极其复杂，全线122个车站中有41个不得不设在桥梁上或隧道内。重点工程金沙江大桥，主跨192m，沙木拉打隧道长6 379m，创下当时中国铁路钢桁梁桥的跨度及隧道长度之最。成昆铁路工程浩大，举世瞩目，1970年7月建成通车。成昆铁路的建成，是中国铁路建设史上的壮举，1985年荣获国家颁发的科技进步特等奖。后被联合国宣布为“人类征服自然的三大杰作之一”，联合国总部至今仍陈列着我国政府赠送的“成昆铁路象牙雕塑”。

### 6.2.2 建设过程

解放前，美、英、法等国和国民党政府曾经作过成昆线勘测，终因沿线地形险峻、地质复杂而作罢，长期被视为修建铁路的“禁区”。

新中国成立后，具有重要战略意义的成昆铁路，自1952年起经过方案研究和勘测，提出东、中、西三大走向方案比较；1955 年鉴定时，由于中线方案经小江发震断裂，金沙江和小江沿岸地质不良、工程费大增，且不能适应资源开发和工业布局规划的需要，故决定放弃中线方案，并重新研究东、西线方案。经研究比选，东线方案改称内昆线、西线方案称为成昆线。1964 年以前编制了该线设计意见书、初步设计和复线勘测设计，进行了部分地段施工图设计，曾于 1958 年、1960 年、1961 年三次动工兴建，三次停工，1964 年 9 月恢复施工，形成了铁路建设大会战格局，确定了主要技术标准、补充初测及定测、开展全线的施工图设计。

在西南铁路建设总指挥部的组织领导下，制定了《勘测设计工作条例》三十条，提出“傍山线路，宁可靠里些，隧道修长些，尽量避免隧道偏压；合理用较长隧道通过，避免短隧道群；洞口位置坚持“早进晚出”；沿河线路，查明情况，适时过河，桥长要适应自然河道“宁宽勿窄”；桥位处河槽要求稳定，水文资料必须可靠，河道不宜轻易改移，采用高桥、大跨；重视地质工作，严重的不良地质地段，尽量绕避，无法绕避时，也要查明情况，采取周密、可靠的工程措施”等，以指导全线勘测设计。

为了查明铁路沿线所经地区的工程地质条件，选好线路方案，提供各项工程设计所需的工程地质资料，1965 年春天，成昆铁路大会战全面打响。参加会战的铁道部、地质部联合组成了 5 000 多人的工程地质勘测队伍(其中地质部约 3 000 人)，开动钻机 123 台(其中地质部 73 台)，采取专业工程地质队、综合勘测设计队和专题攻关研究战斗组相结合的组织形式，共完成工程地质测绘 14 824 $km^2$、钻探 212 710 m、挖探 13 713 m、物探 523 处、水土试验 10 413 组，为大量的隧道、桥梁、路基和各类不良地质工点等工程设计提供了成套的地质资料。在施工期间还组织了地质人员参与配合施工，与施工人员一道解决施工中出现的各种工程地质问题。

成昆铁路大会战至 1966 年底，已累计完成各项主体工程超过 50%，原定 1969 年修通的建设工期有可能提前，但因“文化大革命”延误工期两年。在 30 万筑路大军的辛勤努力下，1970 年 7 月建成通车,1971年7月1日正式交付运营。

### 6.2.3 工程地质环境

(1) 地 形 地 貌

成昆铁路所经地区,处于康藏高原的东部边缘,属横断山脉一部分。全线地貌主要受川滇经向构造体系控制,局部受该体系与青藏滇缅歹字形北北西向构造体系复合的控制。中生代四川运动塑造了现代地貌雏形,新生代差异性升降运动形成了沿线高山峡谷、丘陵、盆地、高原地貌。铁路沿河穿山越岭,经过构造地貌有:

1) 峡谷和断裂谷

沙湾至尼日为大渡河下游峡谷段,河流深切古生界硬质岩,形成200～1 000 m高的峡谷,两岸山峰耸立、谷坡陡峻,有“一线天”等嶂谷,两岸支沟呈嶂谷和悬谷。

牛日河中、下游是峡谷与甘洛断陷盆地、乃托断裂宽谷、普雄断陷盆地相间。峡谷岸坡陡峻,河谷深切,危岩落石严重。下游两岸支沟泥石流堆积、形成急流险滩;中游两岸支沟呈悬谷和跌水。盆地堆积侏罗系、白垩系红色地层和昔格达组地层,穿过盆地的河床纵坡平缓,河谷开阔,Ⅰ～Ⅳ阶地发育;乃托段河谷为石棉—普雄断裂形成的断裂谷,河槽宽阔、河床形成有汊流的宽谷,谷坡稳定性差。

安宁河属沉降地堑谷,由于安宁河断裂活动强度和运动方式各异,安宁河谷宽度、阶地各段不同。漫水湾—西昌段河床汊流发育呈辫状水流,河谷宽达11 km;两岸阶地分布不对称,东岸有四级阶地和泥石流扇,西岸遭受强烈冲刷。西昌以南安宁河谷宽2～3 km,两岸有泥石流扇分布。

金沙江河谷三堆子—迤资为构造相对下降宽谷,两岸多为湖积、冲积、坡积的上叠阶地。迤资—江头村为峡谷,两岸泥石流扇交错分布,悬崖峭壁,崩塌严重,岩堆发育。

龙川江流经元谋—广通第三纪断陷盆地的红色地层,河道弯曲,峡谷、宽谷、盆地相间。下游河谷堆积龙街粉砂、中游泥石流扇发育。

2）断 陷 盆 地

铁路经过三个中生代断陷盆地——四川盆地、西昌盆地和元谋—楚雄盆地，沉积了侏罗系、白垩系红色地层，四川盆地红层上堆积积雅安砾石层和成都黏土（膨胀土）、西昌盆地和元谋—楚雄盆地沉积含盐地层和昔格达层。

（2）岩性和地质构造

1）地 层 岩 性

峡谷多出露古老的变质岩和沉积岩，断陷盆地广泛沉积中生代红色地层和含盐地层，沿大断裂带断续有岩浆岩分布。新生代以来，一些断陷河谷、盆地中沉积了成岩作用很差的新第三系昔格达组砂岩、页岩层，以及工程地质条件较为特殊的第四系元谋组、龙街层和成都黏土层，稳定性较差的近代山坡堆积层分布广泛。

2）地 质 构 造

线路起于成都拗陷，经峨眉山断块、凉山拗褶区、安宁河隆起区、滇中拗褶区、三台山隆起区，到达昆明—永善拗褶带。

沿线地质构造具有多期性和继承性，背斜多紧密、向斜多宽缓。褶皱有被断裂切割的现象，断裂两盘岩层有再次褶皱的情况，褶皱轴部的转折端，常有一系列的纵横断裂与褶皱交织在一起，形成复合的构造形式。主断裂由多条平行断层组成的断裂带，具有延伸长、破碎带宽等特点。沿断裂带有岩浆侵入或喷出、局部见岩层动力变质现象。复杂的地质构造，是造成沿线工程地质条件极为复杂的主要原因。

（3）主要活动断裂

沿线活动断裂发育，大多形成于元古代，具多期活动性，现代构造运动活跃，地震不断，西昌和鱼鲊曾是强震震中，全线有约200 km的地段位于8、9度地震区内。主要活动断裂特征如下：

1）峨眉—金阳断裂：走向为南北向的压性断裂，断层破碎带宽十余米～数十米，多呈碎裂岩、糜棱岩。

2）汉源—甘洛断裂：由多条近平行的北西向压扭性断层组

成，断层面倾向变化不定。断裂两侧次级断层发育，与主断裂呈入字形相交。该断裂在凉红—埃岱与线路相交，断层破碎岩体为泥石流提供丰富的松散固体物质。

3）石棉—普雄断裂：走向近南北、断层面倾东的高角度逆冲断层，断裂延长约百余公里，断层破碎带发育，位于其中的白沙河至乃托段大型滑坡、泥石流发育。

4）安宁河隐伏断裂：南北向左旋压扭性断裂，由多条近平行断层组成宽约 10km，断裂带南北伸延约数百公里，具有规模大、活动强、运动频繁、差异性明显的特点。冕宁—西昌，安宁河断裂东侧发育有一系列高角度逆断层，又有则木河断裂在此交汇，使红色砂、页岩极为破碎，形成了该段极发育的泥石流。

5）绿汁江断裂：该断裂为南北向左旋高角度压扭性断裂，由3～5条断层组成宽数百米至数千米、南北长约 600km 的断裂带，沿断裂岩石破碎，有很宽的挤压破碎带和角砾岩带，造成金沙江峡谷浮漂—莲地段崩塌、泥石流发育。

6）普渡河大断裂：由数条断裂组成的断裂带，断裂呈辫状分叉合并，使断裂带宽度变化不定，线路附近断裂带宽仅十几米，具逆冲性质。该断裂带发育有多个小型断陷盆地。

（4）水文地质特征

1）平原区的水文地质特征

平原区包括川西平原、滇中高原的滇池平原以及安宁河宽谷区。区内地形平坦开阔，雨量充沛，第四系地层广泛发育，地下水主要为冲积—洪积层中的潜水。

川西平原主要含水层为现代河流冲积层，其次为雅安砾石层。前者为砂砾卵石层，厚度数米至百余米，其中偶夹条带状、透镜状黏性土，为孔隙潜水，局部微承压，主要接受大气降雨补给，该含水层为川西平原主要给水水源。雅安砾石层为弱含水层，由大小不等的砂砾卵石夹黏土组成，含水层断续分布，水量微小，类似上层滞水，该层与下伏白垩系砂岩、页岩的接触带含水较多，在成都至眉山之间，此类接触带埋藏较浅，常被路堑开挖所揭穿，易引起边坡接触带滑坡,成为该段一个普遍的工程地质问题。

安宁河宽谷区泸沽至德昌间河谷宽阔,地形平坦,河漫滩与一级阶地由冲积砂砾卵石层组成,两岸支沟沟口和山坡前多分布洪积扇,厚度数十米至百余米,含丰富的孔隙潜水,为该区主要含水层,铁路工程多为填方通过,含水层未给工程带来不良影响。第三系昔格达组底砾层中多含承压水,呈自流泉出露,西昌一带多开发此层水,铁路多沿此层开挖路堑,易形成工程滑坡。

铁路通过的滇池平原为一湖积盆地,其主要含水层处于滇池以东的盘龙江流域及平原边缘的石灰岩分布区。碧鸡关至昆明,线路位于滇池之西北,多为厚度不大的洪积和湖积黏性土,下卧淤泥质黏土、泥炭及粉细砂等,具高压缩性,其中多上层滞水,由大气降水补给,水量小,但水位较高,对土体稳定性影响较大,常使建筑地基产生不均匀沉降。

2)山区的水文地质特征

按含水层性质,区内地下水分为孔隙水、裂隙水和岩溶水 3 种类型。

孔隙水:沿线各河谷大都剧烈下切,谷地狭窄,两岸很少大型冲积阶地,冲积层不发育,厚度各地不一,富水程度也不尽相同,一般低级阶地含水条件较好,高阶地切割严重,含水量较少。洪积层中多有黏性土夹层,常出现多层含水,具承压性。与铁路工程关系密切的含水层主要为残坡积层,该层广泛分布,较松散,易接受降水补给,但因含较多黏性土,故含水层多呈上层滞水,水量少,不易排出,该层地下水对土体稳定性影响很大,沿线大部分滑坡都与此有关。

基岩裂隙水:沿线河谷深切,排泄条件良好,沿河谷坡一般不具备大量储水的条件。但在分水岭地带、山腹以及阶地后缘地带,多因地质构造复杂而常有富集的构造裂隙水存在,一般在断裂构造带、褶皱及构造节理密集带地下水发育,其储量和分布极不均匀。基岩裂隙水与隧道工程关系密切,特别是越岭和展线地段深埋隧道,往往遭遇大量的构造裂隙水。如沙木拉达隧道通过一条发育在泥岩、页岩与砂岩地层中的断裂带,断裂带由泥质胶结的断层角砾组成,胶结紧密,不透水,但在下盘影响带中扭张裂隙十分发育,裂隙带宽约100 m,构成一个裂隙含水带,最大涌水量达3 688 $m^3$/d,流量稳定。又如柏岩石3号隧道通过下侏罗系砂岩、泥岩相间成层的不对称向斜部位,两翼岩层倾角平缓,勘测期间在其轴部钻到两个含水带,均由坚硬破碎的砂岩组成,软弱的泥岩成为隔水层。施工期间曾遭遇到较大的涌水,整个隧道的涌水量一直保持在2 000 $m^3$/d左右。

岩溶水:沿线岩溶水不发育,仅见于牛日河流域的资勒沟、埃岱、白沙河、越西河及孙水河流域的喜德等地。岩溶水可分为两种类型:一种为沿断裂带涌出的温泉,如埃岱、白沙河、越西河、喜德等地的上升泉,流量在埃岱附近为40 L/s,喜德为30 L/s。其余两处只有1 L/s左右,水温较高,一般为35℃～50℃。另一种为暗河水或岩溶裂隙水,水温与当地平均气温相当,一般在12℃左右,流量在喜德以南枯水期110～150 L/s,资勒沟附近约35 L/s,前者从暗河流出,后者为岩溶裂隙水。

3) 地下水水质

沿线地下水大多为重碳酸钙镁型水,一般对混凝土不具侵蚀性。具有侵蚀性的基岩裂隙水来自白垩系及中三叠系中统的部分含盐地层,主要为硫酸盐型侵蚀,$SO_4^{2-}$离子含量一般为800～6 000 mg/L,个别地段可达60 000 mg/L,个别隧道中地下水还具有碱性侵蚀及溶出性侵蚀。

### 6.2.4 主要工程地质问题及其防治

有"地质博物馆"之称的成昆线,很多工程地质问题影响了铁路的选线和工程质量,在西南铁路建设总指挥部的组织领导下,组成多个攻关研究"战斗组",攻克了不少的工程地质难题,提供了满足设计需要的地质资料。

(1) 成都黏土

成都黏土是一种膨胀土(原称裂土),分布在成都—峨眉的Ⅱ-Ⅲ级阶地形成的缓丘上。成都黏土是我国铁路建设中首次遇到的膨胀土，由于对其组成和工程地质特性认识不足，设计中没有采取相应的工程措施，致使成都至青龙场之间的路堑地段，发生十余处较大规模的工程滑坡。在铁路运营期间，边坡坍滑、路肩塌陷等不良地质现象仍在不断发生，以成都郊区的狮子山路堑滑坡最为严重。该段路堑全长1 360 m，中心挖高8～18 m，1959年雨季，6 d内连续发生滑坡地段共长约1 000 m。自1959年到1962年，该路堑先后发生不同规模的滑移达60余次，虽经多次整治，新的滑坡仍有发生，直至1976年还在进行加固处理。成都黏土这种特殊的工程地质性质由此揭开了铁路膨胀土路基的研究历程。

经过工程实践研究表明，成都黏土路基挖方应少填少挖，更不宜挖穿砾石层或接近页岩层，路堑坡脚必须加固。填方要特别注意分层夯实，加强路基面排水，填高大于10 m的地段，还要作好坡面防护。对已经发生的工程滑坡，单纯放缓边坡不能有效阻止滑坡的进一步发生和发展，宜采用疏水与支挡相结合的综合措施。

(2) 昔格达层和龙街层

牛日河、安宁河、雅砻江、金沙江沿岸，在断陷盆地中分布有昔格达层，三堆子至海螺间长约100 km的金沙江和龙川江两岸分布有龙街层，昔格达层和龙街层具有沉积层理、半～微成岩作用。昔格达层为上第三系地层，岩性为粉砂岩和黏土质页岩互层；龙街层为第四系中更新世地层，为静水条件下形成的湖相沉积，由浅灰、灰黄色粉砂质砂黏土、粉砂质黏土及深灰色、灰白色黏土(淤泥质黏土)组成，有明显的层理，呈中厚层至薄层页片状。这两组地层岩质软弱，力学性质较差，自然界多产生滑坡和斜坡变形。铁路工程通过这两层时，如何选取该地层的物理力学指标，采取什么有效的工程措施，都值得深入研究。为掌握昔格达层和龙街层的物质组成、工程地质特性，课题攻关组做了大量调查研究和现场试验研究，取得了设计所须的地质参数，使铁路工程顺利通过这两套地层。

昔格达组属于半岩质地层，其强度较第四系地层高，较一般沉积岩低，因受构造变动影响小，层理平缓，节理不发育，在自然状态下稳定性尚好。由于该组与上覆地层在透水性上存在显著差异，在接触带附近常有地下水活动，使昔格达组页岩软化而形成软弱带，易形成滑坡。对于昔格达组中的路基边坡、桥涵地基一般只需加强边坡防护、排水即可，但隧道在施工中易发生坍顶，故在裂隙水发育地段，应加强支护和衬砌工程。

龙街层具有明显的韵律沉积，自上而下颗粒由粗变细，粉粒递减，黏粒递增。下伏淤泥质黏土是明显的软弱层，在师庄附近金沙江一带常沿该层形成滑坡群。在勘察设计阶段，对龙街层古滑坡较为重视，大部分采取了绕避措施，而必须通过古滑坡地段，及时作了工程加固处理，从运营施工的情况来看，效果是显著的。龙街层组作填料时，因地表水下渗容易发生潜蚀作用，在路堤中产生餡穴（如红江车站及附近路堤的陷穴）。因此，用该组地层作填料时一定要做到分层夯实，路堤外面作厚度不小于0.5 m的黏土保护层，以防止表水下渗发生潜蚀病害。

(3) 红 色 地 层

成昆铁路通过红色地层地段长338 km，占线路长度的31%，是全线遇到的最普遍地层，主要分布在甘洛至喜德、下坝至碧鸡关之间，成都至沙湾、泸沽至德昌、金沙江至迤资等段也有出露。

侏罗系、白垩系的红色地层以砂岩、页岩互层或泥岩为主，属软质岩类，主要产生的地质问题是滑坡（顺层）、错落、崩塌落石、泥石流、风化剥落及隧道软岩变形。为了解和掌握红色地层的物质组成及其工程地质特性，第一次全面开展对红色地层的攻关研究和工程试验，取得大量试验资料，解决了红层中的工程地质问题，为以后红层地区进行工程实践提供了宝贵的地质资料。

(4) 含 盐 地 层

铁路沿线分布的含盐地层，是成昆铁路建设中遇到的一个重大工程地质问题，主要是水对混凝土的侵蚀作用及含盐离子重结晶时产生体积膨胀而引起混凝土的机械破坏。

1) 含盐地层的分布

西昌以北（成昆北段）的含盐地层，主要分布三叠系嘉陵江组、铜街子组及白垩系下统地层，位于该套地层中的白家岭隧道和沙木拉达隧道遭受其危害最为典型。

西昌以南(成昆南段)石膏箐至岳家村长约 50 km 范围内,沿龙川江两岸普遍出露的白垩系下统落美组杂色泥质粉砂岩中含石膏、硬石膏、芒硝和钙芒硝、盐岩等。

2) 含盐地层的工程地质特点

含盐地层夹于碳酸盐岩或碎屑岩中。碳酸盐岩中夹石膏呈灰、深灰色,粒状、角砾状。硬石膏呈白、灰、浅蓝色,致密坚硬,局部半透明。石膏、硬石膏和钙芒硝常共生。纤维石膏呈乳白、蜡黄色,具纤维状结构,常呈脉状、网状、透镜状或薄夹层与石膏、硬石膏一起产出。芒硝常呈粒状、块状,也呈皮壳状或被膜状,无色透明,含杂质时呈杂色,在干燥空气中逐渐失水而转变为白色粉末状无水芒硝,易溶于水。钙芒硝呈致密块状,无色透明或含杂质而呈红色,在水中缓慢溶解,淋滤出硫酸钠溶液并生成石膏。

含盐地层中易溶盐约占 0.1%～10%,高者达 29.3%。石膏为中溶盐,在淡水中溶解度为 0.2%或 0.011 g/($cm^2$·d),在流水环境中溶蚀速率 0.035 g/($cm^2$·d)。理论上,硬石膏在常温下水化体积将增加 60%,成昆线白家岭隧道硬石膏在常温、常压下试验,浸泡 30～50 d,岩块体积膨胀量达 3.5%～5.0%,膨胀力为 225～300 kPa,较理论值相差甚远。芒硝为易溶盐,在淡水中芒硝溶解度随温度变化而变化,其最大溶解度的温度为 32.3℃。当温度低于 32℃时芒硝开始结晶,体积增大。据试验,芒硝结晶时岩体膨胀量最大达 136%,膨胀力最大达 1～1.35 MPa。

岩盐中 NaCl 含量少于 10%,且以充填形式存在时难于溶解;NaCl 含量达到 10%～30%时具可溶性;NaCl 含量大于 30%,并与泥质混合时极易溶。成昆线白垩系含盐地层中地表岩盐多被水淋滤形成淋滤带,龙川江淋滤带深度达水面以下 10 m。

含盐地层的易溶性和水化特点,形成了其特殊的工程地质性质。如环境水的腐蚀性、溶蚀导致岩体强度降低、结晶—水化引起岩体和混凝土涨裂、破坏等。

据成昆线碎屑岩含盐地层地段地表水检测,$SO_4^{2-}$ 含量一般小于

200 mg/L。漂卵石潜水中 $SO_4^{2-}$ 含量为 200～1 000 mg/L，基岩裂隙水中 $SO_4^{2-}$ 含量达 800～6 000 mg/L，个别达 60 000 mg/L。巴格勒隧道进口坑道 $SO_4^{2-}$ 含量高达 80 084 mg/L，六渡河 2 号隧道 $SO_4^{2-}$ 含量竟高达 157 440 mg/L，其他地段含盐地层地下水中的 $SO_4^{2-}$ 含量为 2 000～8 000 mg/L。这种环境水对混凝土有很强的腐蚀性，使混凝土结构遭侵蚀而破坏。

据调查岩盐矿巷道，因岩盐溶蚀而沉落，最大沉落量达每月 4 cm，导致坑道内支撑和建筑物的破坏。

在隧道施工中发现，含盐地层的膨胀，往往造成隧道内侧沟盖板向边墙倾斜、局部反翘、隧道铺底隆起、开裂等问题。

3）含盐地层的工程危害

位于成昆线北段白家岭隧道，通过嘉陵江组和雷口坡组的白云岩和白云质灰岩、泥灰岩，岩层夹中、厚层粒状石膏（或钙芒硝）、硬石膏，纤维状石膏不发育。隧道施工中采用含石膏的骨料浇注的混凝土衬砌段，混凝土被腐蚀呈“豆腐渣”状，混凝土强度仅为原强度的 7/10。含石膏段整体道床局部隆起和下沉，中心沟变形，1972～1974 年道床隆起高达 6.1 cm。

沙木拉达越岭隧道穿过白垩系泥岩、粉砂岩、砂岩含石膏和硬石膏团块，尚含少量芒硝。隧道施工后中心水沟碎裂，边墙及道床有几厘米深被腐蚀呈“豆腐渣”状。

石膏箐—岳家村段，位于元谋—楚雄盆地沉积的泥砾质岩、硬石膏、钙芒硝和石盐（氯盐）地层中。有 23 座隧道通过含盐地层，其中 4 座隧道侧沟、边墙混凝土被侵蚀，一般侵蚀深度为 3～4 cm，最大达 10 cm。黑井隧道病害较严重，有一段铺底发生膨胀、隆起、开裂，1973～1975 年该段线路曲线内侧上升最大处累计达 40～50 cm，水沟侧壁由线路侧向边墙侧位移，两水沟侧壁顶高差最大达 15 cm。

4）含盐地层地区勘察设计经验

环境水的预测：环境水检测是判断环境水是否具有腐蚀性的重要手段，在广泛分布有含盐地层地段，地表水中可检测到 $SO_4^{2-}$

离子,但 $SO_4^{2-}$ 离子的浓度较地下水中低;在含石膏地层的有些地段,地表水中未检测出 $SO_4^{2-}$ 离子,但施工改变水文地质环境后,地下水渗流溶蚀可溶盐形成 $SO_4^{2-}$ 离子溶液。因此勘察阶段应根据地层组成预测地下水的腐蚀性,施工过程中随时检测地下水水质。

工程措施:成昆线的工程实践和试验研究证明,含盐地层工程设计应以“降低水位、及时封闭、采用抗腐蚀水泥”为原则,保证工程免受含盐地层腐蚀、膨胀破坏。

(5) 泥 石 流

成昆铁路通过泥石流地段的长度在长大铁路干线中属首位,泥石流主要集中分布在牛日河的苏雄—甘洛、安宁河的漫水湾—西昌、金沙江的迤资—大湾、龙川江的石膏箐—黑井。以上除龙川江的石膏箐—黑井段泥石流发育于软弱地层外,其余均位于地质构造活动频繁而强烈的硬质岩层地区。

1) 安宁河谷漫水湾—西昌段泥石流

漫水湾至西昌间,长38km的地段,是安宁河流域泥石流严重而分布密集的地区,其中有著名的灾害性泥石流沟,如黑沙河、羲农河、大塘河等。仅黑沙河在近百年来,历次泥石流曾使5个村寨沦为废墟,3000多亩农田变为沙石滩,可以想象这段泥石流沟的危害严重程度。该段处于安宁河断块下沉和东岸不均匀掀斜抬升区,形成宽谷地貌。泥石流携带的大量砂石堆积于宽谷内,形成连片的、串珠状的泥石流扇。泥石流扇形成开阔地形,线路位置选择较自由。但该段有的泥石流规模大、爆发频繁;一般堆积扇上泥石流又具冲淤变化快、流路不定、冲击力大的特点。

经调查研究,根据地质条件和各个泥石流沟发育阶段、发展趋势制定了线路通过泥石流沟的选线原则——因势利导、分散设桥、留足桥下净空高度;对严重泥石流沟进行综合治理。如对严重的黑沙河泥石流沟进行拦挡工程和生物措施综合治理,治理后的黑沙河上游山坡植被恢复,坡面、沟谷流水侵蚀削弱,稳定了两岸山坡,补给泥石流的松散固体物质大大减少,有些泥石流沟逐渐趋向衰弱或消完,运营以来西昌段未发生泥石流灾害,表明该处的选线原则正确。

2）金沙江的迤资—大湾段泥石流

该段长约 12 km，位于金沙江构造抬升、地震极震区内。金沙江两岸山坡陡峻，工程地质条件复杂，分布有大型泥石流、滑坡、崩塌和厚层松散堆积层。经调查，辅以钻探、物探，查清了工程地质情况，采用“绕避与整治结合、避重就轻、综合整治”的选线原则，以长隧、高桥大跨，成功通过该段泥石流区。但该段的三滩泥石流沟桥位选在沟道弯曲下方，以致通车后三滩桥下发生大量淤积或泥石流漫道。当时仅考虑流通区是冲淤平衡的临界坡，不会发生泥石流淤积，未考虑到泥石流因流量变化、沟谷和主河洪峰不一致，致使泥石流流通区位置变化，造成沟道淤积、泥石流漫道的病害。

3）龙川江石膏箐—黑井段泥石流

该段长 40 km 处于龙川江峡谷段，江水搬运能力较弱，泥石流扇经常堵江，形成较大的泥石流扇。线路在该段采用避重就轻的选线原则，设计中重视泥石流现象，采取合理措施，运营以来未发生泥石流病害。

4）牛日河的苏雄—甘洛段泥石流

该段长约 35 km，位于牛日河峡谷区的支沟或悬谷，属沟身短、沟床陡、沟坡不稳的泥石流沟，泥石流堆积物因牛日河主河流速快、流量大，易被主河冲蚀，沟口无泥石流扇和锥形堆积。此类泥石流沟，尤其是悬谷泥石流沟由于在选线时未引起足够重视，运营后造成多次泥石流灾害。如凉红—埃岱就有两条悬谷和三条支沟爆发多次泥石流灾害；有的支沟泥石流曾采用拦挡、清底铺砌、上游修拦挡坝等措施，均未奏效，最终修建明洞渡槽，才保障了铁路行车安全；又如苏雄隧道顶的七奇洛夺沟爆发泥石流造成列车掉道、布祖湾隧道上方的嚓呷密沟泥石流淤埋隧道，尔都炉苦沟泥石流多次掩埋埃岱车站。

5）泥石流地区的选线经验

综上所述，泥石流地区选线应根据具体情况采用“因势利导、分散设桥、留足桥下净空高度，对严重泥石流沟进行综合治理”和

“绕避与整治结合、避重就轻、综合整治”的原则。对处于构造断裂发育地段的峡谷支沟和悬谷，选线时应按泥石流沟考虑，尽量加大沟谷过流断面；隧道顶有悬谷的应加强洞门结构和高度，洞顶修建排洪沟，让泥石流归槽，利于排泄。跨泥石流沟选线时应避开沟床弯道，应考虑泥石流在弯道处壅堵超高现象，尽可能选择在沟道较顺直处。对流通区段位置选择应慎重，因沟谷泥石流规模和主河流壅堵情况的不同，流通区段位置是变化的。

6）泥石流观测、试验和综合整治

泥石流的观测和试验：对于铁路不能绕避的大型泥石流沟，要综合整治，必须掌握泥石流基本数据。成昆铁路先后对羲农河、黑沙河、三滩沟作了现场观测和室内模型试验，尽管受观测手段限制和室内沟道模型理论、模拟技术处于探索阶段的影响，但对泥石流运动过程、冲刷、淤积有所认识，为综合整治工程措施的设计提供了一定依据。

泥石流的综合整治：综合整治是防止泥石流发生和发展最为有效的方法。成昆铁路先后规划设计整治了羲农河、黑沙河、热水河、蒋家河、上格达、三滩等 6 处泥石流沟，其中以黑沙河最为典型、效果明显。综合整治中，首先是在流域内根据造林的不同作用及当地条件采用不同的树种、造林方式进行植树造林恢复山坡植被。其次，采用农业技术措施，也是水土保持措施中的一个重要组成部分，在泥石流域内的不同部位进行农田耕作，起到了既防止又开发的作用。综合整治中的必要工程措施，对加速水土保持、根治泥石流有重要的作用，虽然在工程措施中受一定设计标准和使用年限的限制，但在短期内收效快。如上游汇水区修建蓄洪水库既有蓄水灌溉又有拦洪蓄淤的作用。泥石流沟的中游修建拦碴坝、导流堤、顺水堤、排洪道及分洪溢流堰等工程可有效减轻泥石流对铁路工程的危害。

(6) 滑　坡

滑坡是成昆铁路的主要工程地质问题，直接影响着铁路的修建和运营安全。

1）滑坡的分布与特征

全线分布滑坡 183 处，88.4％的滑坡集中分布于成都黏土、红色地层、昔格达组、龙街层等地区，其余零星分布于其他地层的软弱岩层、断层带及松散堆积物中。全线 183 处滑坡中，堆积层滑坡 145 处，占滑坡总数的 80％；工程活动引起的滑坡 77 处，占滑坡总数的 42％。上述 4 种地层中的滑坡具有如下特征：

——成都黏土层滑坡

分布于成都至青龙场沿线，为Ⅱ级阶地形成的低缓丘陵，是典型的二元结构，上部黏土厚 5～10 m，含大量伊利石、蒙脱石亲水矿物，干缩湿胀剧烈，网状裂隙发育，为黏土中的软弱结构面；下伏厚 4～6 m 的雅安砾石层，常为富水层；底部为隔水的白垩系泥质、页岩，节理发育，顶部 2～3 m 风化严重，遇水软化，易形成滑动带。路堑开挖后易形成顺层或切层滑坡，破坏性极强。

——红色地层滑坡

九里至沙湾、甘洛至喜德、羊臼河至碧鸡关地段，分布侏罗系、白垩系红色砂岩、页岩、泥岩，其岩性软弱，易于风化。伊利石、高岭石含量较高，亲水性强，遇水易软化膨胀，又受断层影响，残积、坡积、洪积及冲积等松散堆积物发育，加之地下水作用，河流冲刷，工程切割加载等，形成滑坡最多，约占全线总数的 65％。

红层滑坡有三个特点：一是堆积层沿基岩面滑动，如尔赛河、禄丰车站滑坡；二是堆积层内部沿软弱带滑动，如乃托货场滑坡；三是岩层沿软弱层面滑坡，如陆槽滑坡等。

——昔格达地层滑坡

昔格达组地层产状一般平缓，倾角 2°～10°，局部有明显褶皱者倾角陡达 45°。其分为三层：下部为卵砾石或砂砾石的底砾层；中部为粉砂岩夹页岩；上部为黏土质页岩夹少量中厚层粉砂岩。页岩遇水易软化崩解，强度剧烈降低，相对隔水。

该组地层滑坡具有如下特征：滑坡常位于河流冲刷的河岸，如桐子林滑坡、林场滑坡，滑坡地貌较为典型，圈谷、错台，滑体上和滑坡前缘常有泉水出露；滑坡多是坡积为主的堆积层沿昔格达组顶面滑动;老滑坡滑床虽然平缓,但因工程活动多引起复活。

——龙街层滑坡

龙街层由上而下分为三层:上层为粉砂质砂黏土,厚 2～6 m;中层为粉砂质黏土,厚度 5～20m;下层为淤泥质黏土,厚 2～30m。该组的地层土质较差,遇水软化后强度降低,易于产生滑坡。其特征表现为:滑动面多在下层淤泥质黏土中,具有黏土滑坡性质;滑坡的形成与河流的冲刷浸泡有关,如师庄老滑坡群形成时,金沙江水位较高,师庄一岸受主流冲刷,部分龙街层产生滑坡;龙街层垂直节理发育,滑坡的后缘常沿节理面下滑。

2) 滑坡的防治原则与整治措施

——滑坡的防治原则

贯彻“预防为主”的原则。对大型滑坡和滑坡群因防治工程大、根治困难,工期长或不经济,采用绕避方案。据不完全统计,全线有 28 段改线长 136.5 km,绕避滑坡 80 处。如沙木拉达至联合乡段 30 km、尔赛河之尼波段 10 km 及棠海—凉伞坡段 10 km,均为绕避大量滑坡群而改线。

贯彻“早治”原则。对牵引式滑坡、渐进破坏显著的成都黏土、昔格达组地层滑坡必须进行及早整治,否则工程增大,施工困难。

贯彻“一次根治,不留后患”原则。滑坡治理,必须找准分清病因主次,措施要狠,关键工程必须先做、做够,防止滑坡进一步发展,相关工程连续做完不留尾巴。对难于预计者要慎重对待,务必安全可靠,不留后患。

贯彻“因地制宜,采用先进技术”原则。整治滑坡要针对特点,因地制宜,采用先进技术。成昆铁路滑坡整治中首次采用了排除滑体中的地下水的垂直钻孔、挖孔抗滑桩及桥式路基等多种先进技术处理滑坡,效果显著。

——滑坡的整治措施

成昆铁路沿线滑坡整治措施主要采用了支挡工程(桩墙结合、桩隧结合、桩板结构、沉井挡墙、槽形挡墙、抗滑明洞)、清方减载、地下水疏排(支撑渗沟、渗水隧洞、垂直钻孔排水)、冲刷防护(抛石护岸、河岸加固、改沟远离）等整治措施，较好地对沿线滑坡进行了整治处理，取得了较好的效果。

（7）崩塌落石

成昆铁路沿线崩塌落石主要分布在轸溪—凉红、乃资—江头村两段，分布的地段最长、数量最多，尤其以尼日—凉红、风仪村—羊臼河两段分布的密度最大。从对线路危害来看，落石多于崩塌，在线路选线期间，已绕避严重的崩塌、落石地段，难以绕避地段均采取了适当的防治措施。但部分峡谷陡坡地段，危岩分布零星，隐患较多，措施不够得力，落石仍然严重，致使成昆铁路通车几十年仍在整治处理。

对沿线崩塌落石主要采取以下防治处理措施：对崩塌落石严重、地形陡峻，难于根治地段，采用隧道绕避。对线路不能绕避地段，根据崩塌范围、山体稳定程度、落石特征及线路所处位置，一般采取清除、拦截（修建挡石墙、栅栏）、遮挡（明洞、棚洞等）、喷锚、支顶、嵌补等综合整治措施。

### 6.2.5 主要工程地质成果综述

成昆铁路是我国铁路建设工作者在被外国专家称为“铁路修建禁区”的西南山区修建完成的一条干线铁路。它的胜利建成，是我国铁路建设史上的一项伟大壮举。沿线地形险峻、地质复杂，在成昆铁路的建设与运营中，广大工程地质工作者积累了丰富的地质勘察经验，取得了以下几方面的重大工程地质成果。

（1）成套的山区铁路地质选线成果

成昆铁路沿线地质条件复杂地段，在勘察设计阶段都作了较宽范围的1/5万、1/10万工程地质填图，在充分收集沿线已有区域地质资料的基础上，对沿线区域地质构造、地层岩性和水文地质条件都进行了较为详细的测绘，查明了不良地质现象和特殊岩土，为线路方案的比选提供了充分的地质依据。

（2）泥石流观测、模型试验技术

成昆铁路勘察中，先后对羲农河（黏性）、黑沙河（稀性）、三滩

(稀性)三个泥石流工点进行了现场观测和室内模拟试验,取得了大量的数据成果,进一步深入掌握了泥石流发生、发展及其运动规律,科学地判定泥石流的定性、定量指标,建立起成套计算公式,系统总结出了综合整治技术。

(3) 特殊岩土工程地质特性及其防治技术

成昆铁路沿线分布的含盐地层、成都黏土、红色地层、昔格达组、龙街层等特殊地层,在勘察、设计、建设期间,为解决疑难工程地质问题,曾集中组织"专题研究战斗组",对一些复杂的特殊复杂的工程地质问题进行攻关研究,取得了大量丰富、翔实的数据、成果,为设计、施工提供了科学依据。

(4) 成昆铁路技术总结

成昆铁路的建成,是中国铁路建设史上的世纪成就,经验十分丰富。为此,早在20世纪70年代,西南铁路建设总指挥部组建了"成昆铁路技术总结委员会",认真组织参加成昆铁路的广大建设者,本着实事求是的精神,通过现场回访、座谈讨论,在深入研究、广泛收集资料的基础上,全面、系统、深入地总结了成昆铁路勘察、设计及建设管理的经验和教训,完成了《成昆铁路》技术总结,为后人留下了宝贵的财富。至今《成昆铁路》技术总结仍是广大铁路工程技术人员的必读书目之一,具有重要的参考和应用价值。

## 6.3 南昆铁路工程地质勘察

### 6.3.1 线路概况

南昆铁路是我国继成昆铁路之后,在复杂地质艰险山区修建的又一条长大铁路干线。它构成了沟通西南与华南沿海地区的重要通道,也是大西南通向出海口岸的捷径。它的建成,使西南与华南互补的优势有机结合,构成新的经济布局,对振兴西南,发展外贸,促进沿线革命老区、少数民族地区脱贫致富和社会进步,加快经济建设,增进民族团结,具有十分重要的意义。

南昆铁路东起广西壮族自治区首府南宁,向西北延伸,经百色、威舍，至云南省省会昆明，全长 898 km，为Ⅰ级单线大能力电气化铁路，是祖国大西南的出海通道。1990 年 12 月动工兴建，1997 年 12 月建成通车。该线从海拔 80 m 的南宁爬升到海拔 1 910 m 的昆明，其间有 8 次起伏。沿线广西百色至贵州、云南境内地形险峻，谷深坡陡、峡谷深切、水流湍急，工程地质、水文地质条件复杂，断裂发育、岩体破碎、岩性多变。地质灾害种类繁多，分布广泛，长度达 600 km。主要工程地质问题有：崩塌、危岩落石、滑坡、泥石流、断裂破碎带、岩溶、水害、煤层瓦斯、膨胀岩(土)、软土、泥炭土及长达 80 km 的高烈度地震区等，被称为“工程地质展览馆”。

南昆铁路工程艰巨，全线有桥梁 463 座，总长 72 km；隧道及明洞 263 座，总长 195.4 km。其中重点工程较多，修建了当时长 9 392 m的全国铁路最长的单线隧道——米花岭隧道和桥高183 m、墩高 100 m 的中国铁路第一高桥——清水河大桥。该线的八渡南盘江大桥，是我国首次采用 V 形支撑连续梁结构的铁路桥；喜旧溪大桥，是我国首次采用双板式桥墩大跨度连续刚构桥；板其二号桥，是全国第一座铁路弯梁桥；家竹箐隧道，全长 4 990 m，是国内各项瓦斯指标最高的铁路隧道，又集高地应力和大涌水于一身，被称为“天下第一险洞”。石头寨车站的预应力锚拉式桩板墙被誉为“世界第一高墙”，田林车站新型加筋挡土墙(单级最大墙高 11m)被誉为铁路加筋挡土墙之最等。

南昆铁路是我国 20 世纪 90 年代铁路设计及筑路水平的代表作，在各主要技术领域取得了 38 项具有创新意义和经济价值的研究成果，其中 3 项成果处于国际领先水平，10 项成果具有国际先进水平，16 项成果属国内首创。全线综合技术水平整体上达到 20 世纪 90 年代国际先进水平。南昆线的成套先进技术，开创了世界上在地质灾害路段长达 2/3 的高原地区修建长大铁路干线的先河。2001 年荣获国家科技进步一等奖。

### 6.3.2 工程特点

(1) 地形险峻，线路拔起高度大

南昆铁路穿越我国广西盆地、黔桂山地、云贵高原三大地貌单元，线路由 78 m 高程的南宁攀升至 1 892 m 高程的昆明和 1 725 m 的红果，起终点高差分别达到 1 814 m 和 1 647 m。全线最高点在云南路南县境内的白土山隧道附近，高程 2 088 m，高出南宁 2 010 m。为适应地形，铁路沿线还先后出现 8 次大起伏，致上、下行拔起高度总和达 5 254 m。如此悬殊的高差和拔起高度，为国内铁路所罕见。

广西盆地、黔桂山地和云贵高原三大地貌单元中，除广西盆地和云南境内部分高原夷平面属地势较开阔、缓和的丘陵、高(平)原外，其余多为地形起伏剧烈的中、低山地。这些地区或为重峦叠嶂、山势嵯峨、人迹罕至的崇山峻岭，或为切割强烈、岸坡陡峭、交通闭塞的峡谷。全线通过中、低山区长约 500 km，占线路总长的 55%，主要集中分布于百色—安隆的黔桂山地和云贵高原面的罗平、师宗、召跨等溶蚀盆地和宜良、阳宗海、昆明等断陷盆地之间，以及威舍—红果段的乌蒙山脉地区。发育于中、低山地的河流，则多以峡谷为主，如南盘江、清水河、黄泥河、喜旧溪河、汤池河等。岩溶地貌发育，分布广、类型全，是南昆铁路地貌的一大特色，黔西南地区南盘江、清水河沿岸的峰丛洼地，堪称国内地貌地貌之典型；路南石林更以其奇特景观而闻名遐迩；其他岩溶地貌，大至溶原、谷地，小至洼地、漏斗以及暗河、伏流等，沿线可溶岩分布之处比比皆是。上述地形地貌特征，既造成选线、勘察十分困难，又导致工程规模浩大而艰巨。

(2) 地质条件特别复杂，地质灾害类型繁多

沿线区域地质构造格局自东向西先后受广西山字形构造、南岭巨型复杂纬向构造、黔西南蜗轮构造、新华夏构造、南北向构造和云南山字形构造等体系控制和影响，构造体系间又发生多种方式复合，致使构造形迹多变，断裂、褶曲发育，岩体挤压破碎，尤以云南境内路南以西一系列南北向断裂，挽近期活动强烈，是高烈度地震频发地区。

沿线地层出露繁杂，自上元古界至新生界，除奥陶系、白垩系未见外，其余时代地层皆有分布。上古生界除贵州、云南境内其上

部为碎屑岩含煤系地层外，其余地段以碳酸盐岩为主；下古生界仅见于云南境内，除个别组段为碳酸盐岩外，多为碎屑岩相。中生界三叠系发育最为完全，尤以中三叠统为甚，其岩性以册亨至安龙一带的东西向相变带为界，以南为碎屑岩为主，以北多碳酸盐岩，但上统碎屑岩中亦含煤系地层。第三系在广西、云南境内发育良好，覆盖较广，其下部多属红色碎屑岩建造，上部常含褐煤且多属膨胀岩。第四系各类成因的松散堆积物广布全线，以河谷、盆地及低洼地带较为集中，且厚度较大，局部地段有深厚软土、泥炭沉积。

在上述地质背景条件下，沿线不良地质、特殊岩土十分发育，地质灾害类型繁多，分布广泛，发生频繁。对铁路各类工程具有威胁和影响的主要地质问题有岩溶、膨胀岩土、煤系地层瓦斯及小煤窑采空区、高烈度地震、高地应力、重力作用造成的斜坡失稳变形(包括滑坡、崩塌、错落、危岩落石、岩堆以及断层与软弱破碎岩质边坡失稳等)，软土、泥石流与河床淤积、边坡“顺层”、水库坍岸及软质岩边坡的风化剥落等。上述地质灾害在沿线集中或断续分布，累计影响段落长达600 km多，一些灾害的复杂程度超过既有认识水平，与20世纪50年代视为筑路禁区、20世纪60年代称为“地质博物馆”的成昆铁路相比，南昆铁路地质灾害分布地段更长，类型更多，对铁路线路的威胁和危害更为深重，防治难度尤为艰巨，故在建设过程中有“地质灾害展览馆”之称。

(3) 工程艰巨，规模浩大

南昆铁路是按国家Ⅰ级干线、一次性电气化设计的单线大能力通道，技术标准高，建设规模大。全线共有桥梁463座，总长72 km；隧道263座，总长195.4 km；桥隧总长267.37 km，占线路总长的31%。全线涵洞2 631座，61 963横长米，平均每正线千米4.2座；路基土石方$10\,107\times10^4\ m^3$，平均每正线千米$16\times10^4\ m^3$；圬工$673\times10^4\ m^3$，平均每正线千米$1.1\times10^4\ m^3$。全线设车站95个，生产、生活房屋$76\times10^4\ m^3$，牵引变电所18座，征用土地$3\,465\ hm^2$。全线总投资191亿元，每正线千米造价2 123万元。

全线地质条件复杂的重点、难点控制工程主要有米花岭、家竹箐、沙锅寨2号、干桥、永乐1号、相田2号、二排坡、草庵等隧道，八渡南盘江、板其2号、清水河、喜旧溪等大桥，八渡、册亨、小雨谷、岔江、永丰营等车站，以及长坡岭、七甸等软土路基工点。主要工程多集中在低、中山地和南盘江、清水河、黄泥河等峡谷地段。这些地段线路高悬，桥隧相连，工程极其艰巨。一些具有代表性的工程项目在国内居领先地位，如米花岭隧道长9 388 m，为当时国内单线隧道长度之冠；家竹箐隧道通过煤系地层1 157 m，穿煤29层，瓦斯含量最高达14.17 $m^3/t$，为全国穿煤最长、瓦斯含量最高的铁路隧道；清水河大桥，桥高180 m，为全国跨谷最深的铁路大桥。

### 6.3.3 主要工程地质问题

(1) 岩 溶

南昆铁路通过碳酸盐岩地段长387.6 km，占全线线路总长的43%。岩溶主要发育于二叠系、三叠系和石炭系的石灰岩和白云岩中，以二叠系栖霞组($P_1q$)、茅口组($P_1m$)最为发育，三叠系永宁镇组($T_1y$)、个旧组(关岭组$T_2g$)和石炭系马平组($C_3mp$)次之。

全线碳酸盐岩岩溶发育程度，除与岩石成分、结构、构造和岩层的岩性组合有关外，还突出表现为受地质构造和地貌的控制。处于断层带及其附近，尤其是张性断层带及其上盘，岩溶发育特别强烈，如年家山3号、白石山、砂锅寨2号等隧道皆属此类，施工中曾遭遇多处溶洞。位于褶曲轴部的碳酸盐岩，岩溶发育强度更甚于翼部；而褶曲翼部，不论是向斜或背斜，如果存在排泄基准面，则接近排泄基准面的部位往往存在溶洞或富集有较丰富的岩溶水，如砂厂坪1号、弓国田、家竹箐和砂锅寨2号等隧道等都属此类。

地貌单元、形态不同，岩溶发育强度存在很大差异。山地及河谷斜坡，因排水条件良好，岩溶发育一般较微弱。广西境内的溶原和云南高原面上的石林、石芽原野，溶蚀作用都已进行得十分充分，主要表现为覆盖型岩溶中遍布的碟形洼地，裸露型岩溶中密集分布的漏斗、竖井、落水洞等岩溶形态。

沿线岩溶发育深度因地而异，随线路所处地貌单元不同而有很大变化。广西溶原地区，以右江为区域性排泄基准面，线路附近岩溶垂直渗流带发育深度仅数米至十余米；而云贵高原的低中山区，挽近时期以来，地壳抬升剧烈，普遍发育有较深的垂直渗流带，如罗平至师宗间岩溶化山地垂直渗流带深200 m以上，暗河埋深达220～250 m。

施工中发生岩溶涌水的隧道，主要分布于云贵高原面上的岩溶化低中山地。根据隧道在岩溶发育垂直分带上所外位置的不同，涌水规模、性质各有差异。线路走行较高时，隧道多位于垂直渗流带中，涌水量均不太大，且多属来去匆匆的季节性“过路水”。穿越分水地带的岩溶隧道，一般埋深较大，已位于季节交替带或水平径流带中，施工中直接揭露暗河（如家竹箐隧道、年家山3号隧道、二排坡隧道）或因雨季隧道下方水平径流带的岩溶水排泄不畅（如干桥隧道、砂锅寨2号隧道）时，曾发生较大的涌水、突泥现象。

由于地下水排泄通道排水不畅或遭堵塞，导致积水、冒水淹没路基的事例，在施工中亦有发生。干桥、砂锅寨2号隧道出口后均有大型溶蚀洼地分布，隧道施工中的涌水及降雨均汇入洼地，因宣泄不及导致洼地积水淹没路基。

岩溶地面塌陷，是南昆铁路通过可溶岩地区路基工程普遍存在的问题。全线路基总长632.3 km，可溶岩地段路基即长约300 km，几乎占路基总长之半。据统计，施工期间全线发生岩溶地面塌陷50余处。通过岩溶地面塌陷的专门性勘察，划分出塌陷威胁最为严重的62段累计总长12 000余米，作为建设期间的先期防治对象，纳入设计并付诸施工。

（2）斜坡失稳变形

1）滑　坡

勘察期间，沿线共发现各类大小自然滑坡90余处，其中与线路关系密切的大、中型滑坡20余处，多属堆积层滑坡，少数为滑面已切入基岩（软质岩）的切层滑坡。这20余处自然滑坡大多为早年形成的古滑坡，少数古滑坡在勘察时发现有整体复活或局部复活迹象，如百色—威舍段的永乐滑坡、威舍—昆明的小当郎滑坡、小德江滑坡等皆属此类。勘察期间发现的大、中型自然滑坡大多已改线绕避或在设计中采取了整治措施，但仍有少数古滑坡，由于设计时所采取的措施力度不够，或对后期工程活动对环境条件的改变、破坏程度估计不足，造成了施工中滑坡活动加剧或古滑坡整体复活，引起设计的较大变更，如八渡车站施工中引发古滑坡复活，工程整治耗资巨大。

在南昆铁路施工期间，由于工程活动诱发的工程滑坡甚为频繁。据不完全统计，全线施工中共发生各类大小工程滑坡 210 处，以软质岩和膨胀岩、土滑坡居多。全线软质岩工程滑坡 105 处，膨胀岩、土工程滑坡 78 处，余为堆积层和硬质岩工程滑坡。施工中发生的硬质岩滑坡全线仅出现 4 处，规模不大，多属顺层滑动。

软质岩工程滑坡的发生，与地质构造的影响密切相关。断层、褶皱破坏了岩石的完整性，使岩体自稳能力大大降低，这是形成工程滑坡的内在条件；而施工的破土开挖，在自稳能力甚低的破碎软质岩体中，形成较大的临空面，则是工程滑坡发生的触发因素。如果有水(降雨或地下水)的作用将更加速、加剧工程滑坡的形成和发展。

软质岩工程滑坡以百色—板桃段最为集中。该段线路沿乐里河傍山而行，受沿河谷发育的塘兴—潞城大断裂的影响，由砂、页(泥)岩组成的山地斜坡岩体，岩质十分破碎。傍山线路以路堑为主，靠山一侧边坡普遍较高，其中高度大于 20 m 者 115 处。由于勘察中对塘兴—潞城断层对周边岩体破坏、扰动的严重性认识不足，原设计采取的挡护措施力度不够，故施工期间病害发生频繁，先后出现大小滑坡 60 余处。针对这一问题，铁道第二勘察设计院结合工程试验开展了“破碎软弱岩质路堑高边坡防护支挡技术研究”，提出了“自上而下分层开挖、分层稳定和坡脚预加固”的系统设计方案，实施效果良好，为软弱岩质路堑高边坡的设计与施工积累了宝贵的经验。

2）崩塌、错落、岩堆

此类不良地质主要分布于灰岩、白云岩和厚层砂岩组成的峡谷河段陡峻山坡。规模较大的崩塌、错落和岩堆沿线分布 30 余处，其中小德江、大凹塘及康牛 3 处岩堆规模巨大，位置相近，几乎连成一片，各自长、宽千米以上，厚度 20 m 以上，整体均处于自然稳定状态。线路以路基通过小德江岩堆体中偏下部，设计已考虑一定加固工程，但施工中仍引发了多处滑坡。清水河峡谷中的几处较大错落、岩堆，控制了清水河大桥桥位方案选择十分困难。板其二号大桥不得不横穿岩堆，以大跨度桥梁跨越通过。

3）危岩落石

坚硬岩石（如灰岩、白云岩等、砂岩等）构成的峡谷河段和陡崖、陡坡，常有危岩与落石分布，规模较大的有石头寨、七孔坡、干塘子隧道出口等工点，直接威胁线路安全，设计中均采取了清除、锚固等措施处理。

（3）煤层瓦斯和小煤窑坑洞及采空区

1）煤 层 瓦 斯

南昆铁路经过地区的主要煤系地层有二叠系龙潭组、第三系小龙潭组，二叠系梁山组和三叠系火把冲组虽亦含煤，但层薄、质劣。龙潭组含煤丰富，煤层厚度大，变质程度高，是云、贵两省的主要可采煤。除小龙潭组分布地段线路以路基或桥涵通过外，其他几组煤系地层均有隧道通过。因此，煤层瓦斯，特别是煤与瓦斯的突出危险性，直接威胁隧道施工和运营安全。

全线通过煤系地层的瓦斯隧道有 7 座，即小当郎隧道、小德江 1 号隧道、康牛隧道、长田 1 号隧道、长田 2 号隧道、天生桥隧道和家竹箐隧道，其中最为典型的高瓦斯隧道是家竹箐隧道。

家竹箐隧道通过的二叠系大隆—长兴—龙潭组煤系地层 1 157 m，穿煤 29 层，瓦斯含量最高达 14.17 $m^3$/t，迄今仍为全国穿煤最长、瓦斯含量最高的铁路隧道。该隧道也是铁道第二勘察设计院在有关专业部门支持协作下，引入瓦斯地质学理论和借鉴煤田地质勘探方法开展瓦斯地质勘察工作的第一座铁路瓦斯隧道。

在充分利用邻近既有井田、矿井资料的基础上，经大面积测绘、补充控制性勘探和分析计算，基本查清了主要煤层在隧道内的空间分布以及它们的主要瓦斯参数，并对各主要煤层的煤与瓦斯突出危险性进行了定量与定性相结合的评价。为防治煤与瓦斯突出灾害发生，隧道设计中在超前地质预报、通风、防灾、安全、结构、施组等方面都作了周密细致的考虑，有效地指导了施工。

2）小煤窑坑洞及采空区

南昆铁路威舍—红果段的车田、小雨谷、三分田、西冲、大锅郎等地，有二叠系龙潭组煤系地层分布之处，常有小煤窑分布，其中以车田—小雨谷一带最为集中。威舍—昆明段的小当郎至康牛、天生桥一带亦有小煤窑分布，分别开采三叠系火把冲组、二叠系龙潭组煤层及第三系褐煤。这些煤窑均系私人个体开采，规模不大，其长度十余米至数十米，过百米者较少。勘察时除威红段一些个体煤窑开采外，其余地段煤窑多已废弃，多出发生塌陷、积水现象。可能对铁路产生影响者有 20 余处，多位于路基或桥位处，勘察设计中均采用物探与钻探相结合的方法查明情况，进行了有效的工程处理。

(4）高烈度地震

沿线高裂度地震区分布在云南境内的威舍—昆明段，该段全长 288.2 km，Ⅶ度以上烈度区长 228.9 km，占总长的 79.4%。其中石林(路南)—昆明段受南北向构造带控制，以宜良附近的小江断裂带为中心，属强震多发区，线路通过Ⅷ、Ⅸ度地震区长达 84.8 km。工程设计必须采取抗震设防措施，工程投资大大提高。

(5）泥石流与河床淤积

对线路方案选择具控制作用的冷水沟泥石流，位于家竹箐隧道出口后的段家河右岸支沟中，1957 年爆发泥石流时，一次性补给量 4～5 万方，曾堵塞段家河。家竹箐越岭隧道方案选择时进行了多方案比较，将隧道设置于沟底以下通过，避开了泥石流威胁。

(6）膨 胀 岩 土

1）膨 胀 土

根据成因，南昆线膨胀土可划分为三类：

泥岩风化残积型（Ⅰ类）：母岩以第三系泥岩为主，主要分布于广西和滇东一些盆地及其边缘，总长约 110 km。

碳酸盐岩风化残积层（Ⅱ类）：指广西、云南广布的红黏土中具膨胀性者，分布总长约 30 km。

河流冲积型（Ⅲ类）：主要分布于广西境内田阳—百色段右江河谷Ⅱ、Ⅲ级阶地上，又称“阶地土”或“网纹土”，总长度约 20 km。

上述三类膨胀土一般属于弱膨胀土，膨胀性指标多数未达到膨胀土的判别标准，使设计时难下“狠治”的决心，雨季施工中病害频繁发生，以长坡岭工点病害最为典型。

2）膨 胀 岩

试验研究表明，南昆线的膨胀岩具有“膨胀性、碎裂性、低强度性”三大地质特征。

膨胀性：南昆线膨胀岩主要分布于广西境内右江沿岸及百色盆地一带，全线膨胀岩分布地段约 70 km，主要由下第三系那读组、百岗组、伏平组的泥岩、砂质泥岩及泥质粉砂岩组成。以泥岩中蒙脱石、伊利石等亲水性黏土矿物含量较高，蒙脱石含量达10%～25%；阳离子交换量平均值为 28 mg/100 g，其化学活动性较强。自由膨胀率（$F$s）也以泥岩为高，平均值达 80% 以上。根据《铁路地质勘察规范》判别，那读组和百岗组的膨胀岩具中～强膨胀性，伏平组和建都岭组的膨胀岩多为弱—中等膨胀性。

碎裂性：用以表征“岩”与“土”的差异，且突出其结构面的密集发育程度（结构面间距一般不足 20 cm），而结构面的形成和密集发育，则又源于所处地质构造背景——右江深大断裂。

低强度性：可由无侧限抗压强度（$P$u）、黏聚力（$c$）和内摩擦角（$\varphi$）加以度量，如那读组泥岩 $P$u＝26 kPa，$c$＝26 kPa，$\varphi$＝12°，强度指标已远低于一般膨胀土。

3）膨胀岩土对工程的危害

膨胀岩土造成的路基病害，主要反映为路堑边坡变形和路基基床变形。南昆线广西境内部分膨胀岩、土地段，这类变形达到十分严重的程度，曾造成挡墙破坏、抗滑桩倾斜、边坡溜坍、侧沟变形、基床翻浆冒泥等问题；对以膨胀土做填料的路堤，虽已采取措施处理，但仍有滑坡、坍塌发生。工程整治设计中，又增加了大量的补强工程措施。

(7) 软　土

全线分布山间谷地沉积型软土30余段，以淤泥、淤泥质黏土和软黏土为主，尤其以七甸、永丰营两处软土最为典型。

七甸软土属湖沼相沉积，主要由泥炭、泥炭质土、软黏土及饱和细粉砂组成。线路经过地段长1 535 m，软土层最大厚度28 m。具有天然含水量高、孔隙比大、有机质含量高、压缩性高、强度低等特点，工程设计中采用振动沉管碎石桩、粉喷搅拌桩和超载预压等措施加固处理。

永丰营车站勘察时钻孔中未揭露出软土，施工中车站路基发生范围较宽的路堤下沉和坍滑，左侧地面出现波状起伏，延伸达100余米。经采用综合勘探方法补勘后查明，车站内断续分布几处锅状洼地内沉积的巨厚层的淤泥质黏土，最深达50 m以上，物理力学性质极差。其下部属上更新统的淤泥质黏土夹第三系黏土岩团块，在国内尚属罕见。工程整治设计中采取了适当移线并深层加固地基的处理方案。

(8) 高地应力

家竹箐隧道施工中，通过煤系地层地段曾因地应力过高而引起隧道初期支护、模注混凝土及隧道底部严重变形和隆起，最大变形量达240 cm（拱部下沉）。采用应力解除法实测最大主应力达19.62 MPa。

经分析，发生高地应力并引起大变形的原因，一是隧道地处盘县弧形构造中，盘关向斜为此弧形构造主体，该向斜总体走向呈向西突出的环状弧形，铁路线位正处于该环状弧形的转折部位，隧道邻近此转折部位而位于弧形带内凹侧的向斜东翼，属构造挤压强烈地带，故地应力较为集中；二是隧道在该段埋深400余米，自重应力较大，加之煤系地层岩质软弱、破碎，导致隧道在高地应力作用下发生严重的大变形。

工程整治设计中采取改变隧道衬砌形状、加大衬砌预留变形量、改刚性支护为柔性支护、用自进式长锚杆为系统锚杆、内外层衬砌改用钢纤维混凝土和钢筋混凝土等补强措施，有效控制了变形的发展。

(9) 其他不良地质问题

1) 边 坡 顺 层

边坡顺层滑动主要分布于百色—板桃、板其—安龙、威舍—岔江等地段。设计时对边坡较高的顺层路堑均考虑了挡护措施，但施工中仍发生顺层滑坡 12 处。顺层滑坡的规模一般不大，仅板其至安龙间尾芽 2 号隧道出口、八坎 1 号隧道进口及八坎 2 号隧道出口 3 处的路堑顺层滑坡，体积达中型滑坡规模，经补勘后采用抗滑桩为主的加固措施处理。

2) 边坡风化剥落

边坡风化剥落是砂、页(泥)岩类软质岩地段的普遍现象。南昆铁路的边坡风化剥落集中出现于三叠系碎屑岩分布的百色—威舍段，设计时对高陡边坡采取了支挡加固及坡面防护处理。

### 6.3.4 地质勘察新技术、新方法的应用

(1) 地质综合勘探技术的应用

南昆铁路地质勘察中，进行了多种勘探手段并用的探索研究。特别是在中国铁路工程总公司牵头开展的《铁路地质综合勘探技术的推广应用》研究课题的推动下，总结出了一套适用于不同勘察阶段、不同工程类型和不同地质条件下，各种勘探手段、方法的基本组合模式，对提高勘察质量、加快勘察进度起到了积极作用。

(2) 地质灾害勘察测试试验新技术的应用

在对南宁—百色段的膨胀土和下第三系膨胀岩、七甸泥炭土和永丰营软土、段家河泥石流等地质灾害及其防治的试验研究中，应用了以下 6 个方面的勘察测试新技术。

1）地质灾害勘察技术

包括用多时期航片判释泥石流动态和滑坡稳定性；泥石流沉积石英砂表面特征统计分析；根据构造形迹恢复区域构造应力场。

2）沉积时代和环境测试技术

包括$^{14}C$测年、古地磁测量、孢子花粉分析和介形虫分析。

3）土壤侵蚀和沉积测定技术

首次应用$^{137}Cs$测定泥石流域的土壤侵蚀速率；首次应用$^{210}Pb$测定泥石流沉积年代。

4）物质成分和微结构观测技术

包括X光衍射、差热和热重分析、扫描电镜和热红外分析。

5）土体孔隙和水赋存状态测定技术

首次对泥炭土采用压汞试验揭示土体孔隙特征；首次采用水分张力试验揭示压缩过程中土体水分赋存状态的变化。

6）特殊室内模型试验

设计和进行了模拟长期列车动荷载的膨胀泥岩基床的激振试验；对泥炭土路基进行模拟时间最长达工后10年的离心模型试验。

(3) 路基岩溶地面塌陷勘察

在充分应用有关岩溶研究的既有成果（其中包括铁道第二勘察设计院“岩溶洞穴顶板安全厚度研究”、“铁路沿线岩溶地面塌陷及防治”等课题的研究成果）的基础上，通过逐阶段勘察，分析形成塌陷的条件和产生塌陷的机理，进而划分具有塌陷条件的路基地段，并对这些地段开展以综合物探为主，配合必要的钻孔验证和取样试验。根据综合勘探成果确定必须进行防治的段落和防治措施。此外，还结合工程开展了“提高物探探测地下洞穴的应用效果”科研试验研究，取得良好效果。

(4) 瓦斯隧道勘察

南昆铁路家竹箐隧道属高瓦斯、有煤与瓦斯突出危险的隧道。铁道第二勘察设计院在煤炭系统有关单位的咨询、协作下，首次运用瓦斯地质学理论，采用煤田勘探方法，在该隧道开展了瓦斯地质勘察。继之，又对威昆段通过二叠系龙潭组煤系地层的天生桥隧道进行了瓦斯地质勘察。通过两座隧道瓦斯地质工作，提出了主要煤层的空间分布、各煤层主要瓦斯参数，对煤与瓦斯突出危险性进行了评价，并详细说明各主要煤层特征、对比标志及顶、底板特征，为设计提供充分的依据，也对施工起到了有针对性的指导作用。

(5) 深切峡谷岸坡稳定性评价

南昆铁路清水河大桥，跨越南盘江贵州兴义境内支流——清水河。桥跨处属山区深切 V 形峡谷，谷底宽 30 余米，岸坡高 100 余米，坡角 70°～80°，局部直立。该段线路设计轨底至河底高 180 m。根据地质综合勘探成果资料，大桥桥跨采用 2×32 m 预应力混凝土简支梁＋(72＋128＋72) m 预应力混凝土连续刚构，3 号、4 号主墩各高 86 m 和 100 m，分别位于清水河东、西两岸谷坡近眉峰地带。为进一步评价 3 号、4 号主墩峡谷岸坡的稳定性，铁道第二勘察设计院与西南交通大学合作，在现场深入调绘的基础上，通过对岸坡岩体破坏模式的数值模拟，采用有限元法对岸坡岩体应力场与变形场进行数值分析，并运用西南交通大学科研成果“铁路特殊路基岩石边坡岩土工程分析系统”提供的方法，确定了高边坡的稳定坡角。

此外，还采用 Mohr 强度准则、Griffith 强度准则和 Hoek 经验判据对岩体强度进行分析；采用 Sarma 法对岸坡稳定性进行分析，从工程地质角度提出了 4 号墩基岩体存在剪切破坏，应采取加固措施及在保证岸坡现状前提下，对 4 号墩基础设计方案、设置深度进行改进的建议意见，被设计采纳，保证了清水河大桥跨越峡谷岸坡墩基的稳定。

### 6.3.5 大力开展科研试验，推广采用新技术

(1) 实施科技“一条龙”攻关研究

为在地形、地质极为艰险、复杂的条件下，将南昆铁路修建成具有 20 世纪 90 年代综合技术水平的高标准铁路，铁道部在南昆

铁路建设中,组织和实施了从勘察设计到施工运营的"一条龙"科技攻关,作为全路科技进步的12条龙之一。

南昆铁路建设中,开展结合工程的科研试验项目39项,铁道第二勘察设计院作为总体设计单位,主持完成了其中24项。在24项科研试验项目中,由地质、物探、路基专业主持或参加研究的项目6项。其中"提高物探探测地下洞穴的应用效果、南昆线段家河泥石流灾害研究和防灾对策、七甸泥炭土路基处理技术、南昆线膨胀岩路基工程试验、南昆铁路不良地质地段接触网杆塔基础稳定研究"5项由铁道第二勘察设计院主持完成;"隧道开挖工作面前方不良地质预报技术研究"由中国铁路工程总公司主持,铁道第二勘察设计院参加完成。

在南昆铁路建设中,实施新技术推广应用项目35项。其中属地质勘察的项目2项,即:铁路地质综合勘探技术的推广应用、南昆铁路工程遥感地质判释。

(2) 取得的科技创新成果

南昆铁路建设中,依靠科学技术克服了滑坡、岩溶、高瓦斯、高烈度地震、高地应力、大涌水、膨胀岩(土)、软土等诸多地质难题,勘察、设计、施工中采用了大量新技术、新结构、新材料、新工艺、新设备,使我国铁路建设特别是山区铁路建设的技术水平迈上了新的台阶。南昆铁路建设中在各主要技术领域取得了39项具有创新意义和经济价值的研究成果,其中3项成果处于国际领先水平,10项成果具有国际先进水平,16项成果属国内首创。其中地质、物探、路基专业主持或参加完成的"隧道开挖工作面前方不良地质预报研究"达到国际先进水平,"提高物探探测地下洞穴的应用效果研究"及"七甸泥炭土路基处理技术"达到国内领先水平。众多研究成果汇成了"复杂地质艰险山区修建大能力南昆铁路干线成套技术",开创了世界上在地质灾害路段长达2/3的高原地区修建长大铁路干线的先河。2001年荣获国家科技进步一等奖,标志着南昆铁路建设成就达到了20世纪90年代的国际先进水平。

南昆铁路工程地质勘察中总结和推广采用的一些新技术、新方法，如不同的地质综合勘探组合模式、路基岩溶地面塌陷勘察方法、瓦斯隧道勘察方法等，目前已在西南铁路勘察中得到普遍推广应用，对提高地质勘察的质量和水平起到了重要作用。

## 6.4 滇藏铁路工程地质勘察

### 6.4.1 线路概况

滇藏铁路是我国实施“西部大开发”战略的重要组成部分，其地理位置位于我国西南边疆，为横贯滇西北地区及西藏东南部的一条铁路大干线，可连接我国西南三省（西藏、云南、四川）区的三大省会城市（拉萨、昆明、成都），是西藏、滇西北地区通往我国东、南沿海地区和东南亚各国的便捷通道。滇藏铁路的建设，对于完善我国铁路路网布局、改善沿线地区交通条件及交通结构、带动沿线经济发展和人民脱贫致富、建设和谐社会、巩固国防等方面有着十分重要的战略意义和现实意义。

滇藏铁路全长约 1 789 km，东起成昆铁路广通站，经大理、丽江、中甸、德钦、田妥、波密、林芝，沿雅鲁藏布江西行，经朗县、加查、泽当，跨雅鲁藏布江后以 26.7 km 的特长隧道穿越冈底斯山，终点为拉萨站。滇藏线广通—大理段长 195 km，已于 1998 年建成通车。大理—拉萨段总长度约 1 594 km，桥、隧总长 779 km，约占线路总长的 49%。其中大理—丽江段长约 164 km，2005 年开工建设，计划 2007 年建成通车。滇藏铁路的主要技术标准为：Ⅰ级铁路干线；行车速度 120 km/h；限制坡度 12‰，加力坡 24‰；电力机车牵引；到发线有效长 650 m，预留 850 m；近期开放车站约 80 个。

滇藏铁路沿线地区，拥有丰富的矿藏、水力、淡水、森林、旅游、农牧等资源。沿线矿藏已发现近百种，有 30 余种矿藏探明保有储量列全国前五位，其中铅、锌、锡、铜、银等有色金属和磷储量居全国前三位，多为大型矿床；一些矿产是我国急需的短缺品种，储量前景看好。三江（金沙江、澜沧江、怒江）地区和雅鲁藏布江地区拥有丰富的水力资源，可开发水力资源占全国可开发水力资源的33％，装机容量达12 543.81$\times10^4$ kW，而且该地区水电开发建设技术经济指标十分优越，一旦全面开发，实现西电东送，将为我国发达地区提供大量清洁能源；同时该地区亦是我国唯一未开发利用、无污染的水量极丰富的天然淡水水源地，年调水总量可达1 000$\times10^8$ $m^3$，有利于解决我国北方干旱缺水、黄河连年断流、土地荒漠化扩大、生态环境恶化等制约北方工农业生产发展及人民生活用水的问题。

滇藏铁路经过的滇西北地区和藏东南地区分布有我国保存最完好的原始林带。西藏林地面积约1 267$\times10^4$ ha，活立木蓄积量20.84$\times10^8$ $m^3$，主要分布在滇藏铁路沿线的林芝和昌都地区。云南省的大理、丽江、迪庆地区林地面积约340.8$\times10^4$ ha，活立木蓄积量约3$\times10^8$ $m^3$。目前，原始森林带的成熟林、过熟林占95％，每公顷木材积蓄量达336$m^3$，在全国也是罕见。另外，滇藏铁路沿线还是我国野生动物、野生植物、药用植物种类最丰富的地区，有“动植物王国”的美称。

西藏、云南两省区特的殊地理、气候环境，造就了神秘的雪域高原、连绵起伏的群山中镶嵌了无数雪山、冰川、奇峰、峡谷、急流、险滩、湖泊、草甸、莽莽森林和众多少数民族浓郁多彩的民族风情文化、宗教寺庙，共同构成沿线得天独厚的、多姿多彩的旅游资源。如大理的苍山、洱海；丽江古城、玉龙雪山；神奇美丽的迪庆香格里拉风景区；藏传佛教圣地——拉萨；西藏第一神山——梅里雪山；金沙江天险——虎跳峡；摩梭风情“女儿国”——泸沽湖；世界级文化遗产——布达拉宫、大昭寺、丽江古城、蜚声中外的纳西族东巴文化等。目前已形成世人所垂青的登山、探险、猎奇、朝圣和休闲旅游的胜地。

### 6.4.2 线路方案研究与建设历程回顾

新中国成立后，国家、铁道部和云南省、西藏自治区十分关注滇藏铁路的建设，铁道第二勘察设计院从20世纪50～60年以来，一直在不断地进行滇藏铁路的方案研究。滇藏铁路铁路的方案研究与建设历程大致可划分为3个阶段：

(1) 全面研究阶段

20世纪50～60年代，铁道第二勘察设计院全面研究了分别自四川、云南进藏的铁路走向方案。对川藏铁路南线、北线方案和滇藏铁路沿线的区域地质情况，对复杂地质地段及重大工程的地质条件进行了重点考察，完成了川藏、滇藏两大线的方案研究报告。

(2) 滇藏铁路方案的确定阶段

20世纪70年代初，根据国家确定进藏铁路方案决策的需要，我院对川藏铁路、滇藏铁路再次全面收集各方面资料，进行现场踏勘，深入研究论证了两方案的可行性和必要性。确定了滇藏铁路方案的优势地位。根据铁道部的要求，我院于1972年7月完成了广通至石鼓线（石鼓支线）的方案研究报告，并进行了广通至大理段的勘察工作。

(3) 滇藏铁路分段建设阶段

1978年，鉴于青藏铁路建设中遇到较大困难，滇藏铁路建设进入了一个全面研究的新阶段。先后完成“滇藏、川藏铁路考察报告”、“滇藏铁路（广通—拉萨）方案研究报告”；大理—雄弄段航空摄影和控制测量；全线工程地质遥感解译；大理—田妥段初测；松宗—东久段科研考察等工作。

1983年12月，完成“滇藏铁路广通至拉萨段可行性研究报告”。

1992年，滇藏铁路广通至大理段（全长194.5 km）开工建设，1998年建成通车。

1998年，根据铁道部指示，又一次进行滇藏铁路预可行性研究。重点是围绕“经济运量研究、工程地质遥感解译、线路方案和主要技术标准选择、运营管理体制和主要运营设施适应性、施工组织和投资估算”等开展专题研究。铁道部专业设计院完成全线工程地质遥感解译;铁道第二勘察设计院完成标准轨、米轨方案预可行性研究报告。其后,铁道部孙永福副部长等领导、专家又多次进行了沿线实地考察。

2000 年,中国地震局工程地震研究中心完成“青藏、滇藏铁路沿线活断层、地震构造环境初步对比分析报告”。

2002 年 4 月,根据铁道部发展计划司的委托,铁道第二勘察设计院再次对滇藏铁路进行了现场踏勘及研究,分别完成了东段 474 km 的“滇藏线大理—德钦段预可行性研究报告”和西段 462 km的“滇藏线林芝—拉萨段预可行性研究报告”。

2004 年 1 月,铁道第二勘察设计院完成“大理—丽江线可行性研究报告”,同年完成定测、初步设计、补定测、施工图。2004 年 11 月,大理—丽江段(164.4 km)开工建设,计划于 2007 年底建成通车。

2005 年 4 月,铁道第二勘察设计院完成滇藏铁路“丽江—香格里拉段预可行性研究报告(方案竞选)”,进一步深化了“滇藏铁路林芝—拉萨段预可行性研究”。

目前,滇藏铁路已建成和在建(广通—大理—丽江)线路总长 359 km,仅占全线总长 1 789 km 的 20%,任重而道远。

### 6.4.3 区域地质环境

6.4.3.1 地形地貌

滇藏铁路地处云贵高原西北部及青藏高原东南部,地势西北高、东南低,海拔高程 2 000～6 000 m。新生代全区大幅隆升,河谷强烈深切,山岭与河谷相对高差 2 000 m 以上。沿线主要山脉、河流受滇藏地区弧形构造控制,由近南北向渐变为东西向展布。线路穿过“七大山脉”(云岭山、玉龙雪山、碧罗雪山、他念他翁山、念青唐古拉山、岗底斯山和喜马拉雅山),跨越“五大江河”(金沙江、澜沧江、怒江、迫隆藏布江、雅鲁藏布江)。全线可划分为“三大地貌单元”(滇西北横断山脉高山峡谷区、藏东南高山峡谷区、藏南谷地区),各单元间垂直气候分带明显,主要表现为气压、气温、降雨量及植被发育程度差异较大，显示南强北弱、南高北低的特点。

(1) 滇西北横断山脉高山峡谷区(大理—德钦段)：位于滇西北和“三江”(金沙江、澜沧江、怒江)并流地带，山脉、河流呈南北向平行分布，山岭海拔 3 000 ～5 000 m，谷地与高山相对高差 2 000～3 000 m。气候湿润多雨，森林植被发育。

(2) 藏东南高山峡谷区(德钦—林芝段)：位于贡山以北，色齐拉山以东。东侧与滇西北横断山脉高山峡谷区相邻。山脉、河谷走向由近南北向渐变为近东西向展布，山高谷深、山势陡峻，峰岭海拔多在 5 000 m 以上。迫隆藏布—雅鲁藏布江大拐弯之间，地势尤为高耸，许多山峰在 6 000 m 以上，谷底与山顶相对高差 2 000～3 000 m。其中然乌附近、松宗—索通段，迫隆藏布河谷较宽，有零星的一级阶地分布；波密—古乡段，河谷较开阔，河面和漫滩平缓，一级阶地较发育。线路两侧海拔 4 800 m 以上为冰峰雪山所环绕，现代冰川、雪崩、泥石流很发育。迫隆藏布上游然乌—松宗、下游古乡至通麦及拉月曲下游的河谷狭窄、河床坡陡、水势汹涌、险滩不断。气候温湿多雨，海拔 3 500 m 以下森林植被发育。

(3) 藏南谷地区(林芝—拉萨段)：系指念青唐古拉山与喜马拉雅山之间地带，包括雅鲁藏布江及拉萨河海拔 4 000 m 以下地区。雅鲁藏布江自曲水—林芝段，除加查至桑日为高山峡谷区外，其余多为宽谷，有宽坦的河漫滩和一级阶地，河谷水流呈梳辫状。两岸山峦起伏，谷坡北岸多长大支流。由于印度洋暖湿气流西进受桑加峡谷的阻挡，桑日以西地区植被稀疏，河谷多风沙，雅鲁藏布江两岸一级阶地及河漫滩上多被垦为草滩牧场和农田，部分河段种植有防护林。桑日以东气候温湿，海拔 3 500 m 以下森林植被较发育。

6.4.3.2 地层岩性

滇藏铁路沿线古生代—中生代的三大岩类(如沉积岩类的砂岩、泥岩、页岩、石灰岩，岩浆岩类的花岗岩、闪长岩，变质岩类的片麻岩、板岩、千枚岩等)出露齐全，软质岩分布广泛，线路约有70%的地段经过软质岩地区。各类岩体受多期地质构造作用强烈，风化破碎严重，岩体完整性及边坡稳定性较差。如滇藏公路沿线，软质岩边坡滑坍灾害尤为突出，对道路畅通和行车安全影响较大。

6.4.3.3 地质构造与地震

如图6.1所示，滇藏铁路穿行于印尼滇缅歹字形构造体系中的“三大地质构造带”，即唐古拉—三江（金沙江、澜沧江、怒江）断褶带、拉萨—波密构造带、雅鲁藏布江缝合带。沿线三大地貌与五大水系（金沙江、澜沧江、怒江、迫隆藏布江、雅鲁藏布江）都沿其走向发育展布，显示了区域地质构造控制地貌与水系的一般规律。由于区域受多期地质构造运动复合作用强烈，致使区域岩体破碎，谷坡稳定性较差，对工程影响较大。

根据《中国地震动参数区划图》（GB 18306—2001 图 A1 图 B1），滇藏铁路经过区域均属高烈度地震区，对铁路工程的安全威胁较大。初步统计铁路沿线通过地震动峰值加速度0.1～0.15 g（地震基本烈度Ⅶ度）的地段长约871 km，0.2～3 g（Ⅷ度）的地段长约670 km，大于等于0.4 g（Ⅸ度）的地段长约130 km。

### 6.4.4 重大工程地质问题

滇藏地区是我国大陆新构造运动最为强烈的地区，由于印度板块向欧亚板块的强烈推挤，使区域地壳强烈隆升，形成了地势陡峻的高山峡谷地貌、活动断裂纵横交错、岩浆侵入、火山喷发、地震活动频繁等特点，以致铁路沿线生态环境脆弱，地质灾害繁多，工程地质问题突出，既控制前期线路方案的选择十分困难，也影响后期勘察设计与施工的难度较大。

6.4.4.1 活动断裂与地震

由于滇藏地区高山峡谷地形条件的限制，滇藏铁路不得不穿越“六大活动断裂带”（即金沙江、澜沧江、怒江、易贡藏布—波密、米林—通麦、雅鲁藏布江断裂带），成为控制沿线区域稳定性和地质灾害的主要因素，主要表现为“三大地震带”（大理—剑川—丽江

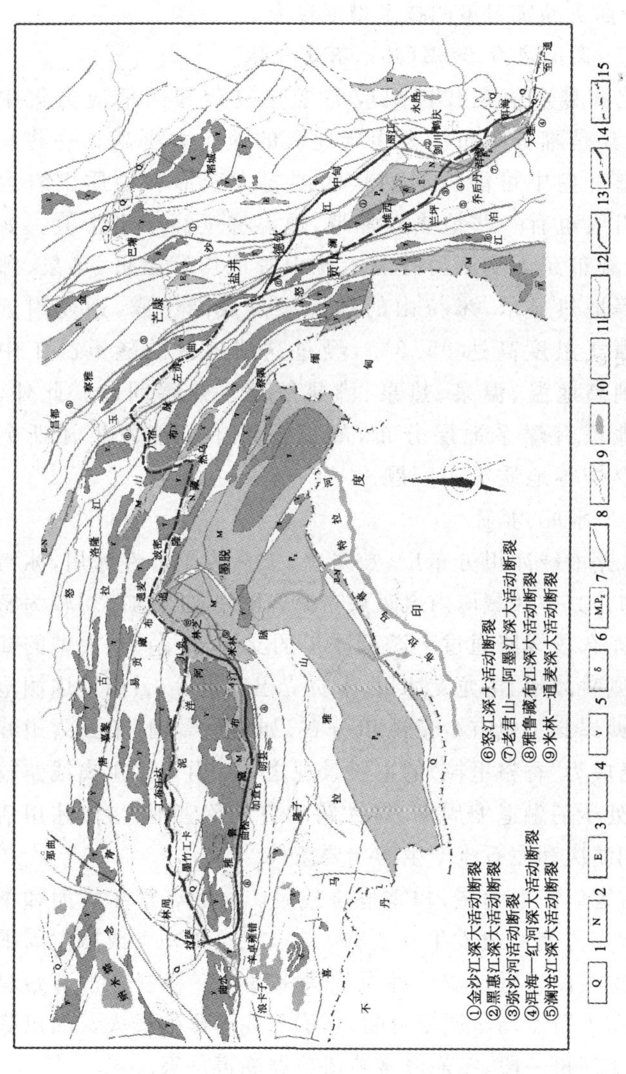


图 6.1　滇藏铁路工程地质略图

1—第四系；2—上第三系；3—下第三系；4—古生界中生界沉积岩；5—花岗岩；6—闪长岩、石英闪长岩；7—古生界片麻岩；8—断层；9—河流；10—湖泊；11—温泉；12—公路；13—滇藏铁路；14—既有铁路；15—国界。

地震带、班公湖—怒江地震带、喜马拉雅地震带）频繁的破坏性地震及大规模的崩塌、滑坡、泥石流等次生地质灾害发育，制定与确定铁路工程防灾减灾对策的技术难度较大。

6.4.4.2 高地应力、地温（热）、有害气体

滇西北和藏东南是我国地应力变化复杂和高地应力集中的地区，尤其是雅鲁藏布江大拐弯地区的地应力更高。一些长大深埋隧道开挖中可能会遇到软弱围岩大变形和硬质围岩岩爆问题。沿线也有一些地热异常带，地温梯度高于正常值。如怒江、雅鲁藏布江干支流河谷及米拉山等地均有温泉、热泉、沸泉和气孔等地热显示，米拉山的高温泉点成圈出露，通麦附近的常青泉喷气温度高达 95.5℃，经过这些地区的隧道施工中可能会遇到高地温、温泉、热泉、沸泉等地下热害问题。此外，沿线局部地段有煤系地层分布，隧道掘进中可能发生瓦斯突出、爆炸、燃烧等地质灾害问题。

6.4.4.3 冰川、雪崩

滇藏铁路沿线冰川分布广，数量多，大多为季节性冰川，冰雪补给源充沛。其中西藏境内迫隆藏布河谷两岸和支沟冰川较为密集，然乌—东久段线路通过上游有冰川的支沟 40 余条，大型的如长饮冰川、则普冰川、培龙支冰川、卡贡弄巴冰川等；云南境内澜沧江、金沙江两岸高山也有少量冰川分布，如梅里雪山、玉龙雪山峰顶的冰川已成为“香格里拉”的主要景观之一。由于冰川离线路较远，且大都处于消融退缩周期，对铁路的直接危害不大，但冰川活动也是冰湖溃决和泥石流产生的主要条件。

本线雪害以雪崩为主，积雪危害较轻。雪崩有常年雪崩和季节雪崩。常年雪崩一般发生在 4 800 m 以上永久积雪或冰川周围的山坡上，离线路较远。季节性雪崩大多发生在初春融雪开始时期，迫隆藏布上游然乌—波密之间，雪崩对线路影响较大。如川藏公路 80～84 道班一段，雪崩经常造成公路断道危害。

6.4.4.4 崩塌、滑坡、泥石流

滇藏铁路沿线地质构造复杂，断裂河谷深切，地震活动频繁，

岩体破碎，岩坡陡峻，雨量充沛，崩塌、滑坡、泥石流或岩屑裙等分布多，规模大，成为进藏铁路的主要地质灾害。如既有滇藏公路桑日—曲松—加查—郎县(230 km)、龙门巴—通麦(14 km)、波密县境阿西—然乌(50 km)、芒康县境红拉山—澜沧江(60 km)4 段总计 454 km 路段，沿深山峡谷陡坡(岸)行进，地形地质条件险恶，公路上方高陡边坡崩塌、落石、滑坡、泥石流、冰川雪崩等地质灾害繁多，规模较大，尤其是雨季常发生突发性灾害，严重影响交通安全和道路畅通。如通麦附近 102 道班前后的滑坡群和拉月乡的大塌方，造成多次交通事故；2003 年 7 月 20 日发生于红拉山—澜沧江间角龙坝沟谷的暴雨泥石流，造成车毁、人亡 16 人的特大交通事故；特别是川藏公路瓦达至雪齐拉长 310 km 地段，有泥石流沟 150 多条，其中卡贡能巴和迫龙沟都发生过特大型泥石流。一般说来，特大型泥石流的形成条件比较特殊，如著名的古乡特大泥石流，携带固体物约 1 000 万方，形成 4.5 $km^2$ 的扇形石海。沿线对铁路影响较大的泥石流，主要是雨水和冰雪消融水形成的中小型泥石流，冰崩、雪崩、冰湖溃决形成的泥石流较少。

既有滇藏公路遭受崩塌、滑坡、泥石流危害较大，主要原因是公路技术标准低、工程防护弱、桥涵设计孔径偏小或桥涵设置过少等。滇藏铁路选线设计中应充分吸取川藏公路的经验教训，尽量绕避崩塌、滑坡、泥石流，难以绕避地段须加强工程防护措施，如以隧道下穿通过，加强路基支挡防护、桥涵设计孔径“宁宽勿窄，留足净空”等，保障铁路安全与畅通。

6.4.4.5 岩　溶

大理—西邑、丽江—小中甸、香格里拉—德钦等地，碳酸盐岩分布广泛，溶洞、漏斗、落水洞、暗河、岩溶洼地等岩溶形态发育，施工中可能存在岩溶塌陷及隧道涌水突泥等问题。

6.4.4.6 特殊岩土

(1) 软土与季节性冻土：洱海、丽江、鹤庆断陷盆地、雅鲁藏布江河谷等地有软土分布，三个断陷盆地的软土深度达 100 m 以上，尽管线路已靠山绕避，仍存在局部深层软土处理困难问题。全线 3 500～4 400 m

以上地区有季节性冻土(厚 30～50cm),对工程有一定危害。

(2) 冰碛层:沿线冰碛层可划分为古冰碛层、现代冰川冰碛层两种类型。古冰碛层零星分布于河谷地带,多以冰水沉积、泥石流及冲洪积物共同构成一至四级阶地,其物质组成主要由碎石、角砾、块石、砂及少量黏土组成,松散～中密,透水性良好,厚度由数米至百米不等,其力学性质和斜坡稳定性有一定特殊性,是冰川泥石流的主要物质来源。

(3) 风沙、砂土液化、放射性、膨胀岩(土):雅鲁藏布江河谷拉萨至郎县一带存在风沙、砂土液化;岩浆岩、变质岩地区隧道存在放射性;局部软质岩隧道存在膨胀性等问题。

### 6.4.5 滇藏铁路主要线路走向方案比选研究

#### 6.4.5.1 大理—德钦段丽江方案和维西方案的比选

滇藏铁路大理—德钦段主要有两个走向的线路方案(图6.1),即大理—丽江—德钦方案(简称丽江方案)、大理—维西—德钦方案(简称维西方案)。

(1) 工程地质条件比较:经表 6.3 对比分析可见,滇藏铁路大理至德钦段丽江方案的工程地质条件优于维西方案,推荐采用丽江方案。

**表 6.3　滇藏铁路大理至德钦段线路方案工程地质条件比较**

| 比较内容 | 丽江方案(474 km) | 维西方案(484 km) |
|---|---|---|
| 地形地貌 | 主要为大理洱海冲洪积断陷盆地、北衙—松桂、鹤庆、丽江、拉什等山间盆地、金沙江河流阶地及中甸河、金沙江、澜沧江高山峡谷地貌 | 主要为大理、洱海冲洪积断陷盆地、洱源溶蚀断陷盆地、澜沧江河流阶地、老君山丘陵地貌及澜沧江高山峡谷地貌 |
| 地层岩性 | 第四系广泛分布于山间盆地地带,基岩为灰岩、砂岩、白云岩、玄武岩、板岩、砾岩、片岩、大理岩夹石膏,泥、页岩夹煤线及岩浆岩等 | 第四系分布于山间盆地、河流阶地。基岩为灰岩、砂岩、白云岩、砾岩、玄武岩、板岩、片岩、泥、页岩夹煤线、大理岩夹石膏及岩浆岩等 |

续上表

| 比较内容 | 丽江方案(474 km) | 维西方案(484 km) |
| --- | --- | --- |
| 地质构造 | 线路位于唐古拉—三江断褶带,主要分布洱海—红河、金沙江、澜沧江等深大断裂带,岩体破碎。线路以横跨江河为主,沿河线路较短 | 线路位于唐古拉—三江断褶带,主要分布洱海—红河、老君山—阿墨江、黑惠江、澜沧江等深大断裂带,构造活动强烈,岩体破碎。大部分线路沿澜沧江河谷而上,高陡岸坡岩体卸荷裂隙发育,对线路安全威胁较大 |
| 线路与地质构造线的关系 | 大部分线路距主断层较远,局部大角度与断裂相交,对线路工程影响相对较小 | 大部分线路距主断层较近,且与断裂走向平行或小角度相交,对工程影响较大 |
| 主要工程地质问题 | 主要工程地质问题有崩塌、岩堆、错落、滑坡、危岩落石及泥石流、岩溶等;在洱海东岸、北衙、丽江盆地、前卡—中甸分布的碳酸盐岩中岩溶较发育;洱海东岸及鹤庆、丽江盆地中有软土分布;沿线地震动峰值加速度为 0.1～0.3 g。长大深埋隧道施工中可能调到高地应力、地温、有害气体等问题 | 主要工程地质问题有崩塌、岩堆、错落、滑坡、危岩落石、泥石流、岩溶等;龙门箐隧道通过岩溶发育区,施工中可能遇到较大溶洞和岩溶水;洱海东岸沿线有软土分布;沿线地震动峰值加速度为 0.1～0.3 g,长大深埋隧道施工中可能遇到高地应力、地温、有害气体等问题 |
| 工程地质条件评价 | 工程地质条件相对较好 | 工程地质条件相对较差,尤其是澜沧江断裂河谷高陡岸坡岩体稳定性差,对沿河线路的安全威胁较大 |

(2) 线路技术条件与旅游资源比较:丽江方案较维西方案线路长约 67 km,但经过大理、丽江、中甸(香格里拉)等著名旅游风景区,对旅游资源开发非常有利。维西方案只经过大理旅游风景区,对滇西北地区丰富的旅游资源开发不利。推荐采用丽江方案。

(3) 经济据点与吸引范围比较：丽江方案经过大理、丽江、中甸等地、州政府所在地，有利于城市化发展及增加客货流量吸引范围，有利于国土开发和整治，符合国家西部大开发战略政策。维西方案仅经过大理州及维西县，政治经济据点较少，吸引范围较小，对于国土开发和整治相对不利。丽江方案优于维西方案。

两个方案比较，推荐采用经丽江方案（即大理—丽江—德钦方案），线路长551 km。

6.4.5.2 德钦—林芝段线路方案

滇藏铁路德钦—林芝段地形地质条件较复杂，但经济据点及人烟稀少，制约因素相对简单，线路走向较为稳定，线路长658 km。

6.4.5.3 林芝—拉萨段雅鲁藏布江方案与尼洋河方案比选

滇藏铁路林芝—拉萨段主要有两个走向的线路方案（图6.1），即沿雅鲁藏布江走向方案（简称雅鲁藏布江方案）、沿尼洋河走向方案（简称尼洋河方案）。

(1) 工程地质条件比较：经表6.4对比分析可知，林芝—拉萨段雅鲁藏布江方案的地质条件优于尼洋河方案，推荐采用雅鲁藏布江方案。

**表6.4 滇藏铁路林芝—拉萨段线路方案工程地质条件比较**

| 比较内容 | 雅鲁藏布江方案(462 km) | 尼洋河方案(395 km) |
|---|---|---|
| 自然地理地貌 | 线路经由雅鲁藏布江河谷地区，地势较低，气候东部暖湿，西部干燥。沿线大宽谷与大峡谷相间分布。宽谷段谷宽水浅，漫滩、阶地发育；峡谷段山高谷深流急，崩塌、岩堆发育；宽窄过渡段河型弯曲，阶地发育，河岸冲刷较严重。谷坡稳定性一般较好 | 线路经由冈底斯山—念青唐古拉山山脉地区，地势较高，气候东部温湿，西部干燥。沿线为山原河谷区。山原周围的宽平顺直冰川槽谷发育，河谷多呈上、下游宽畅，中部狭窄的形态；阶地断续分布，以基座型为主，堆积型次之；主要为侵蚀—堆积、重力剥蚀、寒冻风化、冰川、泥石流等地貌形态。谷坡稳定性较差 |

续上表

| 比较内容 | | 雅鲁藏布江方案(462 km) | 尼洋河方案(395 km) |
|---|---|---|---|
| 区域地质特征 | 大地构造 | 雅鲁藏布江缝合带 | 西藏地槽褶皱系的拉萨—波密褶皱带 |
| | 构造活动 | 雅鲁藏布江深大断裂强烈活动区,以大幅度差异性升降运动为特点 | 一般断裂构造区,是活动构造区中的相对稳定带 |
| | 沉积特征 | 主要为中生界三迭系及新生界侏罗系、白垩系地层构成的地槽型(或过度型)沉积 | 主要为古生界、中生界、新生界地层构成的地台型陆相沉积 |
| | 岩浆活动 | 主要以花岗岩、花岗闪长岩侵入和线状基性、超基性岩浆喷发成岩作用为主 | 以花岗侵入岩和火山碎屑岩沉积为主 |
| | 变质作用 | 变质作用东深西弱,地层越老变质越深 | 自西向东变质加深,主干断裂两侧地层多具蚀变 |
| | 岩性差异 | 南北两侧,不同地段岩性软硬差异较大 | 以坚硬、半坚硬岩性为主,线路两侧岩性差异不大 |
| 主要工程地质问题 | 断裂破碎带 | 以雅鲁藏布江深大断裂为主,次级断裂较多,破碎带宽达数百米,破碎程度较为严重 | 多为次一级压性断裂为主,破碎带宽一般只有数米,破碎程度稍轻 |
| | 有害气体 | 沿线未见煤系地层出露,无有害气体问题 | 米拉山以西有煤系地层,隧道工程可能遇到瓦斯危害 |
| | 地热和放射性 | 位于雅鲁藏布江中游水热活动带,是西藏地区水热活动最微弱的地区。地表水热显示点数少、温度低,未发现放射性元素危害造成的地方病态 | 位于冈底斯山—念青唐古拉山水热强烈活动带(与羊八井是一个系统),米拉山越岭地区地表热显示(高温沸泉)点成圈出露,越岭隧道地温较高,并含有氡、镭、铀等放射性元素,温泉附近居民多出现畸形病态 |
| | 风沙危害 | 泽当—拉萨、郎县—米林有一定风沙危害 | 无风沙危害问题 |

续上表

| 比较内容 | | 雅鲁藏布江方案(462 km) | 尼洋河方案(395 km) |
|---|---|---|---|
| 主要工程地质问题 | 重大工程地质问题 | 桑加峡谷花岗岩中的长大深埋隧道群可能出现岩爆问题;朗县金东至加查藏木段傍河隧道临近主干断裂,岩体破碎,有塌方、偏压问题;跨雅鲁藏布江的大桥、特大桥基础较深,地震烈度高,抗震设防难度大 | 米拉山长大深埋越岭隧道可能遇到高地温(热)、高地应力等问题,部分隧道可能遇瓦斯、放射性等问题;尼洋河沿岸泥石流活动频繁,整治困难;章多乡拉萨河特大桥基础深,地震烈度高,抗震设防难度大 |
| 工程地质条件评价 | | 工程地质条件相对较好 | 工程地质条件相对较差,特别是尼洋河沿岸的冰川泥石流及米拉山长大越岭隧道的高温热泉地热难以处治 |

(2)线路技术条件比较:尼洋河方案线路虽短67 km,但米拉山越岭海拔高达4 771 m,线路有约100 km走行在海拔4 000 m以上,并有127 km的加力坡(24‰),全段需采用双机牵引,运营成本较高。雅鲁藏布江方案除加查—桑日约40 km高山峡谷区采用长隧道通过外,其余地段大多位于雅鲁藏布江宽缓平坦的河谷阶地上,工程相对简单,同时线路纵坡较小(12‰),单机牵引即可,运营成本较低。雅鲁藏布江方案明显优于尼洋河方案。

(3)经济据点与吸引范围比较:雅鲁藏布江方案经过林芝地区的林芝、米林、朗县,山南地区的加查、曲松、桑日、乃东、扎囊、贡嘎以及拉萨市,总计10个市、县,经济据点及人口较多,客货流量吸引范围较大。尼洋河方案经过林芝地区的林芝、工布江达以及拉萨市的墨竹工卡、达孜及拉萨,共计5个市、县,经济据点及人口相对较少,客货流量吸引范围较小。雅鲁藏布江方案优于尼洋河方案。

两个方案比较,推荐采用雅鲁藏布江方案(即林芝—郎县—拉萨方案),线路长462 km。

综上所述,推荐采用“大理—丽江—德钦—林芝—郎县—拉萨”线路走向方案,全长1 671 km(其中海拔高程小于3 000 m的地段约813 km,3 000～4 000 m的地段约810 km,大于4 000 m的地段约 48 km)。主要工程约有桥梁 431 座/124 km,隧道约 460 座/607km,桥隧总长 731 km,桥隧占线路总长的 44%,估算建设投资超过 700 亿元,是我国举世触目的浩大铁路工程。

6.4.5.4 结论与建议

(1) 滇藏铁路地处我国西南部新构造运动最强烈地区,沿线地质灾害突出,主要有活动断裂与地震、高地应力、地温(热)、有害气体、崩塌、滑坡、泥石流、冰川、雪崩、岩溶、软土、冻土、膨胀岩(土)、冰碛层、风沙、砂土液化、放射性等工程地质问题,可谓"世界地质博物馆"。滇藏铁路的工程地质条件远比已建成的宝成、成昆、南昆、青藏铁路更为复杂,生态环境更为脆弱,工程更为艰巨,勘察设计与施工的难度更大,堪称"世界铁路艰险工程之最"。

(2) 滇藏铁路的建设,对我国政治、经济、国防、民族团结等意义重大,应及早修建。建议采用"大理—丽江—德钦—林芝—郎县—拉萨"线路走向方案,贯彻"总体布局、分段勘察、分段设计、分段施工"的方针,加强工程防护,预防地质灾害,保护生态环境。建设时序可先建东、西两段,后建中段,以缓解国家一次投入巨大工程投资的负担。

(3) 滇藏铁路勘察设计中,建议有关部门超前开展遥感地质解译、区域活动断裂鉴定、地震安全性评价、建设项目环境影响评价、地质灾害防治等重大科研课题研究,以指导工程设计与施工,推进铁路科技进步,提高铁路建设的安全可靠性及投资效益。

#### 6.4.6 滇藏铁路主要方案地质比选的成果与经验

通过对滇藏铁路多年来的勘察设计和研究工作,特别是对 2004 年年底开工建设的大理—丽江线的勘察设计工作及西南山区铁路建设实践经验,铁道第二勘察设计院对滇藏铁路所经地区的工程地质条件、环境工程条件、地方对铁路建设的建议和要求等方面有了全面、深入的了解和认识,为合理选择滇藏铁路线路走向方案、主要技术标准、工程处理措施等方面,积累了丰富的资料和勘察设计经验。

(1) 航空遥感地质工作在预可研阶段具有重要的指导作用

本线分别在 1978 年、1998 年、2004 年,先后由铁道第二勘察设计院和铁道部专业设计院三次对全线进行了大面积的航空遥感地质解译，充分发挥了航空遥感地质的优越性，加快了工作进度和准确性，为大面积选线创造了条件。如大理—维西—德钦方案与大理—丽江—德钦方案的比选，丽江—中甸东、中、西线方案的比选，玉曲河左、右岸方案的比选，林芝—拉萨段沿雅鲁藏布江的南线方案与沿尼洋河的北线方案的比选，迫隆藏布江沿线泥石流分布特征等，都在遥感地质工作的基础上较好地选择确定了线路方案，取得了良好的成果。

(2) 在复杂地形地质地区，预可研阶段加深地质工作十分必要

数十年来，铁路系统对滇藏铁路投入了大量的研究工作。如德钦—拉萨段进行了三次预可研、全线先后完成三次航空遥感地质解译、迫隆藏布江段科学考察等，为本线研究提供了丰富的地质资料，对选择较好的线路方案起到了重要作用。根据滇藏铁路的工作经验，在类似条件下应在预可研阶段加深地质工作，坚持地质选线方法，选择技术可行、经济合理、安全可靠的线路方案。

(3) 地质选线中必须深入研究不良地质、特殊岩土问题

本线在前期工作中，在航空遥感地质工作和现场调查的基础上，深入研究了本线的特殊工程地质条件及不良地质分布对铁路工程的影响，并通过研究不良地质在高程及平面上的分布规律，合理确定线路平面、高程及重大桥、隧工程位置等。如大丽线上关—北衙段越岭地段，地处云贵高原西部与横断山脉交接地带，地形地质复杂，在航片解译和加深地质调绘基础上，选定了绕避梅子涧特大型滑坡的青花坪隧道方案。

本线特殊复杂的地质条件和 3 500 m 以上高程地带生态环境脆弱的自然环境，为铁路建设提出了更高的要求。要充分认识“保护自然环境就是保护工程环境安全”的重要性，仔细研究自然环境特征、铁路建设对环境的影响、可能产生的工程危害等，有针对性地提高工程抗灾能力，力求铁路建设和环境相和谐，确保铁路建设和运营安全。

(4) 地质选线应与环境选线有机结合

滇藏铁路沿线自然保护区、风景名胜区、森林植被区广泛分布，有著名的"丽江古城"、"三江并流"等世界遗产保护区，生态环境较为脆弱。为充分开发本区域的生态环境资源、民族文化资源，改善地区落后的经济面貌，本线建设中应做好生态环境保护工作，不仅对区域社会经济的可持续发展具有重要意义，而且对整个长江中下游地区也将产生重大影响。因此，贯彻地质选线与环境选线有机结合的思路，在本线的方案比选中占有重要地位。在建的大理—丽江线的线路方案比选充分考虑了这一点。从大理—青花坪段洱海西线和东线两大线路方案的比选中看，西线方案地质条件虽较东线方案好，但洱海西岸分布大理苍山—洱海国家级风景名胜区、自然报护区、大理文化古镇等，工程对环境的影响严重。东线方案对环境几乎无影响，但工程投资较西线方案多 3 亿元。最终确定选择洱海东线方案，避免了工程建设对苍山—洱海国家级风景名胜区、自然报护区、大理文化古镇的影响，被誉为"地质选线与环境选线有机结合的典范"。

(5) 必须执行铁路建设与政治、军事、经济与社会效益统一原则

铁路建设是一种经济行为，应遵循"经济效益、社会效益的统一原则，并和国家发展战略目标和铁路网发展规划相适应"。滇藏铁路前期研究工作中，始终坚持不懈地贯彻执行了这一原则。如甘藏、川藏铁路方案的放弃，滇藏铁路大理—丽江—中甸—德钦方案的实施，林芝—拉萨段采用沿雅鲁藏布江方案等，使选定的滇藏铁路方案较其他方案具有明显的政治、军事、经济优势。

## 6.5 玉蒙铁路工程地质勘察

### 6.5.1 线路概况

玉蒙铁路位于云南省滇南地区玉溪市及红河自治州境内。北起昆玉铁路玉溪南站接轨，途经通海、建水，东至蒙自终点站，新建线路长 142 km，桥隧比重占 55%。设计初期北接昆玉地方铁路与

国铁准轨铁路网相连，南接昆河米轨铁路至边境口岸河口与越南铁路网相连，形成云南出境的国际铁路通道。

### 6.5.2 区域地质环境

6.5.2.1 自然地理地貌

玉蒙铁路经过云南高原中南部的构造侵蚀、剥蚀低中山区，地势西北高、东南低，地面高程西北部多在 1 500～2 000 m，东南部则多在 1 200～2 000 m。最高点为个旧市西侧莲花山，高程 2 739 m；最低点位于倘甸盆地，高程为 1 123 m。境内山峦纵横，地形错综复杂，山地、峡谷、高原、盆地交错分布。按内外应力作用因素和地面形态，可将区域地貌划分为高原构造侵蚀地貌、高原构造剥蚀地貌、高原溶蚀地貌和高原河流湖泊堆积地貌 4 种类型。沿线属亚热带季风气候，年均气温 15℃～20℃，年均降雨量 780～1 000 mm，主要集中在 7～8 月。

6.5.2.2 地层岩性

自元古界—新生界地层中，除奥陶系、志留系、白垩系外，其余地层出露齐全，岩浆岩、变质岩、沉积岩三大岩类都有分布，岩性主要为灰岩、白云岩、泥灰岩、硅质岩、砂岩、泥岩、砾岩、页岩及板岩，沿断裂带侵入的花岗岩、闪长岩等。沿线通海、曲溪、建水、蒙自等断陷盆地区，主要分布第四系湖相沉积的黏性土、软土、砂土及第三系泥岩、砂岩、砾岩夹褐煤，局部含石膏等，泥岩具弱～中等膨胀性。

6.5.2.3 新构造运动与地震

测区位于川滇菱形断块的东南端，地质构造复杂，新构造运动强烈，是我国大陆现今地壳构造运动最为强烈的地区，以活动断层规模大，分布密集，地震活动频繁，震级大，地震破裂带长，位错量大为主要特征。

(1) 大地构造：区域大地构造位于扬子准地台和华南褶皱系两个Ⅰ级大地构造单元。线位起始于扬子准地台之川滇台背斜（康滇地轴）东南边缘，至白林山后向南东横贯滇东台褶带，至建水东侧进入华南褶皱系范围，其终点为华南褶皱系滇东南台褶带之西部边缘。

两个I级大地构造单元的分界线为师宗—弥勒断裂带。

(2) 新构造运动

根据断块运动在上升幅度、块体运动方向、断裂活动以及地震活动等方面表现出的明显差异，以小江断裂和红河断裂为界，将区域划分为三个新构造区（图 6.2）：川滇断块强烈抬升区、滇东断块缓慢抬升区和三江挤压强烈隆起区。沿线新构造运动强烈的活动区，主要表现为现代地貌的变形与抬升及发生在上第三系与第四系沉积物中的褶皱乃至断层变形（新构造变形）。

(3) 主要活动断裂特征

见图 6.2，区内活动断裂有 7 条，其特征见表 6.5。线路不同程度地穿越的活动断裂主要有小江断裂带（$F_1$）、普渡河断裂（$F_2$）曲江断裂（$F_4$）、石屏—建水断裂（$F_5$）等。下面重点介绍对铁路工程的安全性影响较大的三条活动断裂特征：

**表 6.5　区域主要活动断裂特征**

| 断裂编号 | 断裂名称 | 产状 | | | 区内长度(km) | 性质 | 最新活动时代 | 地震活动(≥7 级) |
|---|---|---|---|---|---|---|---|---|
| | | 走向 | 倾向 | 倾角(°) | | | | |
| F1 | 小江断裂带 | SN | 东支 W<br>西支 E | 陡倾 | 360 | 左旋 | $Q_4$ | 1500 年宜良≥7 级<br>1733 年东川 7.7 级<br>1833 年嵩明 8.0 级 |
| F2 | 普渡河断裂 | SN | E | 70 | 200 | 左旋 | $Q_3$ | |
| F3 | 元谋—绿汁江断裂 | SN | E | | 140 | 逆冲<br>左旋 | $Q_3$ | |
| F4 | 曲江断裂带 | NW | NE | 60～80 | 100 | 逆冲<br>右旋 | $Q_4$ | 1588 年 7.0 级<br>1913 年 7.0 级<br>1970 年 7.7 级 |
| F5 | 石屏—建水断裂 | NWW | NE | | 170 | 逆冲<br>右旋 | $Q_4$ | 1799 年 7.0 级<br>1887 年 7.0 级 |
| F6 | 红河断裂带 | NW | SW | 50～80 | 350 | 右旋 | $Q_4$ | |
| F7 | 师宗—弥勒断裂 | NE | NW | 40～60 | 250 | 逆冲 | $Q_3$ | |

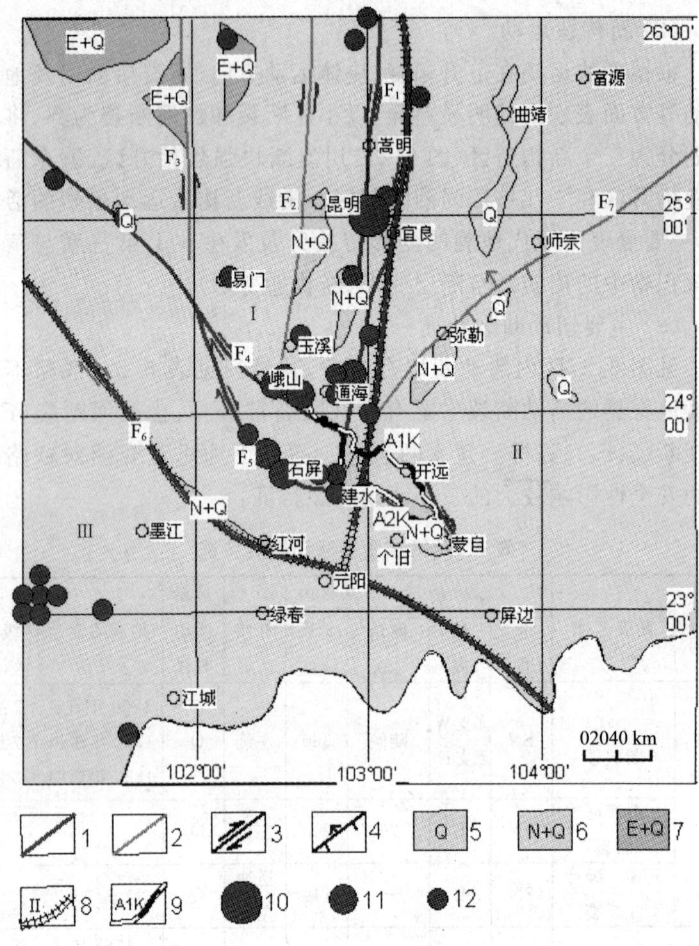


图 6.2　区域新构造图

1—全新世活动断裂；2—晚更新世活动断裂；3—走滑断裂；4—逆断裂；5—第四纪盆地；6—晚第三纪—第四纪盆地；7—早第三纪—第四纪盆地；8—新构造运动分区界线；9—铁路比选线与编号；10—震中 M=8.0 级；11—震中 M=7.0～7.9 级；12—震中 M=6.0～6.9 级；Ⅰ—川滇断块强烈抬升区；Ⅱ—滇东断块缓慢抬升区；Ⅲ—三江挤压强烈隆起区；$F_1$—小江断裂带；$F_2$—普渡河断裂；$F_3$—元谋—绿汁江断裂；$F_4$—曲江断裂；$F_5$—石屏—建水断裂；$F_6$—红河断裂；$F_7$—师宗—弥勒断裂

1) 小江断裂带($F_1$):小江断裂带按结构和空间展布可分为北段、中段和南段,其中南段与线位关系密切。小江断裂带活动强烈,左旋走滑速率为 1.66 mm/年。断裂错断了小冲沟和晚更新世—全新世的河流阶地,控制了断裂两侧地貌、建水盆地、曲溪盆地东缘以及几个小盆地的发育。预测小江断裂带未来百年最大位错量走滑量为(2.65±1.0) m,垂直量为(0.95±0.4) m,地壳缩短量为(0.1±0.1) m,最大震级 7.0±0.3。

2) 曲江断裂带($F_4$):曲江断裂是一条以右旋为主兼有垂直分量的活动断裂,第四纪以来的水平滑动十分明显,其中断裂中段的水平滑动速率相对较大,平均 3.5 mm/年。曲江断裂第四系以来活动强烈,是云南省地震活动强烈的断裂之一,历史上曾发生过 5.0~5.9 级地震 5 次,6.0~6.9 级地震 4 次,≥7 级的地震 3 次。预测曲江断裂带未来百年最大位错量走滑量为(1.26±0.52) m,垂直量为(0.21±0.09) m,地壳缩短量为(0.07±0.04) m,最大震级 7.7(1970 年通海地震)。

3) 石屏—建水断裂带($F_5$):该断裂带控制了建水、缅甸、倘甸及鸡街盆地的发育。断裂多处水平错断水系和山脊,显示断裂的右旋走滑性质,活动强度由西向东逐渐减弱。走滑速率为 3.0~3.6 mm/年,平均为 3.2 mm/年。预测石屏—建水断裂带未来百年最大位错量走滑量为(2.30±0.88) m,垂直量为(2.15±0.86) m,地壳缩短量为(0.75±0.47) m,最大震级 7.15±0.3。

(4) 地震:根据《中国地震动参数区划图》(GB 18306—2001 图 A1 图 B1),研究区小江断裂带经由的个旧—开远以西区域地震动峰值加速度为 0.2~0.3 g(地震基本烈度为Ⅷ度),以东区域为 0.1~0.15 g(地震基本烈度为Ⅶ度),属高烈度地震区。全线有 126 km 位于地震Ⅷ度地震区地段,16 km 位于Ⅶ度地震区地段,对铁路工程的安全影响较大。

6.5.2.4 活动断裂与地震危险性分析

理论研究与工程实践表明,活动断裂对工程的危害最大。近场区内走滑活动断裂的平均活动速率可分为三级。第一级是

3.0～4.0 mm/年的曲江断裂和石屏—建水断裂；第二级是2.0～3.0 mm/年小江断裂带；第三级是1.0～2.0 mm/年的其他断裂。有史以来，第一级活动断裂发生过3次7级以上大震，第二级活动断裂发生过2次7级以上大震，第三级活动断裂没有7级以上大震记录。近场区活动断裂长度均在26～50 km以上，有发生7级以上地震的潜在危险和6～6.5级地震的可能。铁路设计中应高度重视并规避活动断裂的地震危险性问题。

### 6.5.3 水文地质特征

(1) 地下水类型

铁路沿线跨越的河流为南盘江水系的一些支流(均不通航)，较大的主要有曲溪河（也称曲江)、泸江、沙甸河(下游叫临安河)，均为典型的山区河流，河水暴涨暴落。测区地下水主要接受大气降雨及江河水补给，地下水的类型主要有松散沉积孔隙水、基岩裂隙水、岩溶水等。松散沉积孔隙水主要分布于沿线盆地、河谷及低洼沟槽第四系松散沉积层中，盆地一带及沿线沟槽处水量较丰富，且埋藏较浅，居民多在沟槽边缘挖井取水；基岩裂隙水主要分布于砂岩、砾岩、玄武岩、板岩中，特别在断裂带、向斜构造及节理、裂隙密集带等部位，储有较多的地下水；岩溶水主要分布于玉溪—曲溪、大冲—新燕子、李浩寨、建水—个旧的灰岩、白云岩等碳酸盐岩地区，岩溶水丰富，主要发育有高家庄南侧泉群、燕子洞伏流、大龙潭暗河、小龙潭暗河等。

(2) 水化学特征

区域地下水化学特征主要为 $HCO_3^-$—$Ca^{2+}$、$HCO_3^-$—$Ca^{2+}$·$Mg^{2+}$、$HCO_3^-$—$Ca^{2+}$·$Na^+$型，绝大多数对混凝土无侵蚀性，个别震旦系砂岩、昆阳群板岩及煤系地层地段的地下水，对混凝土有弱硫酸盐侵蚀性。

### 6.5.4 铁路线路走向方案比选

#### 6.5.4.1 新构造地震区的选线原则

(1) 线路应尽可能避开或远离活动断裂和发震断裂带，难以绕避时，应选择在断裂较窄处，以简单工程大角度通过。不宜在断裂带内设置大桥、中桥、隧道、高填、深挖等难以修复的重大工程。

(2) 线路宜绕避或短距离通过不稳定的悬崖深谷、高耸孤立的山丘及崩塌、滑坡、泥石流、液化土、软土等抗震不利地段；不宜在松散的厚层山坡堆积层上设置高桥、高填、深挖和半填半挖路基，应选在工程地质条件较好、地形开阔平坦或缓坡地段；不得以液化土层作建筑物基底的持力层。

6.5.4.2 主要线路方案

根据上述选线原则，结合区域经济环境与地形地质特点，拟建昆河线玉蒙段主要研究了三个可能的线路走向方案(图 6.2)。即：玉溪南—通海—建水—蒙自方案；玉溪南—通海—开远—蒙自方案；玉溪南—曲溪河—建水—蒙自方案。

6.5.4.3 重大工程地质问题

从区域地质条件上分析，三个线路方案同属一个区域地质环境，地质构造复杂，新构造运动强烈，是我国大陆现今地壳构造运动最为强烈的地区，以活动断层及地震破裂带长、位错量大为主要特征。三个线路方案均不同程度地穿越了区域的主要发震构造，如小江断裂带及曲江断裂带等活动断裂，对工程结构的安全性及铁路运营安全影响较大。概括起来，主要有三个方面的重大工程地质问题：

(1) 高烈度地震问题：拟建铁路近场区历史上曾发生过多次强烈地震，预测未来百年内有发生 7 级以上地震的潜在危险和 6～6.5 级地震的可能。地震作用可能导致建筑物破坏，工程抗震设防难度大。各个线路方案均有相当长的地段走行在深山峡谷之中，如曲江河谷及李浩寨等地，在陡峻的山坡和沟谷内覆盖有大量不稳定的松散堆积物，在地震触发下可能产生崩塌、滑坡、泥石流等山地质灾害，威胁铁路运营安全。

(2) 活动断裂问题：区域位于川滇断块强烈抬升区的南端和滇东断块缓慢抬升区西部，地处川滇菱形块体构造的东南角，是北西向红河断裂带和南北向小江断裂带的交汇地带。新生代以来，这个夹持于红河断裂与小江断裂之间的楔形地块，受川滇菱形块体向南东方向滑移的影响，区内一系列大断裂发生强烈的走滑和挤压逆冲活动，形成块体内部复杂的构造变形、强烈的断裂活动与强震密集带，是云南省活动断裂和地震灾害最严重的地区之一，地壳稳定性差，对工程结构的安全威胁较大。活动断裂最直接的灾害是断裂的蠕滑活动使建筑物遭到破坏或断裂地震导致建筑物被错断或倾斜。

(3) 不良地质与特殊岩土问题：各个线路方案沿线均不同程度地经过崩塌、落石与岩堆、滑坡、泥石流、岩溶、液化砂土、小煤窑采空区、有害气体、高地应力等不良地质及软土、膨胀土(岩)、红黏土等特殊岩土地段，工程治理投资较大。

6.5.4.4 线路走向方案综合比选

(1) 玉溪—通海—建水—蒙自方案：新建线路长 142.94 km，限制坡度 24‰，桥隧比重 48.6%，工程投资 42.3 亿元。线路通过断裂破碎带及影响带长 38 处计 69.4 km，Ⅷ度及以上地震区126 km。线路通过地区的经济据点较多，客货运量较大，远期最大货流密度 $760\times10^4$ t，客车 10 对，有利于拉动铁路沿线地方经济发展和市场竞争。

(2) 玉溪—通海—开远—蒙自方案：新建线路长 136.24 km，限制坡度 24‰，桥隧比重 71.3%，工程投资 45 亿元。线路通过断裂带及影响带 42 处计 66.7 km，Ⅷ度及以上地震区 96 km。线路连接红河州开远、蒙自两个主要经济区，初、近期的区段货流密度较建水方案多30 万 t，远期较建水方案少 60 万 t，有利于带动开远市的经济发展。

(3) 玉溪—曲溪河—建水—蒙自方案：新建线路长 142.63 km，限制坡度 18‰，桥隧比重 59%，工程投资 44 亿元。线路通过断裂破碎带及影响带 19 处计 53.5 km，Ⅷ度及以上地震区 115 km。线路通过经济据点相对较少，客货运量较小，对玉溪市的经济带动作用较差。

(4) 工程地质条件比较：玉溪—通海—建水—蒙自方案经过

断裂带及影响带69.4km,较开远方案长2.7km,较曲溪河方案长15.9km;经过Ⅷ度及以上地震区126km,较开远方案长30km,较曲溪河方案长11km。总体工程地质条件评价,玉溪—通海—建水—蒙自方案较开远方案、曲溪河方案稍差。但该方案有两个最大的优点:一是最大限度地避开了区域新构造地震活动最强烈的曲江断裂带;二是线路经过地区的地形条件除通海—曲江约30km为高耸山区外,大部分线路(约70%)走行在玉溪、通海、建水—蒙自盆地的缓坡地带,工程类型比开远方案、曲溪河方案相对简单,以路基为主,桥隧比重较小,有利于抗震设防及震后破坏的工程修复。

(5) 技术经济比较:玉溪—通海—建水—蒙自方案新建线路长142.94km,较开远方案长6.7km,较曲溪河方案长0.309km;桥隧比重48.6%,较开远方案少11.4%,较曲溪河方案少22.7%;建设投资最少(42.3亿元),较开远方案省2.7亿元,较曲溪河方案省1.7亿元;线路经过地区人口较稠密,经济据点较多,与云南省玉溪市、红河州经济发展规划相匹配,远期客货运量相对较大,既有利于带动地方经济发展,也有利于铁路在运输市场上的竞争。

(6) 线路走向方案比选结论:基于上述工程地质条件与技术经济比较的优势,推荐并经铁道部审定采用玉溪　通海　建水　蒙自方案。

### 6.5.5 曲江峡谷桥位及局部线路方案比选

采用的玉溪—通海—建水—蒙自方案该方案,新建线路长142km,其中通海—曲溪间约33km线路必经的曲江峡谷地段,工程地质条件极其复杂。主要表现为山高谷深,岸坡陡峻,高烈度地震、活动断裂带、崩塌、滑坡、危岩落石与岩堆、错落等内外动力地质灾害突出,使重大控制工程曲江大桥桥址及两端线路方案的选择十分困难。地质勘探查明,初步设计线路方案采用的桥址仍存在严重的工程地质问题。为此,铁道第二勘察设计院开展了曲江峡谷桥位选址工程地质专题研究。

研究工作中，主要研究比选了 8 个桥址及 4 个线路方案。共完成不同时期不同比例尺（1/1 万、1/2.5 万、1/4 万）的航片、卫片解译 45km²，不同比例尺（1/1 万、1/2 000、1/500）工程地质调绘 72km²，控制性钻探 45 孔计 2 800 m，物探波速测试 11 孔计 873 m，委托中国地震局地壳应力研究所完成"活动断裂鉴定"与"近场区地震安全性评价"等，为曲江大桥桥址及两端线路方案的选择提供了翔实的地质资料。通过系统的综合研究比选，最终选定了通过 5 号桥址的 C2K 线路方案，为工程设计与施工创造了有利条件。

6.5.5.1 曲江峡谷区域地质环境

(1) 自然地理

曲江是南盘江的一级支流，其峡谷河段位于云南省红河州建水县曲溪镇北东部，地处云南高原中南部构造侵蚀中山区，地面高程 1 300～1 600 m，相对高差 300 m。在铁路选线必经的峡谷入口至下游大龙滩村附近约 3 km 范围内，曲江河谷由 60～20 m 宽逐渐变窄为 20～10 m 宽的 V 形峡谷，岸坡陡峻，植被不发育。峡谷河段蜿蜒曲折，属典型的山区河流，河水暴涨暴落，水位涨落幅度较大。

(2) 地层岩性

测区地表覆盖第四系全新统冲洪积卵石、圆砾土；坡洪积粉质黏土；崩坡积及滑坡堆积块石、碎石、角砾、粉质黏土；坡残积粉质黏土。下伏基岩有石炭系下统灰岩夹页岩；泥盆系上统宰格组白云岩夹页岩及中统海口组砂岩；震旦系上统灯影组白云岩、砂质页岩；断裂带构造角砾岩等。

(3) 地质构造与地震

测区位于川滇菱形断块的东南端，地质构造复杂，新构造运动强烈，是我国大陆现今地壳构造运动最为强烈的地区，以活动断裂规模大，地震活动频繁，震级大为主要特征。

1) 断裂构造

见图 6.3，峡谷区研究范围内对桥位选址影响较大的区域性断裂有 4 条，其中一级断裂 2 条（$F_9$、$F_{10}$），二级断裂 2 条（$F_{12\text{-}5}$、

$F_{12-6}$）。其主要特征如下：

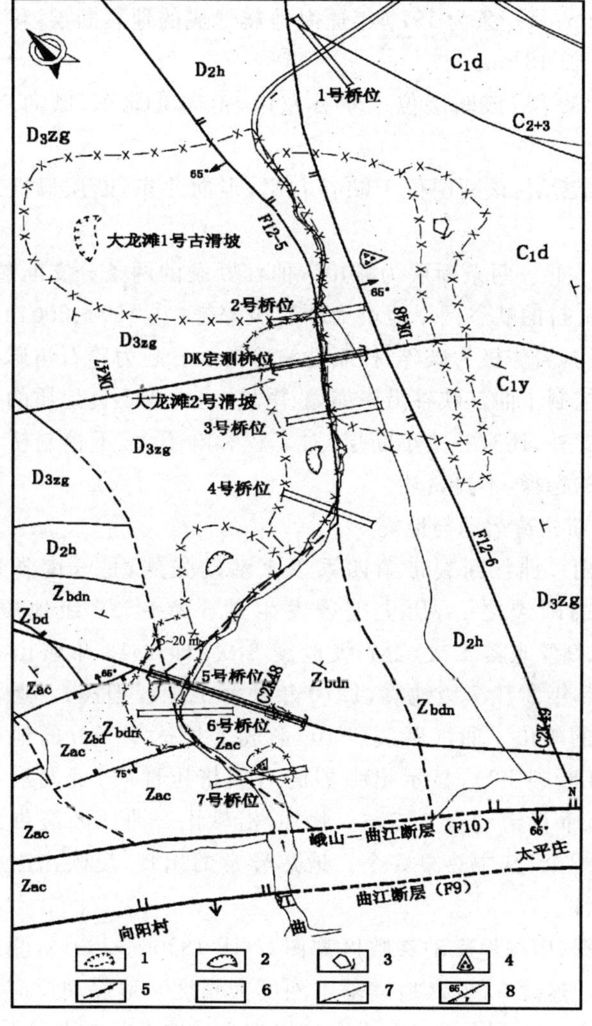


图 6.3　曲江峡谷桥位选址区地质图

1—古滑坡；2—滑坡；3—危岩落石；4—岩堆；5—不良地质界线；6—岩层分界线；7—角度不整合界线；8—逆断层

峨山—曲江断裂带($F_9$、$F_{10}$):该断裂带大致沿 EW 方向延伸,由两条断层组成。一条为老曲江断层,称峨山—曲江断裂($F_{10}$),长 100 km;另一条为 1970 年通海地震形成的地震断层,称曲江断裂($F_9$),长 48 km。

$F_{12-5}$断层:该断层位于峡谷左岸,走向北北东,倾向 NW,倾角 65°。

$F_{12-6}$断层:该断层位于峡谷右岸,走向北东,断层倾向 SE,倾角 65°。

$F_{12-5}$、$F_{12-6}$两条断层为峨山—曲江断裂的两条分支断裂,被两条断层夹持的峡谷两岸地块为断裂破碎带(宽 100～200 m),岩质软硬不均,岩体极为破碎,控制性钻探揭示岩芯为碎石角砾状。两条断层控制了曲江峡谷沿岸崩塌、滑坡、岩堆等不良地质的发育和分布。此外,还有一些小断层,对工程影响不大,不控制桥址和线路方案的选择,不再赘述。

2) 新构造运动与地震

峨山—曲江断裂带第四系以来活动强烈,是云南省地震活动强烈的断裂之一,历史上曾发生过 5.0～5.9 级地震 5 次,6.0～6.9级地震 4 次,≥7 级地震 3 次(即 1913 年峨山 7 级地震,1958 年曲江 7 级地震,1970 年通海 7.7 级地震)。通海地震沿先存的峨山—曲江断裂(F10)形成了长达 48 km 的地震断层(即曲江断裂 F9),显示出强烈的右旋挤压性质,最大水平错距 3.25 m,垂直错动量 0.5 m。此外,沿峨山—曲江断裂带发育有温泉数十个,其中热泉 3 个。地热异常的出现,反映出断裂的现代活动性。

根据《中国地震动参数区划图》(GB 18306—2001),测区地震动峰值加速度 0.20 g(地震基本烈度为Ⅷ度),地震动反应谱特征周期 0.40 s。又据 2003 年 7 月中国地震局地壳应力研究所编制的《玉蒙铁路地震安全性评价报告》及《曲江大桥工程场地地震动参数研究报告》预测,近场区未来百年有发生 7 级地震的潜在危险和 6～6.5 级地震的可能。

6.5.5.2 曲江峡谷主要工程地质问题

曲江峡谷地处峨山—曲江活动断裂带的北东侧，由于受两条区域性断层(F12-5、F12-6)的夹持，河谷两岸多为断层挤压破碎带，以致不良地质体发育分布密集。从图 6.3 中可看出，自峡谷入口至下游峡谷大拐弯处(大龙滩村下游附近)约 3 km 范围内，左岸几乎连续分布不同规模、不同厚度的滑坡与岩堆 5 处，右岸断续分布危岩落石、岩堆、错落 3 处。同时受多期地震、地质构造运动及多条次级断层交叉切割的影响，岸坡岩体极为破碎。综合评价曲江峡谷实为严重的不良地质河段，工程地质条件总体较差。

6.5.5.3 曲江峡谷桥位选址

(1) 主要桥址方案

由于曲江大桥初步设计桥址(DK 线)存在严重的工程地质问题，主要表现为左岸滑坡堆积体最大厚度达 33 m，右岸发育岩堆及危岩落石，工程处治难度大，桥梁主墩的稳定性存在较大安全隐患。为提高高烈度地震区桥梁的安全可靠性，决定扩大选址范围。具体做法是在初步设计 DK 桥址基础上，进一步研究了另外 7 个桥址方案(图 6.3)。

(2) 桥址方案工程地质条件比较

各桥址工程地质条件比较见表 6.6。

**表 6.6　曲江大桥各桥址工程地质条件比较**

| 序号 | 桥址方案 | 距离 DK 桥址 | 工程地质条件 | 工程地质条件评价 |
|---|---|---|---|---|
| 1 | DK 桥址 | | 桥址两岸地形陡峻，左岸主墩处于巨型滑坡体中(滑体厚度 30 余米)，右岸主墩位于坍滑体中，还受发育岩堆及危岩落石影响。工程处治难度大，抗滑支挡结构可靠度差，对大桥的稳定性存在严重的安全隐患 | 差 |
| 2 | 1 号桥址 | 下游 1 300 m | 桥址地处下游大龙滩村附近 V 形峡谷部位，两岸石灰岩裸露，岩体完整性好，岸坡稳定 | 好 |

续上表

| 序号 | 桥址方案 | 距离DK桥址 | 工程地质条件 | 工程地质条件评价 |
|---|---|---|---|---|
| 3 | 2号桥址 | 下游170 m | 桥址两岸地形陡峻,线路从左岸两个巨型滑坡间较为狭窄的小山脊经过,仍然处于滑坡影响范围内;右岸有危岩落石。与DK桥位比较无实质性改善 | 差 |
| 4 | 3号桥址 | 上游210 m | 桥址两岸地形陡峻,线路从左岸滑坡右侧边缘较厚的岩堆体经过,右岸有危岩落石及号岩堆体,岸坡稳定性差。与DK桥位比较无实质性改善 | 差 |
| 5 | 4号桥址 | 上游800 m | 桥址两岸地形陡峻,线路从左岸较厚的岩堆体经过。经控制性钻探揭示,桥基持力层处于断层挤压破碎带中,并位于两条断层交汇部位。与DK桥位比较无实质性改善 | 差 |
| 6 | 5号桥址 | 上游1 250 m | 桥址左岸地形平缓,主墩位于滑坡体中,钻探揭示滑体厚9～16 m,滑面平缓。右岸地形较陡,半坡上有一个厚5～15 m的小型错落体。两岸受断层影响相对较弱,桥基持力层的岩体完整性较好,钻孔柱状岩芯节长0.5～1 m左右,采取率达90%以上。工程地质条件总体上较DK桥址有较大改善 | 较好 |
| 7 | 6号桥址 | 上游1 450 m | 桥址左岸主墩位于滑坡体中,岸坡陡峻,稳定性差。控制钻探揭示左岸处于断层挤压破碎带中,钻孔岩芯呈碎石、角砾土状。与DK桥位相比改善不大 | 较差 |
| 8 | 7号桥址 | 上游1 820 m | 桥址线路与右侧峨山—曲江区域性活动大断裂($F_{10}$)平行,两者相距180～230 m,地基岩体破碎,区域稳定性差。桥址右岸经过厚5～20 m的岩堆体前缘,并平行等高线长距离地沿较陡的斜坡通过,工程开挖可能引起斜坡失稳 | 差 |

(3) 桥址方案综合比选

对比分析表6.6,结合线路技术条件、施工条件、环境保护等方面分析，可得出如下结论：

1 号桥址：地处 V 形峡谷，基岩裸露，岸坡稳定，工程地质条件好。但线路较 DK 线增长 1.75 km，柿花树至曲江之间的站间距过大(达 15.25 km)，不能满足通过能力要求；若曲溪车站全部进入隧道，对运营作业不利；两岸地形陡峻，场地狭窄，交通不便，桥隧工程施工难度大，隧道弃渣困难。不宜采用。

DK 桥址及 2、3、4 号桥址：位于 $F_{12\text{-}5}$ 和 $F_{12\text{-}6}$ 两断层间的强烈挤压破碎带中，不良地质发育，岸坡稳定性差，工程地质条件不良，工程处治难度大，抗滑支挡结构可靠度差，曲江大桥主墩的稳定性存在较大安全隐患。不可采用。

5 号桥址：左岸地形平缓开阔，滑坡规模、厚度相对较小，滑面平缓，右岸错落体规模亦较小，工程处理相对较易；桥基持力层的岩体完整性较其他方案好，施工条件也较其他方案有利。可以采用。

6 号桥址：左岸地形陡峻，仍有滑坡危害，工程处治难度较大，不宜采用。

7 号桥址：桥址中线与 $F_{10}$ 活动断裂平行，且距离较近；右岸经过岩堆体前缘及平行等高线长距离地沿较陡的斜坡通过，工程开挖可能引起山体失稳。不可采用。

综上所述，从工程地质条件、线路技术条件、施工条件、环境保护等方面综合评价，5 号桥址的有利条件较其他桥址多，故推荐采用 5 号桥址方案。

6.5.5.4 曲江峡谷局部线路方案比选

(1) 主要线路方案

线路方案设计遵循“线路服从桥位工程地质选址、技术条件可行可靠、方便施工、实用经济”的原则。根据曲江峡谷地形及工程地质条件，结合工程特点，在选定地质条件相对较好的 5 号桥址前提下，在初设方案(DK 方案)基础上，做了 3 个线路方案(C1K、C2K、C3K)的综合研究比选(图 6.4)。各方案主要投资见表 6.7，主要优缺点比较见表 6.8。

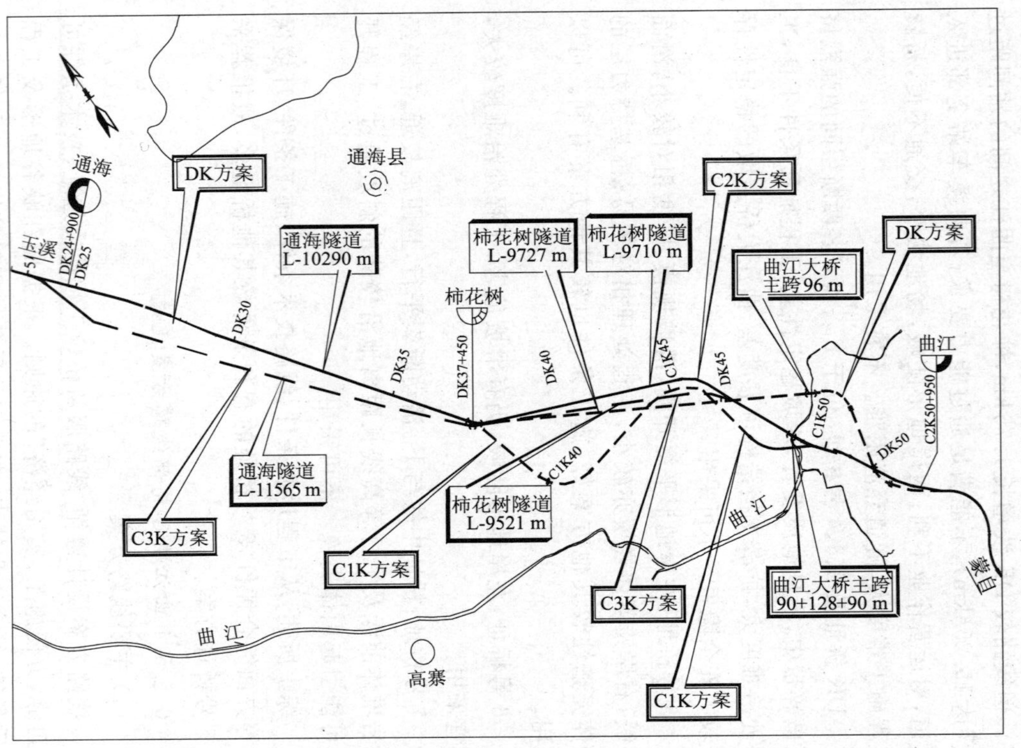

图6.4　曲江峡谷线路方案示意图

## 表 6.7　曲江峡谷线路方案工程量与投资

| 序号 | 项目 | | 单位 | 定测线（DK） | 比较线（C1K） | 比较线（C2K） | 比较线（C3K） |
|---|---|---|---|---|---|---|---|
| 1 | 建筑长度 | | km | 30.12 | 30.74 | 29.57 | 29.48 |
| 2 | 路基 | 土方（填/挖） | 万 m$^3$ | 9.344/23.391 | 20.732/29.307 | 31.69/42.382 | 27.57/21.29 |
| | | 石方（填/挖） | 万 m$^3$ | 1.65/2.744 8 | 1.65/3.597 8 | 1.65/5.482 7 | 3.6/1.09 |
| 不良地质处治 | | 钢筋混凝土 | 万 m$^3$ | 7.985 6 | 1.738 1 | 1.448 4 | 1.32 |
| 3 | 站场 | 土方(填/挖) | 万 m$^3$ | 53.83/66.28 | 54.64/69.54 | 52.94/70.91 | 127.45/ |
| | | 石方(填/挖) | 万 m$^3$ | — | — | — | |
| 4 | 加固及防护圬工 | | 万 m$^3$ | 21.453 2 | 17.443 6 | 17.715 4 | 14.58 |
| 5 | 桥涵 | 曲江大桥 | 延长米/座 | 305.30/1 | 416.12/1 | 513.50/1 | 416.12/1 |
| | | | 主跨布置 | 96 m | 2×80 m | (96+128+96) m | 2×80 m |
| | | | 最大墩高 | 80 m | 74 m | 89 m | 74 m |
| | | 大中桥 | 延长米/座 | 708.5/3 | 642.27/4 | 754.89/3 | 642.27/4 |
| | | 框架桥 | 延长米/座 | 30.52/1 | 30.52/1 | 30.52/1 | 30.52/1 |
| | | 涵洞 | 横长米/座 | 1 174.08/35 | 1 485.03/49 | 1 542.36/51 | 1 381.66/38 |
| 6 | 隧道 | $L<1$ km | 延长米/座 | | 815/1 | 525/1 | 795/1 |
| | | 1 km$\leqslant L<3$ km | 延长米/座 | 2 749/1 | 2 750/1 | — | |
| | | $L\geqslant 6$ km | 延长米/座 | 20 017/2 | 18 530/2 | 20 000/2 | 21 450/2 |
| 7 | 桥隧总长 | | m | 23 810.32 | 23 183.91 | 21 823.91 | 23 333.91 |
| 8 | 桥隧总长占线路长 | | % | 79.05 | 75.42 | 73.80 | 79.15 |
| 10 | 用地 | | m$^2$ | 463 031.4 | 579 756.4 | 590 228.3 | 559 613 |
| 11 | 主要工程投资 | | 万元 | 100 089.48 | 102 627.23 | 101 337.36 | 107 167.26 |
| | 差值 | | 万元 | 0 | +2 538 | +1 248 | +7 078 |

表 6.8 曲江峡谷线路方案主要优缺点比较

| 方案 | 主要优点 | 主要缺点 |
| --- | --- | --- |
| DK | 通海隧道、柿花树隧道位于直线上，曲江大桥最短(305 m)，最大墩高 80 m，投资最少 | 曲江大桥左岸位于深厚古滑坡体中，右岸有岩堆及危岩落石，工程整治可靠度差，桥梁结构存在严重安全隐患 |
| C1K | 柿花树隧道分为两个短曲线隧道，施工条件有改善；桥隧总长比 DK 短 626 m；曲江大桥主跨 2×80 m，最大墩高74 m | 柿花树 1 号隧道出口、2 号隧道进口段靠近峨山—曲江断裂带($F_9$、$F_{10}$)，区域稳定性差；从柿花树站至曲江大桥间线形较差，线路较长，投资较 C2K 多 1 290 万元 |
| C2K | 线路较顺直，投资较 C1K、C3K 分别少 1 290 万元、5 830 万元 | 曲江大桥主跨 96 m+128 m+96 m，桥墩较高，最大墩高 89 m |
| C3K | 线路过通海站后就开始紧坡下，减少了高程损失；曲江大桥主跨 2×80 m，最大墩高74 m | 通海隧道进口段漫坡进洞，有 600 m 位于第四系粉细砂及软土层中，施工难度大；隧道进口前有 360 m 路堑排水困难；工期较 C1K 多 6 个月；投资较 C2K 多 5 830 万元 |

(2) 局部线路方案比选结论

从表 6.8 比较可知，DK 方案虽然投资最少，曲江大桥最短，但曲江大桥左岸位于深厚古滑坡体中，右岸有岩堆及危岩落石，工程整治难度大，桥梁结构存在严重的安全隐患，不可采用。综合比较 C1K、C2K、C3K 方案，C2K 线路较顺直，对今后的运营有利；曲江大桥两端线路地质条件相对较好，投资较 C1K、C3K 分别少 1 290万元、5 830 万元；曲江大桥主跨为(90 m＋128 m＋90 m)下承式连续钢桁梁(图 6.5)，最大墩高 89 m，经检算技术上可行，故推荐采用 C2K 线路方案。

### 6.5.6 经验与体会

总结玉蒙铁路线路走向方案及曲江峡谷局部线路方案的选线，主要有两条宝贵的勘察设计经验与体会：

(1) 线路走向方案研究中应重视宏观区域地质选线。宏观区域

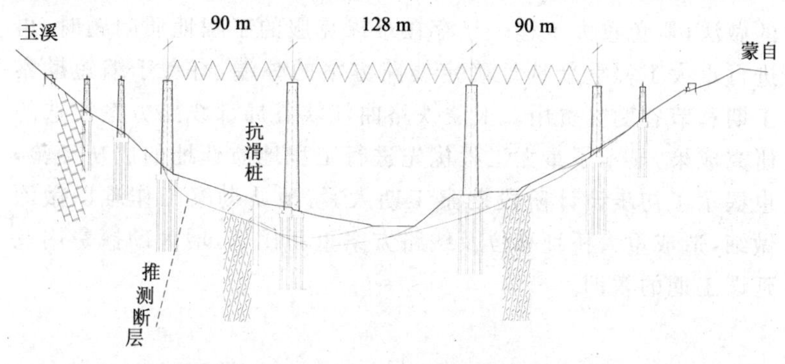


图 6.5　曲江大桥示意图

地质选线是稳定线路大方案的前提，工作中应初步拟定可能的几个线路走向方案，在充分收集区域地质资料、航(卫)片判释地质信息、现场核对的基础上，以地形地质图(即在地形图上标示主要断层、不良地质等地质信息)为依据，遵循"尽量绕避活动断裂及重大不良地质"的地质选线原则，选择确定宏观区域较稳定及地质条件较好的线路方案。然后根据不同勘察阶段的深细度要求，开展拟选线路方案的工程地质调查与勘探，查明线路工程地质条件，为稳定线路方案提供地质依据。这样，可减少或避免不必要的比较方案勘察工作量，以缩短勘察工期和节省勘察费用，达到勘察设计线路技术可行、经济合理之目的。玉蒙铁路经过玉溪南—通海—建水—蒙自、玉溪南—通海—开远—蒙自、玉溪南—曲溪—建水—蒙自三大方案的综合研究比选，成功选出了较好的玉溪—通海—建水—蒙自方案的经验，值得推广和借鉴。

(2) 在复杂地质环境条件下的峡谷地区选线，必须坚持"重大工程优先选址"的地质选线原则。即在首先进行多方案比选确定重大桥梁、隧道工程的位置处于优势工程地质、水文地质、环境地质条件的前提下，再进行两端连接线路方案的综合性技术经济比选，这样选择确定的线路方案才具有可行性、可靠性。特别要防止单纯依靠地形图先选定线位，再进行工程地质勘察的做法，避免重大工程一旦存在难以克服的工程地质问题时，再进行重大工程重新选址确定线路方案的弊端，有利于缩短勘察工期和节省勘察费用。玉蒙铁路曲江峡谷局部线路方案比选的研究成果，显示了重大工程优先进行工程地质选址的成功经验，也揭示了初步设计阶段勘察工期太紧，地质勘察工作难以做深做细，造成重大桥址移位及线路方案重新比选，增大勘探费用及延误工期的教训。

# 参 考 文 献

[1] 铁道部档案史志中心编.中国铁道年鉴.2004年.

[2] 铁道第二勘察设计院编.创立五十年(1952～2002).成都:西南交通大学出版社,2002.

[3] 铁道第二勘察设计院史志编辑委员会编.铁道第二勘察设计院志.1992～1995.

[4] 铁道第二勘察设计院史志编辑委员会编.铁道第二勘察设计院年鉴.1996～2004.

[5] 四川地方志编写委员会编.四川省志.交通志(下册).成都:四川科学出版社,1995.

[6] 贵州地方志编写委员会编.贵州省志.铁路志.贵阳:贵州人民出版社,1995.

[7] 成昆铁路技术总结委员会编.成昆铁路(1～4册).北京:人民铁道出版社,1980～1981.

[8] 铁道第二勘察设计院编著.复杂地质艰险山区修建大能力南昆铁路干线成套技术.成都:电子科技大学出版社,2000.

[9] 大公编著.话说铁路.北京:中国铁道出版社,2002.

[10] 郝树声编著.西部地区概况.兰州:甘肃人民出版社,2001.

[11] 马晓峰,聂峰编著.西部生态环境.兰州:甘肃人民出版社,2001.

[12] 张宗祜,卢耀如主编.中国可持续发展水资源战略研究报告集.第9卷.中国西部地区水资源开发利用.北京:中国水利水电出版社,2002.

[13] 中国地质科学院地质研究所编.中国地质图集.中国地质.北京:地质出版社,2002.

[14] 中华人民共和国地质矿产部编.中国地质图(1∶500万)说明书.北京:地质出版社,1990.

[15] 中国地质科学院成都地质矿产研究所编.青藏高原及邻区地质图(1∶150万)说明书.北京:地质出版社.

[16] 中国地质科学院岩溶地质研究所编.中国岩溶环境地质图(1∶500万)说明书.北京:地质出版社.

[17] 地质矿产部成都水文地质工程地质中心编.中国地质灾害类型图(1∶500万)说明书.北京:地质出版社.

[18] 李祥根著.中国新构造运动概论.北京:地震出版社,2003.

[19] 苏生瑞,黄润秋,王士天著.断裂构造对地应力场的影响及其工程应用.北京:

科学出版社，2002.

[20] 中国灾害防御协会铁道分会编. 中国铁路自然灾害及其防治. 北京：中国铁道出版社，2000.

[21] 陈国亮编著. 岩溶地面塌陷的成因与防治. 北京：中国铁道出版社，1994.

[22] 廖世文编著. 膨胀土与铁路工程. 北京：中国铁道出版社，1984.

[23] 蒋忠信，吴宗俭等编著. 山区道路灾害防治. 重庆：重庆大学出版社，1996.

[24] 蒋忠信等编著. 铁路泥石流非线性研究与防治新技术. 成都：四川科学技术出版社，1999.

[25] 陈光曦等编著. 泥石流防治. 北京：中国铁道出版社，1983.

[26] 铁道第二勘察设计院编. 科学技术通讯，2002～2005 共 16 期.

[27] 铁道第二勘察设计院编. 铁路勘察设计，2002～2005 共 16 期.

[28] 蒋爵光主编. 铁路工程地质学. 北京：中国铁道出版社，1991.

[29] 赵树德，廖红建等编著. 高等工程地质学. 北京：机械工业出版社，2005.

[30] 江建鲸等编著. 防灾减灾工程学. 北京：机械工业出版社，2005.

[31] 铁道第一勘测设计院主编. 铁路工程地质手册-2 版. 北京：中国铁道出版社，1999.

[32] 铁道第一勘测设计院编. 铁路工程地质实例(西北及相邻地区分册). 北京：中国铁道出版社，2002.

[33] 谈英武，刘新，崔荃著. 中国南水北调西线工程. 郑州：黄河水利出版社，2004.

[34] 中国铁道百科全书编辑委员会编. 中国铁道百科全书. 工程与工务. 北京：中国铁道出版社，2004.

[35] 陈梦熊编著. 中国水文地质工程地质事业的发展与成就. 北京：地震出版社，2003.

[36] 高大钊主编. 岩土工程的回顾与前瞻. 北京：人民交通出版社，2001.

[37] 李海光等编著. 新型支挡结构设计和工程实例. 北京：人民交通出版社，2004.

[38] 卓宝熙编著. 遥感技术在工程建设的实践与认识. 北京：中国铁道出版社，2005.

[39] 卿三惠. 某特大桥址岩溶发育规律的探讨及其工程地质条件评价. 贵州铁道，1986(4).

[40] 卿三惠. 茅台滑坡及综合治理的初步研究. 全国工程地质与地质工程青年学术论文集. 1986.

[41] 卿三惠. 贵昆线树舍牵引变电所场址地面塌陷的成因分析. 青年科技，1989(2).

[42] 卿三惠. 龙床红黏土中宽张地裂形成机理探讨. 全国第二届红黏土学术会议论文集. 1993.

[43] 卿三惠. 隧道涌水现状及今后课题. 贵州省岩石力学与工程学术讨论会论文

集. 1995.
[44] 卿三惠. 南昆铁路八渡车站滑坡综合治理. 路基工程，2000(1).
[45] 卿三惠. 贵昆铁路 K214 危岩开裂病害整治. 路基工程,2000(6).
[46] 卿三惠. 株六复线新拱众坝隧道山体变形病害综合治理. 路基工程,2001(5).
[47] 卿三惠. 桂西南红黏土地区地裂与房裂的调查研究. 路基工程,2001(6).
[48] 卿三惠,李云华. 株六复线工程地质与路基设计. 第 20 届铁路地质与路基学术交流会论文集. 2004.
[49] 卿三惠. 山区铁路勘察设计中的几个技术问题. 科学技术通讯,2004(1).
[50] 卿三惠. 工程地质勘察质量问题与对策的思考. 铁路勘察设计,2004(1).
[51] 张俊峰,卿三惠. 岩溶隧道涌水涌砂及地表塌陷灾害防治. 路基工程，2004(4).
[52] 魏永幸,卿三惠等. 红层泥岩填筑 200 km/h 铁路高路堤适应性研究. 铁道工程学报,2004(Z).
[53] 刘俊新,卿三惠,王春雷. 离心模型试验在碎石桩处理红层松软土地基沉降中的研究. 四川大学学报,2005(5) .
[54] 卿三惠,黄润秋. 乌鞘岭特长隧道软弱围岩大变形特性研究. 现代隧道技术，2005,42(2).
[55] 卿三惠,黄润秋. 乌鞘岭隧道软岩大变形防治技术问题探讨. 路基工程，2005(4).
[56] 卿三惠,黄润秋. 西南煤系地层软岩地区坡麓相斜坡软土特性研究. 水文地质工程地质,2005,32(6).
[57] 卿三惠,黄润秋. 坡麓相斜坡软土特性及其地质灾害防治研究. 地质灾害与环境保护,2005,42(2).
[58] 卿三惠,黄润秋. 六盘水铁路枢纽建设中斜坡软土滑坡灾害整治. 路基工程，2005,121(4).
[59] 卿三惠,黄润秋. 工程滑坡形成机理及防治对策. 中国地质灾害与防治学报，2005,16(3).
[60] 卿三惠,黄润秋等. 活动构造区山地环境铁路选线研究. 地质力学学报,2006，12(2).
[61] 王子江,卿三惠,聂德新. 松软土物理力学指标综合判别标准研究. 路基工程，2006(1).
[62] 曹兴文,卿三惠等. 桩网复合地基土工格栅加筋效应试验研究. 岩石力学与工程学报,2006(Z1) .
[63] 卿三惠,黄润秋等. 玉蒙铁路曲江峡谷桥位选址及线路方案比选研究. 铁道工程学报,2006(2).
[64] 卿三惠,黄润秋. 贵州六盘水市何家寨隧道地质灾害整治探讨. 中国地质灾害

与防治学报,2006,17(2).
[65] 卿三惠,李东.玉溪至蒙自铁路地质灾害防治对策.铁路勘察设计,2006(3).
[66] 卿三惠,黄润秋,曹兴文.红层软岩填料填筑路堤土工离心模型试验.铁道工程学报,2007(2).
[67] 卿三惠,红层软岩地区高速铁路软基路堤沉降控制研究.成都理工大学博士论文.2007.
[68] 卿三惠,魏永幸,谢强等. 红层软岩地区建造 200 km/h 客货共线铁路路基关键技术研究.2006.
[69] 胡启军,谢强,卿三惠.加筋碎石垫层中双层土工格栅拉力特性试验研究.岩土力学,2007(4).
[70] 卿三惠,黄润秋等.滇藏铁路重大工程地质问题及线路走向研究.铁道工程学报,2007(10).
[71] 卿三惠,杨家松等. 高压富水地层超深埋特长隧道施工技术研究.铁道工程学报,2008(11).